발간에즈음하여

졸업을 축하합니다
졸업을 한후 대부분 취업하거나 진학하거나 하는데 갑작스런명퇴 전직등 쉽지만 않다
준비된상태에서 생계를 이어가지만 90%는 위기를 격는데 갑자기 생활전선에 뛰어 들려면
기본자격증은 필수이다 그만큼 세상살이가 복잡해졌다
이도서는 운전면허 1,2종요약및문제집 보험설계사 요약문제집 요양보호사 요약및문제집 을 발취하였고
2026년 AI 자격증출현으로 기본개념을 발간해 정리해온 AI를 넣었다
앞으로는 준비된자만 살아남는다
명퇴금은 받았는데 안전함을 고르는자를 위해 발간하였다
2026년에는 요양보호사를 활성화한다는 뉴스가 나왔읍니다
인구의 70%가 노인인구를 앞두고있는 대한민국 틈틈이 준비하는것이 현명하다

2025년 10월 30일

저자 OX 경제연구소 드림

목차

발간에 즈음하여

1편 도서구매시 년말정산 소득세 세액공제
2편 운전면허1종
3편 운전면허2종
4편 보험설계사
5편 요양보호사
6편 AI
7편 AI 용어

제1편 도서구매시 소득세 세액공제

년말 소득공제
년봉5000만원이면 세금이 624만원
도서구매시 100만원까지 소득공제
공제률30%

==

과세표준	기본세률
1400만원이하	과세표준의6%
1400만원초과5000만원이하	84만원+(1400만원 초과금액의15%)
5000만원초과8800만원이하	624만+(5000만원초과금액의24%)
8000만원초과1억5천만원이하	1536만원+(8800만원초과금액의35%)

==

독자여러분 도표에서 보는바와같이 세금을 도서구매로 절세할 수 있다
즉 세금으로 나갈돈 도서구매로 절세하는 것이 매우현명하다

제2편 운전면허1종

OX경제연구소

운전면허 용어 해설

1. 감각과 판단 능력

운전은 인지, 판단, 조작의 반복이므로 도로나 교통상황을 정확하게 인지하고 올바로 판단한 다음 확실한 조작이 필요합니다.

2. 속도감

빠를수록 시야가 좁아지므로 멀리 주시하고 감각에 의존하지 말고 속도계로 운행속도를 판단하여야 하며, 교외, 고속도로 등 주위가 탁 트인 도로는 느리게 느껴지며, 시가지 및 좁은 도로는 빠르게 느껴집니다.
또한 야간은 주간보다 느리게 느껴집니다.

3. 용어의 정의

▶ **도로** : 도로란 차가 다니는 차도와 사람이 다니는 보도를 포함하며 도로법에 의한 도로. 유료도로, 그 밖의 일반교통에 사용되는 모든 곳을 말합니다.

① 도로 일반교통에 사용되는 광장, 아파트 단지 내의 큰길 등은 도로에 해당됩니다.
② 도로가 아닌 곳 : 운전 면허 시험장, 운전학원의 연습장. 학교운동장, 군연병장, 지하철도, 아파트 단지 내의 주차장, 해변가의 모래사장 등은 도로가 아닙니다.

▶ **자동차 전용도로** : 자동차만이 다닐 수 있도록 설치된 도로를 말합니다.

▶ **고속도로** : 자동차의 고속교통에만 사용하기 위하여 지정된 도로를 말합니다.

▶ **차도** : 연석선, 안전표지 등으로 경계를 표시하여 모든 차의 교통에 사용하도록 설치한 도로의 부분 즉 차가 다니는 도로를 차도라 합니다.

▶ **보도** : 연석선 안전표지 등으로 경계를 표시하여 보행자의 통행에 사용하도록 설치한 도로의 부분, 즉 보행자가 다니는 도로를 보도라 합니다.

▶ **연석선** : 차도와 보도를 구분하는 돌, 시멘트 등으로 이어진 선을 말합니다.

▶ **길** : 가장자리 구역 보도와 차도의 구분이 없는 도로에서 보행자의 안전을 위하여 설치한 도로의 가장자리 부분을 말합니다.

▶ **안전지대** : 횡단하는 보행자나 통행하는 차마의 안전을 위하여 표시한 도로의 부분을 말합니다.

▶ **중앙선** : 차마의 통행을 방향별로 구분하기 위하여 도로에 설치된 선이나 시설물을 말하며, 중앙선의 종류는 황색 실선, 황색 점선, 중앙분리대, 철책, 울타리 등이 있습니다.

▶ **차로** : 차마가 한 줄로 도로의 정해진 부분을 통행하도록 차선에 의하여 구분되는 차도의 부분을 말합니다.

▶ **가변차로** : 시간대에 따라 교통량이 많은 쪽으로 차로의 수가 확대될 수 있도록 변화되는 차로를 말합니다.

▶ **교차로** : 십자로, 정자로 그밖에 둘 이상의 도로가 교차하는 부분

▶ **차선** : 차로와 차로를 구분하는 선을 말합니다.

▶ **차마** : 차와 우마를 말합니다.
 ① 차 : 넓은 의미로써 자동차는 물론 건설기계, 원동기장치자전거, 자전거. 그 밖에 사람이나 가축의 힘에 의하여 운전되는 손수레, 우마차 등이 포함되며, 기차나 케이블카 등 궤도차는 차에 포함되지 않습니다.
 ② 우마 : 소, 말, 낙타, 개, 사슴 등 교통운수에 사용되는 모든 가축을 말합니다.

▶ **자동차** : 철길 또는 가설된 선에 의하지 않고 원동기를 사용하여 운전되는 차로서 승용 승합, 화물. 특수, 이륜 및 일부의 건설기계(덤프트럭, 아스팔트살포기, 노상안정기, 콘크리트믹서 트럭, 콘크리트 펌프 등)를 말합니다. → 승용자동차, 승합자동차, 화물자동차, 특수자동차, 이륜자동차, 건설기계자동차 (단, 원동기장치자전거 제외)

▶ **원동기장치자전거** : 배기량 125cc 이하의 이륜차 및 50cc미만의 원동기를 단 차를 말합니다.

▶ **어린이 통학버스** : 유치원, 초등학교, 특수학교 보육시설 또는 학원 중 주로 어린이 (13세 미만)를 교습대상으로 하는 학원 자동차로서 관할 경찰서장에 신고된 자동차

▶ **비보호 좌회전** : 비보호 좌회전은 '녹색' 신호일 때만 진행할 수 있습니다.

▶ 정지거리 : 공주거리와 제동거리를 합한 거리

▶ 앞지르기 : 교차로, 터널, 교량 위, 비탈길 고갯마루, 비탈길 내리막길 등에서는 앞지르기 금지. 앞지르기는 왼쪽으로 하는 것을 원칙으로 합니다.

▶ 보행자 우선 원칙 : 횡단보도에서는 녹색불이더라도 보행자를 우선. 특히 어린이, 노인, 노약자라면 더욱 주의를 기울여야 합니다.

▶ 법정 속도 :
① 일반도로 - 편도 1차선은 60km/h , 2차선 이상은 80km/h
② 자동차 전용도로 - 최고 90km/h , 최저 30km/h

▶ 재해 시 운행속도 :
① 우천으로 노면이 젖었을 경우 - 최고속도는 기존 최고속도의 20% 감속된 속도
② 폭설 및 안개 등으로 가시거리 100m 이내 또는 노면이 얼어붙은 경우 - 최고속도 50% 감속된 속도

4. 자동차 운전 전문 학원 제도

자동차 운전 전문 학원의 도입 목적은 초보자 운전교육의 정상화로 자질 높은 운전자를 양성하여, 도덕심을 고양하고 궁극적으로 교통사고를 감소시키기 위하여 이 제도가 도입되었으며, 인적, 물적, 운영조 요건을 갖춘 운전학원을 자동차 운전전문학원으로 지방경찰청장이 지정합니다. 이러한 전문학원을 수료하면 기능시험을 면제 받고 졸업하면 도로주행 시험을 면제받습니다.

5. 운전자의 자세

도로교통법의 목적은 도로에서의 위험과 장애를 방지, 제거하여 교통의 안전과 원활한 소통을 확보함을 목적으로 제정되었으므로 운전자는 교통규칙을 준수하고 사람의 생명과 재산의 귀중함을 항상 의식하며, 주의력을 집중하고 양보하는 마음으로 조급하게 서두르지 말고 여유있게 운전하여야 하며, 방어운전을 생활화하여 교통사고를 예방하여야 합니다.

6. 긴급자동차

1) 긴급자동차의 종류

▶ **당연한 긴급자동차** : 자동차가 태어날 때부터 아무런 절차없이 당연히 긴급 자동차로 보는 것을 말하며 소방차, 구급차, 경찰차, 수사기관용, 교도관용, 군 헌병차 등을 말합니다.

▶ **지정하는 긴급자동차** : 지방경찰청장이 신청에 의하여 긴급자동차로 지정하는 자동차로 전기, 가스, 수도 등의 응급 복구차, 전신, 전화 응급 작업차, 긴급 배달 우편물 운송차등이 있습니다.

▶ **간주되는 긴급자동차** : 일반자동차나 특별한 경우 긴급자동차로 간주되는 자동차를 말하며, 긴급자동차에 유도되는 차와 생명이 위급한 응급환자를 운송 중인 자동차를 말합니다.

2) 긴급자동차의 우선 및 특례

속도, 신호, 앞지르기 등의 제한을 받지 않으며, 이러한 우선과 특례를 받으려면 사이렌과 경광등을 켜야 합니다. 다만, 교통경찰용 긴급자동차(경호업무수행)는 사이렌 또는 경광등을 켜지 않아도 긴급자동차로 봅니다.

3) 긴급자동차의 피양

긴급자동차가 접근하면 일반자동차는 피하여 양보하여야 할 의무가 있으며, 장소에 따라 피양 방법이 다릅니다.

▶ **교차로 또는 그 외의 장소** : 교차로나 그 부근에서는, 교차로를 피하여 우측 가장자리에 일시 정지하여야 하며, 교차로 이외의 곳에서는 도로의 우측 가장자리에 일시 정지하여야 합니다.

▶ **일방통행도로** : 다만 일방통행도로에서는 우측으로 피하는 것이 통행에 방해가 되는 때에는 좌측 가장자리로 피해야 합니다.

4) 교통안전교육

만 18세 이상인 사람은 제1종 보통, 제2종 보통 및 소형면허를 취득할 수 있습니다.
면허 종류별로 취득할 수 있는 나이제한 규정은 다르며, 정상적인 운전을 하기 힘든 신체 및 정신적 장애가 있는 사람은 운전면허 취득이 제한될 수 있습니다.

▶ 제1종 대형면허, 제1종 특수면허

만 19세 이상으로서 자동차(이륜차 제외) 운전경험이 1년 이상인 사람만 취득할 수 있습니다. 더 자세한 정보가 필요하시다면 아래 정보를 확인해주세요!

▶ 제1종 보통, 제1종 소형, 제2종 보통 및 제2종 소형면허

만 18세 이상인 사람만 취득할 수 있습니다.

▶ 제2종 원동기장치자전거면허

만 16세 이상인 사람만 취득할 수 있습니다. 교통상 위험과 장해를 일으킬 수 있는 다음과 같은 사람은 운전면허를 취득할 수 없습니다.
- 치매, 정신분열병, 분열형 정동장애, 양극성 정동장애, 재발성 우울장애 등의 정신질환 또는 정신 발육 지연, 간질 등으로 인해 해당 분야 전문의가 정상적인 운전을 할 수 없다고 인정하는 사람
- 듣지 못하는 사람(제1종 운전면허인 경우에만 제한), 앞을 보지 못하는 사람(한쪽 눈만 보지 못하는 사람의 경우에는 제1종 운전면허 중 대형면허·특수면허만 해당), 다리, 머리, 척추나 그 밖의 신체장애로 인해 앉아 있을 수 없는 사람
- 양팔의 팔꿈치관절 이상을 잃은 사람이나 양팔을 전혀 쓸 수 없는 사람
  다만, 본인의 신체장애 정도에 적합하게 제작된 자동차를 이용해서 정상적인 운전을 할 수 있는 경우에는 운전면허를 받을 수 있습니다. 이 경우 해당 운전면허에는 운전할 수 있는 자동차의 구조를 한정하는 등의 조건이 붙여질 수 있습니다.
- 마약·대마·향정신성의약품 또는 알콜 관련 장애 등으로 인해 해당 분야 전문의가 정상적인 운전을 할 수 없다고 인정하는 사람

▶ 도로교통법의 목적 : 도로에서 일어나는 교통상의 모든 위험과 장해를 방지하고 제거하여 안전하고 원활한 교통을 확보하는데 목적이 있다.

▶ 도로교통의 3대 요소 : 사람(보행자/운전자), 도로환경, 자동차

▶ 도로법에 의한 도로

고속국도, 일반국도, 특별시도/광역시도, 지방도, 시도, 군도, 구도
유료도로법에 의한 유료도토

▶ 통행료를 징수하는 도로

자동차전용도로
자동차만 통행 가능한 도로로 보행자는 물론 이륜차, 보행자, 손수레, 우마차 등든 통행할 수 없다.

▶ 고속도로 : 자동차의 고속교통에만 사용하기 위하여 지정된 도로, 보행자, 이륜차, 손수레, 우마차 등은 통행할 수 없다.

▶ 차선과 도로 : 차로와 차로틀 구분하기 위하여 그 경계지점을 안전표지에 의하여 표시한 선을 말한가.

차선은 백색선 표시가 원칙이나 교차로, 횡단보도, 철길건널목 등은 표시하지 않는다.
백색점선은 차로를 변경할 수 있는 선이고, 백색실선은 차로를 변경할 수 없다.
차로는 차마가 한 줄로 도로의 정해진 부분을 통행하도록 차선에 의하여 구분되는 차도의 부분이다.

▶ 차도 : 연석선, 안전표지나 그와 비슷한 공작물로써 경계를 표시하여 모든 차의 교통에 사용하는 도로의 부분

▶ 중앙선 : 차마의 통행을 방향별로 명확하게 구분하기 위하여 도로에 황색실선, 황색점선 등의 안전표시로 표시한 선으로 중앙분리대, 울타리 등으로 설치한 시설물
가변차로가 설치된 경우 신호기 지시진행방향의 가장 왼쪽 황색점선

▶ **중앙선 표시 구분**

편도 1차 -> 황색실선, 황색점선
편도 2차 이상 -> 황색 복선
고속도로 -> 황색복선, 황색실선과 점선을 복선으로 표시

▶ **황색점선** : 반대방향의 교통에 주의하면서 일시적으로 반대편 차로로 넘어갈 수 있으나 진행방향차로로 다시 돌아와야함을 표시한 선

▶ **황색실선과 황색점선의 복선** : 차마가 점선 측에서는 반대방향의 교통에 주의하면서 넘어갔다가 다시 돌아올 수 있으나 실선이 있는 쪽에서는 넘어갈 수 없음

▶ **보도** : 연석선, 안전표지나 그와 비슷한 공작물로써 경계를 표시하여 보행자의 통행에 사용하도록 되어있는 도로

보행자란 유모차 및 행정안전부령이 정하는 보행보조용 의자차를 포함한다.
보행보조용 의자차는 수동 휠체어, 전동 휠체어, 의료용 스쿠터를 말한다.
유모차, 신체장애인용 의자차를 밀고 가거나, 이륜차, 자전거를 끌고 가는 사람은 보도로 통행해야 한다.

▶ **자전거도로** : 안전표지, 위험방지용 울타리나 그와 비슷한 공작물로써 경계를 표시하여 자전거 교통에 사용하도록 된 도로

▶ **횡단보도** : 보행자가 도로를 횡단할 수 있게 안전표시로써 표시한 도로의 부분

횡단보도 설치 : 육교, 지하도, 다른 횡단보도에서 200m 이내에는 설치할 수 없다.(특별히 필요한 경우는 예외)

▶ **교차로** : 두개 이상의 도로(보도와 차도가 구분된 도로)가 교차하는 부분으로 십자 교차로, T자 교차로 등이 있다.

▶ **안전지대** : 도로를 횡단하는 보행자나 통행하는 차마의 안전을 위하여 안전표지나 그와 비슷한 공작물로써 표시한 도로의 부분을 말한다.

▶ **신호기** : 도로교통에 따라 문자, 기호 또는 등화로 진행, 정지, 방향전환, 주의 등의 신호를 표시하기 위하여 조작되는 장치

철길건널목에 설치된 경보등과 차단기 또는 도로바닥에 표시된 문자, 기호 등은 신호기에 해당하지 않음

▶ **안전표지** : 교통안전에 필요한 주의, 규제, 지시 등을 표시하는 표지판이나 도로의 바닥에 표시하는 기호, 문자 또는 선

이륜자동차
(2종 소형, 원동기장치자전거)

학과시험 문제은행

01 도로교통법상 초보운전자의 기준은 처음 운전면허를 받은 날부터 얼마가 경과 되지아니한 사람을 말하는가?

① 2년   ② 3년   ③ 4년   ④ 5년

풀이 도로교통법 제2조 제27호 초보 운전자라 함은 처음 운전면허를 받은 날(처음 운전면허를 받은 날부터 2년이 경과되기 전에 운전면허의 취소처분을 받은 경우에는 그 후 다시 운전면허를 받은 날을 말한다) 부터 2년이 경과되지 아니한 사람을 말한다.

02 다음 중 특별교통안전 권장교육 대상자가 아닌 사람은?

① 운전면허를 받은 사람 중 교육을 받으려는 날에 65세 이상인 사람
② 운전면허효력 정지처분을 받고 그 정지기간이 끝나지 아니한 초보운전자로서 특별교통안전 의무교육을 받은 사람
③ 교통법규 위반 등으로 인하여 운전면허효력 정지처분을 받을 가능성이 있는 사람
④ 적성검사를 받지 않아 운전면허가 취소된 사람

풀이 도로교통법 제73조(교통안전교육) ③ 다음 각 호의 어느 하나에 해당하는 사람이 시·도경찰 청장에게 신청하는 경우에는 대통령령으로 정하는 바에 따라 특별교통안전 권장교육을 받을 수 있다. 이 경우 권장교육을 받기 전 1년 이내에 해당 교육을 받지 아니한 사람에 한정한다.
1. 교통법규 위반 등 제2항제2호 및 제4호에 따른 사유 외의 사유로 인하여 운전면허 효력 정지처분을 받게 되거나 받은 사람
2. 교통법규 위반 등으로 인하여 운전면허효력 정지처분을 받을 가능성이 있는 사람
3. 제2항제2호부터 제4호까지에 해당하여 제2항에 따른 특별교통안전 의무교육을 받은 사람
4. 운전면허를 받은 사람 중 교육을 받으려는 날에 65세 이상인 사람

03 도로교통법상 제2종 소형면허를 취득할 수 있는 연령 기준으로 맞는 것은?

① 15세 이상   ② 16세 이상   ③ 17세 이상   ④ 18세 이상

풀이 18세 미만(원동기장치자전거의 경우에는 16세미만)인 사람은 운전면허를 받을 수 없고, 제1종 대형면허 및 제1종 특수면허를 받으려는 경우로서 19세 미만이거나 자동차(이륜자동차를 제외한다)의 운전경험이 1년 미만인 사람은 운전면허를 받을 수 없다.

정답   1. ①   2. ④   3. ④

04 원동기장치자전거 면허를 받은 사람이 제2종 소형면허를 취득하고자 할 때 면제되는 시험이 아닌 것은?

① 적성 ② 기능 ③ 법령 ④ 점검

풀이 도로교통법 시행규칙 별표3 운전면허시험의 면제되는 시험과목은 적성, 법령, 점검과목이다

05 제2종 소형면허로 운전할 수 없는 차량은?

① 배기량 100시시 이륜자동차 ② 배기량 125시시 이륜자동차
③ 배기량 250시시 이륜자동차 ④ 배기량 800시시 경승용자동차

풀이 제2종 소형면허로 운전할 수 있는 차량은 이륜자동차와 원동기장치자전거이고 배기량 800 시시 경승용자동차를 운전하기 위해서는 제2종 보통면허나, 제1종 보통면허 또는 제1종 대형면허가 있어야 한다.

06 제2종 소형면허 소지자가 운전할 수 있는 차량은?

① 3톤 미만의 지게차 ② 승용자동차
③ 원동기장치자전거 ④ 3륜 승용자동차

풀이 제2종 소형면허로 운전할 수 있는 차량은 이륜자동차 원동기장치자전거

정답   4. ② 5. ④ 6. ③

07 도로교통법상 운전면허에 대한 설명으로 맞는 것은? (「교통약자 이동편의 증진법」 상 교통약자 제외)

① 13세를 초과하는 사람은 운전면허 없이도 개인형 이동장치를 운전할 수 있다.
② 16세 이상의 사람이 개인형 이동장치를 운전하려면 운전면허를 취득해야 한다.
③ 어린이가 최고속도 시속 20km 이하인 개인형 이동장치를 운전하려면 운전면허를 취득해야 한다.
④ 성인이 최고속도 시속 20km 이하인 개인형 이동장치를 운전하려는 경우 운전면허 취득의무가 없다.

> **풀이** 도로교통법 제80조. 자동차를 운전하려는 사람은 시·도경찰청장으로부터 운전면허를 받아야 한다. 다만, 제2조제19호 나목의 원동기를 단 차 중 「교통약자 이동편의 증진법」제2조1호에 따른 교통약자가 최고속도 시속 20킬로미터 이하로만 운행될 수 있는 차를 운전하는 경우에는 그러하지 아니하다. 개인형 이동장치를 운전하려는 사람은 16세 이상으로 원동기장치자 전거 운전면허를 받아야 한다. 개인형 이동장치 : 원동기장치자전거 중 시속 25킬로미터 이상으로 운행할 경우 전동기가 작동 하지 아니하고 차체 중량이 30킬로그램 미만의 것으로서 행정안전부령으로 정하는 것을 말한다.

08 다음 중 도로교통법상 원동기장치자전거에 정의(기준)에 대한 설명으로 옳은 것은?

① 모든 이륜자동차를 말한다.
② 자동차 관리법에 의한 배기량 250시시 이하의 이륜자동차를 말한다.
③ 배기량 50시시 미만의 원동기를 단 차와 정격출력 0.59킬로와트 미만의 원동기를 단 차를 말한다.
④ 배기량 125시시 이하의 이륜자동차와 최고 정격출력 11킬로와트 이하의 원동기를 단 차를 말한다.

> **풀이** 도로교통법 제2조 제19호 (2020년 12월 시행)

09 다음 중 운전면허증을 잃어버렸거나 헐어 못 쓰게 되었을 경우 재발급권자는?

① 군수   ② 시장   ③ 도지사   ④ 시·도경찰청장

> **풀이** 운전면허증을 잃어버렸거나 헐어 못 쓰게 되었을 때에는 시·도경찰청장에게 신청하여 다시 발급받을 수 있다.

정답 7. ② 8. ④ 9. ④

10 다음 중 제2종 소형면허를 받은 사람(65세 이상 제외)의 갱신기간은?

① 3년　　② 5년　　③ 7년　　④ 10년

풀이 최초의 운전면허갱신기간은 운전면허시험에 합격한 날부터 기산 하여 65세 미만은 10년이며, 65세 이상 75세 미만은 5년, 75세 이상은 3년, 한쪽 눈만 보지 못하는 사람으로 1종 보통 면허를 취득한 사람의 갱신기간 또한 3년이다.

11 국제운전면허증을 교부 받을 수 없는 사람은?

① 제1종 대형견인차면허를 받은 사람
② 제1종 보통면허를 받은 사람
③ 제2종 소형면허를 받은 사람
④ 제2종 원동기장치자전거면허를 받은 사람

풀이 도로교통법시행규칙 제98조 국내운전면허를 받은 사람은 국제운전면허증을 교부 받을 수 있으나, 원동기장치자전거면허나 연습은전면허를 받은 사람은 제외한다.

12 도로교통법상 제2종 원동기장치자전거면허를 취득할 수 있는 사람의 연령 기준은 (　　) 이상이다. (　)에 들어갈 것은?

① 13세　　② 14세　　③ 15세　　④ 16세

풀이 도로교통법 제82조 제1항 제2종 원동기장치자전거의 경우에는 16세미만인 사람은 운전면허를 받을 수 없다.

13 제2종 소형면허를 받은 사람이 제2종 보통면허를 취득하고자 할 때 면제되는 시험은?

① 적성　　② 기능　　③ 법령　　④ 점검

풀이 도로교통법시행령 별표 3 제2종 소형면허를 받은 사람이 제2종 보통면허를 취득하고자 할 때 면제되는 시험은 적성이다.

정답　10. ④　11. ④　12. ④　13. ①

14 도로교통법상 제2종 원동기장치자전거면허로 운전할 수 없는 차량은?

① 배기량 100시시 다륜형 이륜자동차

② 배기량 49시시 이륜자동차

③ 배기량 200시시 이륜자동차

④ 최고정격출력 10킬로와트의 원동기를 단 차

> 풀이 도로교통법 제2조제19호 "원동기장치자전거"란 다음 각 목의 어느 하나에 해당하는 차를 말한다.
> 가. 자동차관리법 제3조에 따른 이륜자동차 가운데 배기량 125시시 이하(전기를 동력으로 하는 경우에는 최고정격출력 11킬로와트 이하)의 이륜자동차
> 나. 그 밖에 배기량 125시시 이하(전기를 동력으로 하는 경우에는 최고정격출력 11킬로와트 이하)의 원동기를 단 차

15 제2종 원동기장치자전거면허의 적성검사 기준으로 맞는 것은?

① 두 눈을 동시에 뜨고 잰 시력이 0.4 이상이어야 한다.

② 한쪽 눈을 보지 못하는 사람은 다른 한쪽 눈의 시력이 0.6 이상이어야 한다.

③ 55데시벨의 소리를 들을 수 있어야 한다.

④ 보청기를 사용하는 사람은 40데시벨의 소리를 들을 수 있어야 한다.

> 풀이 해설 도로교통법시행령 제45조 제2종 운전면허를 취득하고자 하는 사람은 두 눈을 동시에 뜨고 잰 시력이 0.5 이상이어야 하며, 한쪽 눈을 보지 못하는 사람은 다른 한쪽 눈의 시력이 0.6 이상이어야 한다. 청력에는 제한이 없다.

16 다음 중 이륜자동차의 구조물 변경에 대한 설명으로 가장 알맞은 것은?

① 이륜자동차의 구조물을 변경하는 경우 경찰서장에게 신고해야 한다.

② 이륜자동차의 구조물 변경은 어떠한 경우에도 할 수 없다.

③ 이륜자동차의 구조물을 불법으로 개조하는 경우 처벌대상이다.

④ 이륜자동차의 소유주는 허가 없이 구조물을 직접 변경 할 수 있다.

> 풀이 자동차관리법 55조 1항, 2항 이륜자동차의 구조물을 변경하는 경우 해당 지방자치단체의 장에게 신고해야 한다. 이륜자동차의 구조물 변경은 사용신고 하면 할 수 있으며 이륜자동차의 구조물을 불법으로 개조하는 경우 처벌대상이다.

정답   14. ③   15. ②   16. ③

17 「자동차관리법」상 최고속도가 매시 (   )킬로미터 이상인 이륜자동차는 사용신고 대상이다. (   )에 기준으로 맞는 것은?

① 10   ② 15   ③ 20   ④ 25

풀이 자동차관리법 제48조(이륜자동차의 사용 신고 등) 제1항
제98조의7(사용신고 대상 이륜자동차) 법 제48조제1항에서 "국토교통부령으로 정하는 이륜 자동차"란 최고속도가 매시 25킬로미터 이상인 이륜자동차를 말한다. 다만, 다음 각 호의 어느 하나에 해당하는 이륜자동차로서 국토교통부장관이 정하여 고시하는 이륜자동차는 제외 한다.
1. 산악지형이나 비포장도로에서 주로 사용할 목적으로 제작된 이륜자동차 중 차동장치가 없는 이륜자동차
2. 그 밖에 주된 용도가 도로 운행 목적이 아닌 것으로서 조향장치 및 제동장치 등을 손으로 조작할 수 없거나 자동차의 주요한 구조적 장치의 설치 또는 장착 등이 현저히 곤란한 이륜자동차

18 자동차손해배상보장법령상 다음 중 이륜자동차 사용 신고 시 반드시 가입해야 하는 보험은?

① 종합보험   ② 상해보험   ③ 책임보험   ④ 운전자보험

풀이 책임보험은 자동차를 구매하거나 소유한 사람이라면 무조건 의무적으로 가입해야 한다. 혹시 모를 사고발생의 경우 최소한의 피해자 보호가 책임보험의 목적이다. 책임보험에 가입하지 않을 경우 과태료가 부과되고 신규 및 이전등록과 정기검사를 받을 수 없게 된다.

정답   17. ④   18. ③

19 자동차관리법령상 이륜자동차의 소유권이 매매로 인해 이전된 경우에 변경신고 기한의 기준으로 맞는 것은?

① 매수한 날로부터 7일 이내
② 매수한 날로부터 10일 이내
③ 매수한 날로부터 15일 이내
④ 매수한 날로부터 30일 이내

풀이 자동차관리법 제48조(이륜자동차의 사용 신고 등) ①국토교통부령으로 정하는 이륜자동차 (이하 "이륜자동차"라 한다)를 취득하여 사용하려는 자는 국토교통부령으로 정하는 바에 따라 시장·군수·구청장에게 사용 신고를 하고 이륜자동차 번호의 지정을 받아야 한다.
②이륜자동차의 소유자는 제1항에 따른 신고 사항 중 국토교통부령으로 정하는 변경 사항이 있거나 이륜자동차 사용을 폐지한 경우에는 시장·군수·구청장에게 신고하여야 한다. 자동차관리법 시행규칙 제101조(신고사항의 변경신고) ①이륜자동차의 소유자는 제99조의 규정에 의하여 신고한 사항중 이륜자동차의 사용본거지, 소유자의 성명(명칭) 또는 주민등록 번호가 변경되거나 이륜자동차의 소유권이 이전된 경우에는 법 제48조제2항의 규정에 의하 여 다음 각호의 구분에 따라 별지 제65호서식의 이륜자동차신고사항변경신고서(전자문서로 된 신고서를 포함한다)를 시장·군수 또는 구청장에게 제출하여야 한다.
1. 이륜자동차의 사용본거지가 변경되거나 소유자의 성명(명칭) 또는 주민등록번호가 변경된 경우 : 그 사유가 발생한 날부터 30일 이내
2. 소유권이 이전된 경우
  가. 매매의 경우 : 매수한 날(잔금지급일)부터 15일이내
  나. 증여의 경우 : 증여를 받은 날부터 20일이내
  다. 상속의 경우 : 상속개시일이 속하는 달의 말일부터 6개월 이내
  라. 기타의 경우 : 그 사유가 발생한 날부터 15일이내

20 이륜자동차 타이어 점검에 대한 설명으로 가장 알맞은 것은?

① 공기압 점검은 항상 육안으로 한다.
② 타이어의 마모상태는 안전운전과 상관없다.
③ 타이어 공기압이 적으면 제동효과는 우수하다.
④ 주기적인 타이어 점검은 안전운전에 도움이 된다.

풀이 주기적인 타이어 마모상태, 트래드 점검은 안전운전에 도움이 되며 공기압도 계절별로 적정 공기압을 유지하는 것이 제동효과에 뛰어나다.

정답 19. ③ 20. ④

21. 자동차 및 자동차부품의 성능과 기준에 관한 규칙상 이륜자동차 안전기준에 대한 설명으로 가장 알맞은 것은? (대형 이륜자동차 제외)

① 측차를 제외한 공차상태에서 길이는 2.5미터를 초과해서는 아니 된다.
② 측차를 제외한 공차상태에서 너비는 1.5미터, 높이 2.5미터를 초과해서는 아니 된다.
③ 기타형 이륜자동차의 차량총중량은 500킬로그램을 초과하지 아니하여야 한다.
④ 특수형 이륜자동차의 차량총중량은 700킬로그램을 초과하지 아니하여야 한다.

풀이 자동차 및 자동차부품의 성능과 기준에 관한 규칙(국토교통부령)
제59조(길이·너비·높이) 이륜자동차는 측차를 제외한 공차상태에서 길이 2.5미터(대형의 경우에는 4미터), 너비 2미터, 높이 2미터를 초과하여서는 아니된다.
제60조(차량총중량) 이륜자동차의 차량총중량은 일반형 및 특수형의 경우에는 600킬로그램, 기타형의 경우에는 1천킬로그램을 초과하지 아니하여야 한다

22. 자동차 타이어 관리에 대한 설명으로 가장 맞는 것은?

① 타이어 트레드가 완전 마모될 때까지 사용한다.
② 타이어 공기압은 높을수록 좋다.
③ 타이어의 위치는 주기적으로 교환해 주는 것이 좋다.
④ 타이어와 연비는 상관관계가 없다.

풀이 타이어의 수명을 연장하기 위해서는 타이어의 위치를 주기적으로 교환해 주는 것이 좋다. 또한 타이어의 공기압은 적정하게 하고, 타이어 트레드가 마모한계점(1.6mm)에 도달한 경우는 교환해 주어야 한다

정답 21. ① 22. ③

23 다음 중 시장·군수·구청장에게 사용신고를 할 수 있는 이륜자동차는?

① 최고속도가 매시 25킬로미터 이상인 배기량 49시시 이륜자동차

② 산악지형에 주로 사용할 목적으로 제작된 차동장치가 없는 이륜자동차

③ 주된 용도가 도로 운행 목적이 아닌 것으로서 조향장치 및 제동장치 등을 손으로 조작할 수 없는 이륜자동차

④ 의료용 스쿠터

풀이 자동차관리법시행규칙 제98조의7 최고속도가 매시 25킬로미터 이상인 이륜자동차는 사용신고를 하여야 하는 이륜자동차이다.

24 다음은 이륜자동차 브레이크 점검방법에 대한 설명이다. 잘못된 것은?

① 브레이크 레버 유격은 이륜자동차를 가볍게 움직이면서 레버를 당겨서 점검하고 필요시 조정한다.

② 브레이크액은 소모품이 아니므로 교환하지 않고 점검해서 보충만 하면 된다.

③ 브레이크 패드와 디스크 판은 수시로 마모상태를 점검하고 필요시 교환한다.

④ 브레이크액이 새는 곳은 없는지 점검하고 새는 곳이 있으면 수리한다.

풀이 브레이크액은 소모품으로 브레이크 오일이 노후하면 브레이크 성능이 떨어지기 때문에 교환 주기에 맞추어 교환하여야 한다.

정답   23. ①   24. ②

25 전기자동차의 고전압 배터리 시스템에 화재 발생 시 주의사항이 아닌 것은?

① 화재가 발생한 경우 신속히 시동을 끈다.

② 소화 시 이산화탄소를 억화해 충전한 소화기를 사용한다.

③ 화재진압이 불가능한 경우에는 안전한 곳으로 대피한다.

④ 소방서에 전기자동차 화재인지 여부를 알릴 필요는 없다.

풀이 소방서 등에 연락하여 전기자동차 화재임을 즉시 알리고 조치를 받는다.

26 다음은 이륜자동차 타이어 공기압이 과다한 경우에 대한 설명이다. 잘못된 것은?

① 미끄러지기 쉽다.

② 트레드의 중앙부가 빨리 마모된다.

③ 접지면이 좁아진다.

④ 핸들이 무거워진다.

풀이 타이어 공기압이 부족하면 핸들이 무겁고 연료 낭비가 심해진다.

27 다음은 이륜자동차 타이어 공기압이 부족한 경우에 대한 설명이다. 잘못된 것은?

① 접지 면이 넓어진다.

② 연료 낭비가 심해진다.

③ 고속주행 시 타이어 파열 등으로 인한 사고를 예방할 수 있다.

④ 미끄러짐은 적어진다.

풀이 타이어 공기압이 부족하면 고속주행 시 열이 발생하여 타이어 파열 등으로 사고가 발생할 수 있다.

정답 25. ④ 26. ④ 27. ③

28 다음은 이륜자동차 엔진오일의 역할에 대한 설명이다. 잘못된 것은?

① 윤활작용을 한다.
② 엔진 성능향상을 위한 가열작용을 한다.
③ 세척작용을 한다.
④ 마모방지작용을 한다.

풀이 엔진오일은 엔진을 식혀 주는 냉각작용을 한다.

29 자동차관리법령상 이륜자동차에 번호판을 부착하지 않고 운행한 운전자에게 부과하는 과태료로 맞는 것은? (1회 위반한 경우)

① 30만원   ② 50만원   ③ 70만원   ④ 100만원

풀이 자동차관리법 제49조(이륜자동차번호판의 부착의무) ①이륜자동차는 그 후면의 보기 쉬운 곳에 국토교통부령으로 정하는 이륜자동차번호판을 붙이지 아니하고는 운행하지 못한다. 자동차관리법 시행령 제20조(과태료의 부과) 별표2

30 다음 중 도로교통법에 따른 운전자 준수사항으로 잘못된 것은?

① 자전거의 운전자는 교통안전에 위험을 초래할 수 있는 자전거를 운전해서는 아니 된다.
② 이륜자동차의 운전자는 동승자에게도 인명보호 장구를 착용하도록 하여야 한다.
③ 원동기장치자전거 운전자는 동승자에게 인명보호 장구를 착용할 것을 권고할 필요는 없다.
④ 개인형 이동장치 운전자는 법령에서 정하는 승차정원을 초과하여 동승자를 태우고 운전하여서는 아니 된다.

풀이 도로교통법 제50조 이륜자동차와 원동기장치자전거(개인형 이동장치는 제외한다.)의 운전자는 행정안전부령으로 정하는 인명보호 장구를 착용하고 운행하여야 하며, 동승자에게도 착용 하도록 하여야 한다.

정답   28. ②   29. ①   30. ③

31 교통사고를 예방하기 위한 진로변경 방법으로 맞는 것은?

① 자신의 차 앞으로 진로변경을 하지 못하도록 앞차와의 거리를 좁힌다.
② 다른 차에 정상적인 통행에 장애를 주더라도 신속히 진로를 변경한다.
③ 비상점멸등을 켜면서 진로를 변경한다.
④ 방향지시등을 켜서 상대에게 알린 후 안전하게 진로를 변경한다.

풀이 진로 변경을 하고자 할 때 방향지시등을 켜서 상대에게 알린 후 안전하게 진로를 변경한다.

32 운전자의 운전 행태에 영향을 미치는 요인으로 가장 관련성이 높은 것은?

① 운전면허 취득 방법
② 운전자의 학력
③ 운전면허의 종류
④ 운전자의 신체적 상태

풀이 운전면허 취득 방법, 운전자 학력, 운전면허의 종류는 운전자의 운전 행태에 크게 영향을 미친다고 볼 수 없다.

33 교통사고 부상자의 응급 처치 방법으로 가장 알맞은 행동은?

① 의식이 없는 부상자는 엎드리게 해서 이물질을 제거한다.
② 의식이 있는 부상자는 심적 안정을 취하도록 한다.
③ 기도에 이물질이 있는 경우 우선 인공호흡을 실시한다.
④ 골절된 경우 그 부위를 손으로 강하게 압박한다.

풀이 교통사고로 인한 호흡과 의식이 없는 부상자 발생 시에는 가장 먼저 가슴압박을 실시 한 후 기도확보, 인공호흡 순으로 실시한다. 골절된 경우에 강한 압박은 오히려 부상을 크게 할 수 있다.

정답 31. ④ 32. ④ 33. ②

34 교통사고 목격 시 운전자가 취해야 할 가장 적절한 행동은?

① 부상 정도에 상관없이 부상자를 이동시킨다.

② 나와는 무관한 일이므로 사고 현장을 재빨리 이탈한다.

③ 도주하는 차량이 있다면 추적하여 검거한다.

④ 경찰관서나 119에 신고할 때 부상 정도를 설명한다.

> **풀이** 경미한 부상은 안전한 곳으로 이동하지만, 심각한 경우에는 2차 피해의 우려가 있으므로 함부로 이동하면 위험하다. 도주 차량이 있더라도 추적하는 것은 위험하므로 차의 종류나 차 번호 등을 기억하였다가 신고한다.

35 다음 중 운전행동과정을 올바른 순서로 연결한 것은?

① 인지 → 판단 → 조작

② 판단 → 인지 → 조작

③ 조작 → 판단 → 인지

④ 인지 → 조작 → 판단

> **풀이** 운전 행동과정은 인지→판단→조작의 순서로 이루어지며 이 가운데 한 가지 과정이라도 잘못되면 교통사고로 이어지기 때문에 주의하여야 한다.

36 다음 중 주간 보다 야간 운전에 나타날 위험성이 가장 높은 것은?

① 경제 운전

② 시야의 제한 및 시인성 저하

③ 난폭 운전

④ 과속 운전

> **풀이** 야간 운전 시에는 주간 운전보다 시야의 제한 및 시인성의 저하가 나타나므로 사고의 위험성이 매우 높다.

정답 34. ④ 35. ① 36. ②

37 황색 점선 중앙선을 넘어 앞지르기 시도하던 중 반대차로에서 차가 빠르게 접근하고 있다. 가장 안전한 운전 방법은?

① 앞지르기를 중지하고 주행 중이던 차로로 복귀한다.
② 전조등을 켜고 경음기를 울려서 마주 오는 차의 양보를 유도하여 앞지르기한다.
③ 최대한 속도를 높여 빠르게 앞차의 전방으로 앞지르기한다.
④ 그 자리에 그대로 멈추거나 갓길로 피한다.

풀이 앞지르기는 가급적 삼가되 부득이 앞지르기를 할 경우에는 전방 및 반대 방향의 교통 상황을 충분히 살펴 안전이 확인된 상태에서만 해야 한다. 황색 점선에서는 반대 방향의 교통 상황을 살펴서 안전하게 앞지르기를 시도해야 하는데 마주 오는 차가 예상외로 빨리 접근하여 위험을 느꼈을 때에는 이를 곧 중지해야 한다.

38 진행방향 신호가 바뀌는 것을 보고 정지선에 서야 할지 아니면 진행해야 할지를 결정해야 하는 구간을 무엇이라고 하는가?

① 딜레마 존
② 노파킹 존
③ 스피드 존
④ 스톱라인 존

풀이 신호등이 설치되어 있는 교차로를 통과할 때 운전자는 자신의 진행 신호가 바뀔까 노심초사 하는 경우가 있다. 이와 같이 신호가 바뀌는 것을 보고 정지선에 서야 할지 아니면 진행해야 할지를 결정해야 하는 구간을 딜레마 존이라 한다

39 짙은 안개로 인해 가시거리가 짧을 때 가장 안전한 운전 방법은?

① 전방이 잘 보이지 않을 때에는 중앙선을 넘어가도 된다.
② 전조등을 켜고 경음기를 울려서 마주 오는 차의 양보를 유도하여 앞지르기 한다.
③ 전조등이나 안개등을 켜서 자신의 위치를 알리며 운전한다.
④ 안개 구간은 속도를 내서 빨리 빠져나간다.

풀이 안개 구간에서는 전조등을 켜서 자신의 위치를 알리고, 속도를 줄이고 앞차와의 거리를 충분히 확보하고 운전한다.

정답 37. ① 38. ① 39. ③

40 도로교통법상 개인형 이동장치의 운전자가 준수사항 중 틀린 것은?

① 원동기의 회전수를 증가시켜서는 아니 된다.
② 육교를 이용할 수 없는 노인이 도로를 횡단하고 있는 경우 일시 정지해야 한다.
③ 약물영향 등 정상적으로 운전하지 못할 우려가 있는 상태에서 운전해서는 아니 된다.
④ 물이 고인 곳을 운행할 때에는 물을 튀게 하여 다른 사람에게 피해를 주는 일이 없도록 해야 한다.

풀이 도로교통법 제49조 제1호, 제2호, 제8호. 제8항. 자전거등의 운전자는 약물의 영향과 그 밖의 사유로 정상적으로 운전하지 못할 우려가 있는 상태에서 자전거등을 운전하여서는 아니 된다.

41 신호등이 없는 교차로에 선진입하여 좌회전하는 차량이 있는 경우에 옳은 것은?

① 직진 차량은 주의하며 진행한다.
② 우회전 차량은 서행으로 우회전한다.
③ 직진 차량과 우회전 차량 모두 좌회전 차량에 진로를 양보한다.
④ 폭이 좁은 도로에서 진행하는 차량은 서행하며 통과한다.

풀이 교통정리를 하고 있지 아니하는 교차로에서 좌회전 차량이 교차로에 이미 선진입한 경우에 직진 차와 우회전 차량은 좌회전 차량에게 양보해야 한다.

42 다음 중 이륜자동차의 주·정차에 대한 설명으로 가장 잘못된 것은?

① 주행 직후에 주·정차할 경우, 엔진 주위와 머플러 부분은 매우 뜨겁기 때문에 보행자에게 닿지 않도록 한다.
② 가급적 평평한 곳에 주·정차한다.
③ 지면이 연약한 곳에 지지대를 세우고 주·정차한다.
④ 보행자의 통행에 방해되는 곳에 주·정차하면 안 된다.

풀이 지지대를 잘 세우고 지탱할 수 있는 지면이 딱딱한 곳에 주·정차한다.

정답 40. ① 41. ③ 42. ③

43 편도 1차로 일반도로에서 이륜자동차 운전자가 1차로를 주행 중 앞서 가던 버스가 우측에 정차를 하고 있는 경우 가장 안전한 운전 방법은?

① 실선인 중앙선을 넘어서 버스를 앞지르기하여 진행한다.
② 우측 보도로 진행한다.
③ 경음기를 울리며 버스 좌측으로 진행한다.
④ 버스가 출발할 때까지 버스 뒤에 정지한다.

풀이 버스가 출발할 때까지 버스 뒤에 정지하는 것이 가장 안전한 운전 방법이다.

44 다음 중 도로교통법상 원동기장치자전거 운전자의 위반행위로 처벌되지 않는 것은?

① 음주운전
② 운전 중 영상표시장치 조작
③ 원동기장치자전거 앞면 창유리의 가시광선 투과율
④ 주·정차 위반

풀이 창유리의 가시광선 투과율 기준은 자동차의 앞면과 운전석 좌·우 옆면 창유리에만 있다.(도로교통법시행령 제28조)

45 이륜자동차 운전자가 지켜야 할 준수사항으로 올바른 것은?

① 차도에 차량이 많아 정체될 경우 보도로 통행한다.
② 노인 보호구역 내에서 노인이 보이지 않더라도 제한속도를 지켜 안전하게 운전한다.
③ 야간 운전 시 졸음이 오는 경우 길가장자리구역에 정차하여 잠시 휴식을 취한 후 운전한다.
④ 신호가 없는 횡단보도에 횡단하는 사람이 있어도 빠른 속도로 통과한다.

풀이 노인 보호구역에서는 노인의 안전을 위해 제한속도를 준수하여야 하며 길가장자리구역 정차는 매우 위험한 행동이고, 신호가 없는 횡단보도에서는 보행자의 안전을 위해 서행하여야 하 며 보도로 통행하면 안 된다.

정답 43. ④ 44. ③ 45. ②

46 원동기장치자전거 운전자의 준수 사항으로 맞는 것은?

① 진로 변경을 수시로 한다.
② 여름철 더운 날에는 안전모를 착용하지 않는다.
③ 물이 고인 곳을 지날 때는 피해를 주지 않기 위해 서행하며 진행한다.
④ 차도에 차량이 많이 정체될 경우 보도로 통행한다.

풀이 진로 변경을 수시로 하면 위험하므로 자제한다. 더운 날에도 꼭 안전모를 착용하며 차도에 차량이 많이 정체될 경우 보도로 통행하지 않는다.

47 이륜자동차 운전자의 안전한 운전을 위한 태도로 맞는 것은?

① 택시가 정차한 경우 승객이 하차할 수 있으므로 주의하며 서행한다.
② 급한 전화가 올 수 있으므로 휴대용 전화기를 항상 손에 들고 운전한다.
③ 어린이가 타고 있다는 표시를 한 어린이통학버스를 앞지르기 한다.
④ 다른 차의 끼어들기 예방차원으로 앞차와 거리를 좁혀 운전한다.

풀이 휴대용 전화기를 손에 들고 통화하며 운전해서는 안 된다. 또한 모든 차의 운전자는 어린이가 타고 있다는 표시를 한 어린이통학버스를 앞지르기 못하며, 사고를 예방하기 위해 안전거리를 확보하며 운전해야 한다.

48 양보 운전에 대한 설명 중 맞는 것은?

① 저속 운행하는 경우 도로 좌측 가장자리로 피하여 진로를 양보한다.
② 긴급자동차가 뒤따라올 때에는 급정지 한다.
③ 교차로에서는 우선순위에 상관없이 다른 차량에 양보하여야 한다.
④ 양보 표지가 있는 경우 다른 도로의 주행 차량에 진로를 양보 한다.

풀이 긴급자동차가 뒤따라오는 경우에는 진로를 양보하여야 한다. 또한 교차로에서는 통행 우선순위에 따라 통행을 하여야 하며, 양보 표지가 설치된 도로의 차량은 다른 차량에게 진로를 양 보하여야 한다.

정답   46. ③   47. ①   48. ④

49 운전자가 지켜야 할 준수사항으로 올바른 것은?

① 자신의 차 앞으로 진로변경을 하지 못하도록 앞차와의 거리를 좁힌다.
② 신호가 없는 횡단보도는 횡단하는 사람이 없으므로 최대한 빠른 속도로 통과한다.
③ 야간 운전 시 졸음이 오는 경우 그 자리에서 휴식을 취한 후 운전한다.
④ 어린이 보호구역 내에서는 제한속도를 지켜 안전하게 운전한다.

> 풀이 어린이 보호구역에서는 어린이의 안전을 위해 제한속도를 준수하여야 하며 야간의 갓길정차는 매우 위험한 행동이며, 신호가 없는 횡단보도에서는 보행자를 위해 서행하여야 하며 진로 변경 표시를 하는 차량을 발견한 경우 진로 변경을 완료하도록 양보 운전하여야 한다.

50 진로 변경 또는 앞지르기를 하고자 할 때의 운전 자세로 가장 알맞은 것은?

① 상대방을 위해 신속히 진로를 변경한다.
② 앞차가 다른 차를 앞지르기 하고 있는 경우에도 앞차를 앞지르기 한다.
③ 다른 차를 앞지르기 하려면 앞차의 우측으로 통행하여야 한다.
④ 방향지시등을 켜서 상대에게 알린 후 점선구간에서 안전하게 진로를 변경한다.

> 풀이 진로 변경을 하고자 할 때 방향지시등을 켜서 상대에게 알린 후 안전하게 진로를 변경한다.

51 교통사고를 일으킬 가능성이 가장 높은 운전자는?

① 운전에만 집중하는 운전자
② 급출발, 급제동, 급차로 변경을 반복하는 운전자
③ 승용차나 자전거에게 안전거리를 확보하는 운전자
④ 조급한 마음을 버리고 양보하는 마음을 갖춘 운전자

> 풀이 운전이 미숙한 운전자에게는 배려와 양보가 중요하며 급출발, 급제동, 급차로 변경을 반복하여 운전하면 교통사고를 일으킬 가능성이 높다.

정답 49. ④ 50. ④ 51. ②

52 교차로 진입 전방에 양보표지가 설치되어 있다. 교차로 통행방법으로 맞는 것은?

① 서행하여 통과한다.
② 정지선 직전에 정지하지 않고 통과한다.
③ 다른 차량을 보낸 후 통과한다.
④ 비상 점멸등을 켜고 통과한다.

풀이 교통정리가 행하여지고 있지 아니하고 일시정지 또는 양보를 표시하는 안전표지가 설치되어 있는 교차로에 들어가고자 하는 때에는 일시정지하거나 양보하여 다른 차의 진행을 방해하여 서는 아니 된다.

53 경미한 부상자가 피를 흘리고 있다. 응급처치 요령으로 가장 옳은 것은?

① 출혈이 경미한 경우 깨끗한 거즈나 헝겊으로 누른다.
② 지혈대를 사용할 경우 심장에서 먼 곳을 묶어 지혈한다.
③ 출혈 부위는 심장보다 낮은 곳에 있어야 한다.
④ 경미한 부상이므로 계속해서 운전하게 한다.

풀이 응급처치 요령으로 가장 옳은 것은 심장과 가까운 곳을 세게 묶어 지혈하며 출혈 부위는 심장보다 높은 곳에 있어야 한다.

54 다음 중 도로에서 안전운전 방법으로 가장 알맞은 것은?

① 병목 구간에서는 앞차 뒤로 바싹 붙어 운전한다.
② 보행자와 함께 횡단보도를 안전하게 주행한다.
③ 황색 신호가 켜지면 신호를 준수하기 위하여 교차로 내에 정지한다.
④ 어린이 보호구역에서는 제한속도를 준수한다.

풀이 어린이 보호구역에서는 제한속도를 준수하며 안전한 도로 통행을 위해서는 남을 배려하는 마음으로 양보 운전을 하여야 한다.

정답 52. ③ 53. ① 54. ④

55 다음 중 보행자에 대한 배려운전으로 가장 알맞은 것은?

① 횡단하는 사람이 있을 수 있으므로 경음기를 울리며 진행한다.
② 이면 도로에서는 보행자보다 이륜자동차가 우선이다.
③ 보행자를 항상 배려하며 방어운전을 한다.
④ 횡단하는 사람이 없을 때에는 빠르게 지나간다.

풀이 운전 중 교통 약자인 보행자에 대해서는 항상 배려하고 방어 운전을 해야 한다. 또한 보행자 우선의 운전 문화를 정착해야 한다.

56 편도 1차로 도로 전방에 시내버스가 정차를 하고 있을 때 가장 안전한 운전 방법은?

① 시내버스와 충분한 안전거리를 유지하면서 신속히 통과한다.
② 속도를 높여 도로 중앙으로 신속하게 주행한다.
③ 보행자 등의 위험을 피하기 위하여 반대 차로로 주행한다.
④ 시내버스를 앞지르는 것은 위험하므로 기다렸다가 진행한다.

풀이 편도 1차로 도로에서 시내버스를 앞지르는 것은 중앙선을 넘는 불법이면서 매우 위험하기 때문에 잠시 버스가 출발하는 것을 기다렸다가 진행한다.

57 다음 중 도로에서 안전운전 방법으로 가장 알맞은 것은?

① 어린이에게 차량이 지나감을 알릴 수 있도록 경음기를 울리며 지나간다.
② 철길건널목 차단기가 내려가려고 하는 경우 신속히 통과한다.
③ 우회전을 하는 경우 미리 도로의 우측 가장자리를 서행하면서 우회전한다.
④ 야간에는 반대편 차량의 운전자를 위해 전조등을 상향으로 한다.

풀이 학교 앞 보행로에서 어린이가 지나갈 경우 일시정지해야 하며, 철길 건널목에서 차단기가 내려지려는 경우 진입하면 안 된다. 또한 야간 운전 시에는 전조등을 반대편 차량의 주행에 방해가 되지 않도록 전조등을 하향으로 조정해야 한다.

정답 55. ③ 56. ④ 57. ③

58 다음 중 도로교통법상 과로(졸음운전 포함)로 인하여 정상적으로 운전하지 못할 우려가 있는 상태에서 자동차를 운전한 사람에 대한 벌칙 기준으로 맞는 것은?

① 처벌하지 않는다.
② 10만 원 이하의 벌금이나 구류에 처한다.
③ 20만 원 이하의 벌금이나 구류에 처한다.
④ 30만 원 이하의 벌금이나 구류에 처한다.

풀이 도로교통법 제45조(과로한 때 등의 운전 금지), 제154조(벌칙) 30만 원 이하의 벌금이나 구류에 처한다.

59 도로교통법에서 정한 운전이 금지되는 술에 취한 상태의 기준으로 맞는 것은?

① 혈중알코올농도 0.03퍼센트 이상인 상태로 운전
② 혈중알코올농도 0.06퍼센트 이상인 상태로 운전
③ 혈중알코올농도 0.08퍼센트 이상인 상태로 운전
④ 혈중알코올농도 0.09퍼센트 이상인 상태로 운전

풀이 운전이 금지되는 술에 취한 상태의 기준은 혈중 알코올 농도가 0.03퍼센트 이상으로 한다.

60 다음 중 음주가 운전 능력에 미치는 영향으로 가장 알맞은 것은

① 졸음운전의 가능성이 낮아진다.
② 인지력을 증가시킨다.
③ 운전 능력을 향상시킨다.
④ 집중력을 저하시킨다.

풀이 반응을 느리게 만들며 인지력 저하, 운전능력 저하와 집중력을 저하시킨다.

정답   58. ④   59. ①   60. ④

61 공주거리에 대한 설명으로 맞는 것은?

① 술에 취한 상태로 운전하게 되면 공주거리가 길어진다.
② 빗길을 주행하는 경우에는 정지거리가 공주거리보다 짧아진다.
③ 교통사고를 피하기 위해서는 공주거리만큼은 유지해야 한다.
④ 위험을 느끼고 브레이크 페달을 밟은 후 차량이 완전히 정지한 거리가 공주거리다.

> 풀이 운전자가 피로하거나 술을 마신 상태로 운전하게 되면 공주거리가 길어진다. 공주거리는 운전자의 심신 상태와 직결된다. 공주거리는 주행 중 운전자가 전방의 위험상황을 발견하고 브레이크를 밟다 제동이 걸리기 시작할 때 까지 자동차가 진행한 거리를 말하며, 브레이크가 작동하기 시작할 때부터 완전히 정지할 때 까지 진행한 거리를 제동거리라 한다. 정지거리는 공주거리와 제동거리의 합을 의미한다.

62 운전자의 피로가 운전 행동에 미치는 영향을 바르게 설명한 것은?

① 주변 자극에 대해 반응 동작이 빠르게 나타난다.
② 시력이 떨어지고 시야가 넓어진다.
③ 지각 및 운전 조작 능력이 떨어진다.
④ 치밀하고 계획적인 운전 행동이 나타난다.

> 풀이 주변 자극에 대해 반응 동작이 느리게 나타나며 시력이 떨어지고 시야가 좁아진다. 감각이 무뎌지고 비계획적인 행동이 나타난다.

63 이륜자동차 운전자가 비호보좌회전 하려고 한다. 가장 알맞은 운전 방법은?

① 진행방향 신호가 녹색인 경우에는 좌회전 할 수 없다.
② 진행방향 신호가 적색인 경우에만 가능하다.
③ 이륜자동차는 진행방향 신호와 상관없이 신속하게 좌회전 한다.
④ 반대차로에서 직진하는 차량에 주의한다.

> 풀이 진행방향 신호가 녹색인 경우에는 좌회전할 수 있는데 반대차로에서 직진하는 차량에 주의해야 한다.

정답 61. ① 62. ③ 63. ④

64 이륜자동차의 운전자는 철길 건널목을 통과하려는 경우에는 건널목 앞에서 (   )하여야 한다. 다음 중 (   )에 알맞은 것은?

① 서행
② 정차 후 주차
③ 일시정지
④ 앞지르기

풀이 철길건널목에서는 무조건 일시정지 해야 한다.

65 다음 중 이륜자동차를 혈중알코올농도 0.03퍼센트 이상 0.08퍼센트 미만인 상태로 운전한 경우, 형사처벌 규정은?

① 1년 이하의 징역이나 500만원 이하의 벌금
② 1년 이하의 징역이나 1천만원 이하의 벌금
③ 2년 이하의 징역이나 1천만원 이하의 벌금
④ 2년 이하의 징역이나 2천만원 이하의 벌금

풀이 도로교통법 제148조의2(벌칙)

66 피로 및 과로, 졸음운전과 관련된 설명 중 옳은 것은?

① 도로 환경과 운전 조작이 단조로운 상황에서의 운전은 수면 부족과 관계없이 졸음운전을 유발할 수 있다.
② 변화가 적고 위험 사태의 출현이 적은 도로에서는 주의력이 향상되어 졸음운전 행동이 줄어든다.
③ 피로하거나 졸음이 오면 위험상황에 대한 대처가 민감해진다.
④ 음주운전을 할 경우 대뇌의 기능이 활성화되어 졸음운전의 가능성이 적어진다.

풀이 교통 환경의 변화가 단조로운 고속도로 등에서의 운전은 시가지 도로나 일반도로에서 운전하는 것 보다 주의력이 둔화되고 수면 부족과 관계없이 졸음운전 행동이 많아진다. 피로하거나 졸음이 오면 위험상황에 대한 대처가 둔해진다. 아울러 음주운전을 할 경우 대뇌의 기능이 둔화되어 졸음운전의 가능성이 높아진다.

정답 64. ③ 65. ① 66. ①

67 피로가 운전자의 신체에 미치는 영향을 바르게 설명한 것은?

① 위급 상황에서의 대처 능력이 높아진다.

② 시야가 좁아진다.

③ 인지 반응 시간이 짧아진다.

④ 판단력이 높아진다.

> 풀이 피로할 경우 위급 상황 시 대처 능력이 저하되고, 인지 반응 시간이 길어지며 판단력이 낮아 진다.

68 보행자 안전 및 보행 문화 정착을 위한 보행자의 통행 방법으로 맞는 것은?

① 좌측통행 원칙

② 우측통행 원칙

③ 중간 부분 통행

④ 어느 쪽이든 괜찮다.

> 풀이 2009. 10. 1. 부터 보행자 안전 및 보행 문화 정착을 위해 좌측통행 원칙에서 우측통행 원칙으로 전환되었다.

69 도로교통법상 보행자 보호에 대한 설명 중 맞는 것은?

① 자전거를 끌고 걸어가는 사람은 보행자에 해당하지 않는다.

② 이륜자동차는 보행자보다 항상 우선하여 통행할 수 있다.

③ 시・도경찰청장은 보행자의 통행을 보호하기 위해 도로에 보행자 전용 도로를 설치 할 수 있다.

④ 보행자 전용 도로에는 유모차를 끌고 갈 수 없다.

> 풀이 자전거를 끌고 걸어가는 사람은 보행자이다. 이륜자동차는 보행자보다 항상 우선하여 통행할 수 있는 것은 아니며 보행자의 통행을 보호하기 위해 도로에 보행자 전용도로를 설치할 수 있고 보행자 전용도로에는 유모차를 끌고 갈 수 있다.

정답 67. ② 68. ② 69. ③

70 도로의 중앙을 통행할 수 있는 사람 또는 행렬로 맞는 것은?

① 사회적으로 중요한 행사에 따라 시가행진하는 행렬
② 말, 소 등의 큰 동물을 몰고 가는 사람
③ 도로의 청소 또는 보수 등 도로에서 작업 중인 사람
④ 기 또는 현수막 등을 휴대한 장의 행렬

> 풀이 사회적으로 중요한 행사에 따른 시가행진인 경우 도로의 중앙을 통행할 수 있다. (도로교통법 제9조 2항)

71 다음 중 보행자의 보호 의무에 대한 설명으로 맞는 것은?

① 무단 횡단하는 술 취한 보행자를 보호할 필요가 없다.
② 교통정리를 하고 있는 도로에서 횡단 중인 보행자는 통행을 방해하여도 무방하다.
③ 보행자 신호기에 녹색 신호가 점멸하고 있는 경우 차량이 진행해도 된다.
④ 교통정리를 하고 있는 교차로에서 우회전할 경우 신호에 따르는 보행자를 방해해서는 아니 된다.

> 풀이 무단 횡단하는 술 취한 보행자도 보호의 대상이다. 보행자 신호기에 녹색신호가 점멸하고 있는 경우에도 보행자보호를 게을리 하지 말고 교통정리를 하고 있는 교차로에서 우회전할 경 우 신호에 따르는 보행자를 방해해서는 아니 된다.

72 노인이 도로를 횡단중인 때 가장 올바른 운전 방법은?

① 진행하던 속도로 지나간다.
② 안전거리를 유지하면서 일시정지 한다.
③ 반대차로를 이용하여 안전하게 주행한다.
④ 경음기를 울리면서 급정지 한다.

> 풀이 주행 중 도로를 횡단하는 보행자를 발견하였을 때는 안전거리를 유지하며 일시정지 한다.
> [도로교통법 제49조 제2호]

정답 70. ① 71. ④ 72. ②

73 보도와 차도가 구분된 도로에서 보행자의 통행 방법으로 맞는 것은?

① 여러 사람이 같이 가면 차도로 통행할 수 있다.

② 공사로 인해 보도가 통제 된 경우 차도를 통행할 수 있다.

③ 달리기와 같은 운동을 할 때는 차도로 갈 수 있다.

④ 보도와 차도를 구분하지 않고 통행할 수 있다.

> 풀이 공사로 인해 보도가 통제 된 경우 차도를 통행할 수 있다.

74 시내 도로를 매시 50킬로미터로 주행하던 중 도로를 횡단 중인 보행자를 발견하였다. 가장 적절한 조치는?

① 보행자가 횡단 중이므로 일단 급브레이크를 밟아 멈춘다.

② 보행자의 움직임을 예측하여 그 사이로 주행한다.

③ 서행하면서 비상점멸등을 점멸하여 뒤차에도 알리면서 안전하게 정지한다.

④ 보행자에게 경음기로 주의를 주며 다소 속도를 높여 통과한다.

> 풀이 도로를 횡단 중인 보행자를 발견하였을 때, 보기 중 가장 적절한 조치는 서행하면서 비상등으로 뒤차에도 알리고 안전하게 정지하는 것이다.

75 교차로에서 우회전하고자 할 때 보행자가 횡단보도에서 횡단 중인 경우 가장 안전한 운전 방법은?

① 먼저 우회전할 수 있다고 판단되면 서둘러 우회전한다.

② 보행 신호등이 조색으로 바뀌었어도 보행자의 횡단이 종료될 때까지 정지하여야 한다.

③ 횡단보도를 이용하는 보행자를 피해서 운전한다.

④ 보행 신호등이 적색이면 무조건 진행한다.

> 풀이 모든 차의 운전자는 신호기로 교통정리를 하고 있는 교차로에서 좌회전 또는 우회전을 하고자 하는 경우에 신호기 또는 경찰공무원등의 신호 또는 지시에 따라 도로를 횡단하는 보행자의 통행을 방해하여서는 아니 된다. 즉 보행 신호등이 적색으로 바뀌어도 보행자로 하여금 안전하게 횡단할 수 있도록 하여야 한다.

정답 73. ② 74. ③ 75. ②

76 어린이 보호구역 내 신호기가 없는 횡단보도를 통과할 때 가장 안전한 운전 방법은?

① 횡단하는 사람이 없을 때 가장 느리게 지나간다.
② 횡단하는 사람이 없으므로 최대한 빠른 속도로 통과한다.
③ 횡단하는 사람이 없더라도 일시정지 하여야 한다.
④ 횡단하는 사람이 있을 수 있으므로 경음기를 울리며 진행한다.

> **풀이** 어린이 보호구역 내 신호기가 없는 횡단보도를 통과할 때는 보행자의 횡단여부와 관계없이 일시정지 하여야 한다.

77 이륜자동차 운전자는 적색신호 시 횡단보도 및 교차로 직전에 (   ) 하여야 한다. 다음 중 (   ) 안에 알맞은 것은?

① 감속   ② 서행   ③ 정지   ④ 주행

> **풀이** 모든 자동차 운전자는 적색신호 시 횡단보도 및 교차로 직전에 정지하여야 한다.

78 도로에서 운전 시 가장 안전한 운전 행동은?

① 긴급자동차가 뒤를 따라오는 경우 속도를 높여 같이 주행한다.
② 어린이 보호구역에서는 사고위험이 높으므로 신속하게 통과한다.
③ 보행자가 도로를 횡단을 하는 경우 일시정지하여 보행자를 보호한다.
④ 전방의 차량을 앞지르고자 할 때는 앞차의 우측으로 통행한다.

> **풀이** 어린이 보호구역에서는 매시 30킬로미터 이내로 주행한다. 전방의 차량을 앞지르기 할 때에는 앞차의 좌측으로 통행한다. 교차로나 그 부근에서 긴급자동차가 접근하는 경우에는 차마 와 노면전차의 운전자는 교차로를 피하여 일시정지하여야 한다. 〈개정 2018. 3. 27.〉 모든 차와 노면전차의 운전자는 제4항에 따른 곳 외의 곳에서 긴급자동차가 접근한 경우에는 긴 급자동차가 우선통행할 수 있도록 진로를 양보하여야 한다. 〈개정 2016. 12. 2., 2018. 3. 27.〉 (도로교통법 제29조 제4항, 제5항) [시행일 : 2019. 3. 28.]

정답 76. ③ 77. ③ 78. ③

79 도로교통법령상 보행자로 볼 수 있는 사람은?

① 의료용 전동휠체어를 타고 가는 사람
② 자전거를 타고 가는 사람
③ 전동 휠을 타고 가는 사람
④ 전동 킥보드를 타고 가는 사람

풀이 보도(步道)란 연석선, 안전표지나 그와 비슷한 인공구조물로 경계를 표시하여 보행자(유모차와 행정안전부령으로 정하는 보행보조용 의자차를 포함)가 통행할 수 있도록 한 도로의 부분을 말한다.
보행보조용 의자차의 기준 : 도로교통법 제2조 10호 및 제17호 가목에서 "행정안전부령이 정하는 보행보조용 의자차"란 식품의약품안전처장이 정하는 의료기기의 규격에 따른 수동휠체어, 전동휠체어 및 의료용 스쿠터의 기준에 적합한 것을 말한다. (도로교통법 제2조 10호, 동법 시행규칙 제2조)

80 다음 중 도로교통법령상 앞을 보지 못하는 사람에 준하는 사람은?

① 노인
② 듣지 못하는 사람
③ 어린이
④ 유모차를 끌고 가는 사람

풀이 앞을 보지 못하는 사람에 준하는 사람은 다음 각 호의 어느 하나에 해당하는 사람을 말한다.
1. 듣지 못하는 사람
2. 신체의 평형기능에 장애가 있는 사람
3. 의족 등을 사용하지 아니하고는 보행을 할 수 없는 사람이다. (도로교통법시행령 제8조)

정답 79. ① 80. ②

81 보행자의 도로 횡단 방법에 대한 설명으로 가장 맞는 것은?

① 보행자는 급할 때는 무단횡단 방지용 중앙분리대 밑으로 횡단할 수 있다.
② 보행자는 횡단보도가 없는 도로에서는 횡단할 수 없다.
③ 지체장애인은 도로 횡단시설을 이용하지 아니하고 도로를 횡단할 수 있다.
④ 보행자는 모든 차의 바로 앞이나 뒤로 어떠한 경우에도 횡단할 수 없다.

풀이 도로교통법 제10조(도로의 횡단) ② 보행자는 제1항에 따른 횡단보도, 지하도, 육교나 그 밖의 도로 횡단시설이 설치되어 있는 도로에서는 그 곳으로 횡단하여야 한다. 다만, 지하도나 육교 등의 도로 횡단시설을 이용할 수 없는 지체장애인의 경우에는 다른 교통에 방해가 되지 아니하는 방법으로 도로 횡단시설을 이용하지 아니하고 도로를 횡단할 수 있다. ③ 보행자는 제1항에 따른 횡단보도가 설치되어 있지 아니한 도로에서는 가장 짧은 거리로 횡단하여야 한다. ④ 보행자는 차와 노면전차의 바로 앞이나 뒤로 횡단하여서는 아니 된다. 다만, 횡단보도를 횡단하거나 신호기 또는 경찰공무원등의 신호나 지시에 따라 도로를 횡단하는 경우에는 그러하지 아니하다.

82 노면이 포장이 되지 않아 횡단보도표시를 할 수 없는 때에 반드시 설치해야 하는 안전표지는?

① 위험을 알리는 주의표지
② 노면이 고르지 못함을 표시하는 주의표지
③ 횡단보도의 길이를 표시하는 보조표지
④ 횡단보도의 너비를 표시하는 보조표지

풀이 횡단보도를 설치하고자 하는 도로의 표면이 포장이 되지 아니하여 횡단보도표시를 할 수 없는 때에는 횡단보도표지판을 설치할 것. 이 경우 그 횡단보도표지판을 횡단보도의 너비를 표시하는 보조표지를 설치하여야 한다. (도로교통법시행규칙 제11조 3호)

정답   81. ③ 82. ④

83 도로교통법상 이륜자동차의 운전자가 횡단보도를 이용하여 도로를 횡단할 때 가장 안전한 방법은?

① 이륜자동차에서 내려서 끌고 보행한다.
② 이륜자동차를 탄 상태 그대로 진행한다.
③ 이륜자동차를 타고 서행하면서 횡단한다.
④ 이륜자동차의 속도를 높여 신속히 횡단한다.

풀이 이륜자동차의 운전자가 횡단보도를 이용하여 도로를 횡단할 때에는 이륜자동차에서 내려서 끌고 보행하여야 한다.

84 도로교통법상 보도와 차도가 구분되지 않은 도로 중 중앙선이 있는 도로에서 보행자의 통행 방법으로 가장 안전한 것은?

① 길가장자리구역으로 통행하여야 한다.
② 도로의 전 부분으로 통행한다.
③ 도로의 중앙선을 따라 통행하여야 한다.
④ 절대 통행할 수 없다.

풀이 도로교통법 제8조(보행자의 통행) ① 보행자는 보도와 차도가 구분되지 아니한 도로 중 중앙 선이 있는 도로(일방통행인 경우에는 차선으로 구분된 도로를 포함한다)에서는 길가장자리 또는 길가장자리 구역으로 통행하여야 한다. ② 보행자는 다음 각 호의 어느 하나에 해당하는 곳에서는 도로의 전 부분으로 통행할 수 있다. 이 경우 보행자는 고의로 차마의 진행을 방해하여서는 아니 된다. 1. 도로와 차도가 구분되지 아니한 도로 중 중앙선이 없는 도로(일방통행인 경우에는 차선으로 구분되지 아니한 도로에 한정한다. 이하 같다) 2. 보행자우선도로

85 도로교통법상 의료용 전동휠체어는 어디로 통행해야 하는가?

① 차도   ② 자전거전용도로
③ 보도   ④ 자전거우선도로

풀이 의료용 전동휠체어는 보행자이므로 보도로 통행해야 한다. 보행자는 보도와 차도가 구분된 도로에서는 언제나 보도로 통행하여야 한다. 다만, 차도를 횡단하는 경우, 도로공사 등으로 보도의 통행이 금지된 경우나 그 밖의 부득이한 경우에는 그러하지 아니하다.(도로교통법 제 8조 제1항)

정답 83. ① 84. ① 84. ③

86 이륜자동차 운전자가 도심지 이면도로를 주행하는 상황에서 가장 안전한 운전방법은?

① 전조등 불빛을 번쩍이면서 마주 오는 차에 주의를 준다.
② 경음기를 계속 사용하여 내 차의 진행을 알린다.
③ 어린이가 갑자기 도로 중앙으로 나올 수 있으므로 속도를 줄인다.
④ 속도를 높여 신속히 통과한다.

풀이 충분한 안전거리를 유지하고, 서행하거나 일시 정지하여 자전거와 어린이의 움직임을 주시하면서 전방 상황에 대비하여야 한다.

87 다음 중 원동기장치자전거 운전자의 통행방법으로 맞는 것은?

① 차도에 차량이 많아 정체된 경우에는 차로와 차로 사이로 통행한다.
② 통행차로 중 오른쪽차로를 이용하여 통행한다.
③ 보도에 보행자가 없는 경우에는 보도로 통행한다.
④ 신속한 주행을 위하여 길가장자리구역으로 통행한다.

풀이 이륜차 및 원동기장치자전거의 통행차로는 오른쪽차로를 이용하여 통행한다.

88 차량이 주유소나 상가를 출입하기 위해 보도를 통과할 경우 가장 안전한 운전방법은?

① 전조등을 번쩍이며 통과한다.
② 경음기를 울리며 통과한다.
③ 보행자가 방해를 받지 않도록 신속히 통과한다.
④ 일시정지 후 안전을 확인하고 통과한다.

풀이 주유소나 상가를 출입하기 위해 보도를 통과할 경우 항상 일시정지한 후 안전을 확인하고 통과해야 한다.

정답 86. ③ 87. ② 88. ④

89 차마의 통행 방법을 올바르게 설명한 것은?

① 차마는 도로의 중앙선 좌측을 통행한다.

② 차마는 도로의 중앙선 우측을 통행한다.

③ 도로 외의 곳에 출입하는 때에는 보도를 서행으로 통과한다.

④ 안전지대 등 안전표지에 의하여 진입이 금지된 장소는 일시정지 후 통과한다.

> **풀이** 차마의 운전자는 도로(보도와 차도가 구분된 도로에서는 차도를 말한다)의 중앙(중앙선이 설치되어 있는 경우에는 그 중앙선을 말한다)으로부터 우측 부분을 통행하여야 한다.

90 도로교통법상 가장 안전한 운전을 하고 있는 운전자는?

① 보행자가 횡단보도가 없는 도로를 횡단하고 있는 경우에 주의하여 보행자 옆을 주행한다.

② 가파른 비탈길의 오르막길에서는 속도를 높여 주행한다.

③ 신호등이 없고 좌·우를 확인할 수 없는 교차로에서 일시정지한다.

④ 어린이에 대한 교통사고의 위험이 있는 것을 발견한 경우에는 경음기를 울려서 어린이에게 위험을 알려준다.

> **풀이** 모든 차의 운전자는 교통정리를 하고 있지 아니하고 좌우를 확인할 수 없거나 교통이 빈번한 교차로에서는 일시정지하여야 한다.

91 다음 중 교통정리가 없는 교차로에 동시에 진입하려고 하는 경우, 통행의 우선순위가 가장 낮은 차는?

① 도로의 폭이 넓은 도로를 진행하는 차

② 도로의 폭이 동일한 경우 좌회전하려는 차

③ 도로의 폭이 동일한 경우 교차로 우측 도로의 차

④ 도로의 폭이 동일한 경우 우회전하려는 차

> **풀이** 교통정리가 없는 교차로에 진입하는 경우 선 진입 차, 폭이 넓은 도로의 차, 우측도로의 차, 직진 및 우회전 차량이 그렇지 않은 차량에 대하여 진입의 우선권이 있다.

정답   89. ② 90. ③ 91. ②

92 도로교통법상 차마의 통행방법 및 속도에 대한 설명으로 옳지 않은 것은?

① 신호가 없는 교차로에서 좌회전 시 직진하려는 다른 차가 있는 경우 직진 차에게 진로를 양보하여야 한다.
② 차도와 보도의 구별이 없는 도로에서 차량 정차 시 도로의 오른쪽 가장자리로부터 중앙으로 50센티미터 이상의 거리를 두어야 한다.
③ 교차로에서 앞 차가 우회전을 하려고 신호를 하는 경우 뒤따르는 차는 앞 차의 진행을 방해해서는 안 된다.
④ 자동차전용도로에서의 최저속도는 매시 40킬로미터이다.

> **풀이** 도로교통법 제26조 제 ④항, ② 도로교통법 시행령 제11조 제 ①항, 제1호, ③ 도로교통법 제25조 제 ④항, ④ 자동차전용도로에서의 최저속도는 매시 30킬로미터이다.(도로교통법 시행규칙 제19조 제 ① 항 제2호)

93 다음 중 교차로에 진입하여 신호가 바뀐 후에도 지나가지 못해 다른 차량 통행을 방해하는 행위인 "꼬리 물기"를 하였을 때의 위반 행위로 맞는 것은?

① 교차로 통행방법 위반　　　　② 일시정지 위반
③ 진로 변경 방법 위반　　　　　④ 혼잡 완화 조치 위반

> **풀이** 도로교통법 제25조(교차로 통행방법) 모든 차의 운전자는 신호기로 교통정리를 하고 있는 교차로에 들어가려는 경우에는 진행하려는 진로의 앞쪽에 있는 차의 상황에 따라 교차로(정지 선이 설치되어 있는 경우에는 그 정지선을 넘은 부분을 말한다)에 정지하게 되어 다른 차의 통행에 방해가 될 우려가 있는 경우에는 그 교차로에 들어가서는 아니 된다.

정답　92. ④　93. ①

94 다음 중 안전거리에 대한 설명으로 가장 적절한 것은?

① 앞차가 갑자기 정지하게 되는 경우, 그 앞차와의 충돌을 피할 수 있는 거리
② 자전거가 뒤따라 올 때 자전거가 자동차의 뒤를 충돌할 것에 대비하는 거리
③ 브레이크가 작동되기 시작하면서부터 자동차가 정지할 때까지의 거리
④ 위험을 발견하고 브레이크 페달을 밟아 브레이크가 듣기 시작하는 순간까지의 거리

> **풀이** 모든 차의 운전자는 같은 방향으로 가고 있는 앞차의 뒤를 따르는 경우에는 앞차가 갑자기 정지하게 되는 경우 그 앞차와의 충돌을 피할 수 있는 필요한 거리를 확보하여야 한다. (도로 교통법 제19조 제1항)

95 도로에 과속방지턱을 설치하는 목적은?

① 연료를 절약하기 위해서
② 위반 차량을 단속하기 위해서
③ 교통량을 줄이기 위해서
④ 차량 속도를 줄이기 위해서

> **풀이** 학교 앞이나 아파트 단지 입구 등에 과속방지턱을 설치하는 것은 차량 속도를 줄여 서행을 유도하기 위함이다.

96 다음 중 길가장자리구역에 대한 설명이다. 가장 알맞은 것은?

① 보행자의 안전을 확보하기 위하여 안전표지 등으로 경계를 표시한 곳이다.
② 보도와 차도가 구분된 도로에 자전거를 위하여 설치한 곳이다.
③ 보행자가 도로를 횡단할 수 있도록 안전표지로써 표시한 곳이다.
④ 이륜자동차 또는 원동기장치자전거가 다니는 곳이다.

> **풀이** "길가장자리구역"이란 보도와 차도가 구분되지 아니한 도로에서 보행자의 안전을 확보하기 위하여 안전표지 등으로 경계를 표시한 도로의 가장자리 부분을 말한다. (도로교통법 제2조 11호)

정답   94. ①   95. ④   96. ①

97 정지거리에 대한 설명으로 맞는 것은?

① 운전자가 브레이크 페달을 밟은 후 최종적으로 정지한 거리
② 앞차가 급정지 시 앞차와의 추돌을 피할 수 있는 거리
③ 위험을 발견하고 브레이크 페달을 밟아 실제로 차량이 정지하기까지 진행한 거리
④ 운전자가 위험을 발견하고 브레이크 페달을 밟아 브레이크가 실제로 듣기 시작할 때까지의 거리

풀이 ① 제동 거리 ② 안전거리 ④ 공주거리

98 다음 중 이륜자동차 운전자의 속도 준수에 대한 설명으로 가장 알맞은 것은?

① 일반도로에서는 법정속도를 준수하지 않아도 된다.
② 법정속도보다 안전표지가 지정하고 있는 제한속도를 우선 준수해야 한다.
③ 법정속도와 안전표지 제한속도가 다른 경우 어느 하나만 준수해도 된다.
④ 안전표지의 지정속도 보다 법정속도가 우선이다.

풀이 일반도로에서는 법정속도를 준수해야 하며 법정속도보다 안전표지가 지정하고 있는 제한속도를 우선 준수해야 한다.

99 교차로에 진입하려는데, 경찰공무원이 정지하라는 수신호를 보냈다. 다음 중 가장 안전한 운전 방법은?

① 정지선 직전에 일시정지한다.
② 빠른 속도로 진입한다.
③ 비상 점멸등을 켜며 진입한다.
④ 교차로에 서서히 진입한다.

풀이 교통안전시설이 표시하는 신호 또는 지시와 교통정리를 위한 경찰공무원 등의 신호 또는 지시가 다른 경우에는 경찰공무원 등의 신호 또는 지시에 따라야 한다.

정답 97. ③ 98. ② 99. ①

100 정체된 교차로에서 좌회전할 경우 가장 알맞은 방법은?

① 가급적 앞차를 따라 진입한다.
② 녹색신호에는 진입해도 무방하다.
③ 적색신호라도 공간이 생기면 진입한다.
④ 녹색신호라도 공간이 없으면 진입하지 않는다.

> **풀이** 모든 차의 운전자는 신호기에 의하여 교통정리가 행하여지고 있는 교차로에 들어가려는 때에는 진행하고자 하는 진로의 앞쪽에 있는 차의 상황에 따라 교차로에 정지하게 되어 다른 차의 통행에 방해가 될 우려가 있는 경우에는 그 교차로에 들어가서는 아니 된다. (도로교통법 제25조 5항)

101 다음은 주·정차 방법에 대한 설명이다. 맞는 것은?

① 야간에는 도로에서 주차를 할 때 안전표지에 따르지 않아도 된다.
② 경찰공무원의 지시에 따를 때에는 다른 교통에 방해가 되어도 주·정차할 수 있다.
③ 차도와 보도의 구분이 없는 도로에 주차할 때에는 안전지대에도 할 수 있다.
④ 버스정류장에서 승객이 승차할 경우 정차는 가능하지만 주차는 할 수 없다.

> **풀이** 모든 차의 운전자는 도로에서 주·정차할 때 정해진 방법에 따라 다른 교통에 방해가 되지 않도록 하여야 하고, 안전표지 또는 경찰공무원 등의 지시에 따를 때와 고장으로 인하여 부득이 주차하는 때에는 그러하지 아니하다. 버스가 정류장에서 승객을 승하차할 때에는 주차와 정차 모두 가능하고, 안전지대는 주차와 정차가 금지되어 있는 장소이다.

정답   100. ④ 101. ②

102 다음 중 도로교통법상 주차가 금지되는 곳은?

① 주차장법에 따라 차도와 보도에 걸쳐서 설치된 노상 주차장
② 보도와 차도가 구분된 도로의 주차구역
③ 교차로의 가장자리나 도로의 모퉁이로부터 5미터 이내
④ 주택가 이면도로의 거주자 우선 주차구역

풀이 교차로의 가장자리나 도로의 모퉁이로부터 5미터 이내인 곳은 도로교통법상 주차 및 정차가 금지된 곳이다. (도로교통법 제32조)

103 도로교통법령상 이륜자동차 운전자가 최고속도보다 시속 80킬로미터를 초과하고 100킬로미터 이하로 운전한 처벌기준은?

① 30만원 이하의 벌금 또는 구류
② 100만원 이하의 벌금 또는 구류
③ 6개월 이하의 징역이나 200만원 이하의 벌금
④ 1년 이하의 징역이나 500만원 이하 벌금

풀이 도로교통법 제154조 제9호. 매시 100킬로미터를 초과한 속도로 자동차등을 운전한 사람은 100만원 이하의 벌금 또는 구류에 처한다.

104 다음 중 편도 4차로 일반도로에서 이륜자동차의 주행차로는?

① 1차로   ② 왼쪽차로   ③ 오른쪽차로   ④ 모든 차로

풀이 도로교통법 시행규칙 별표 9

정답   102. ③   103. ①   104. ③

105 경사가 심한 편도 2차로의 오르막길을 주행할 때 가장 안전한 운전 방법은?

① 전방 화물 차량으로 인해 시야가 막힌 경우 재빨리 차로변경을 한다.
② 고단 기어를 사용하여 오르막길을 주행한다.
③ 속도가 낮은 차량의 경우 2차로로 주행한다.
④ 속도가 높은 차량의 경우 더욱 가속하며 주행한다.

풀이 오르막길을 주행할 때 가장 안전한 운전방법은 급차로 변경이나 급정지, 급가속 등은 피하고 저속차량의 경우 차량 진행을 위하여 하위 차로를 이용하여 주행하는 것이 안전하다.

106 도로교통법령상 밤에 고장등의 사유로 도로에서 이륜자동차를 정차 또는 주차하는 경우 켜야 하는 등화로 맞는 것은?

① 전조등 ② 차폭등 ③ 미등 ④ 번호등

풀이 도로교통법 제37조 이륜자동차가 밤에 도로에서 정차 또는 주차하는 경우 켜야 하는 등화는 미등(후부반사기를 포함)을 켜야 한다. 도로교통법시행령 제19조(밤에 도로에서 차를 운행하는 경우 등의 등화)

107 이륜자동차를 다음과 같이 주행하였다. 도로교통법상 속도위반이 되지 않는 경우는? (주거·상업·공업지역 제외)

① 노면이 얼어붙은 편도 2차로의 일반도로를 매시 70킬로미터로 주행하였다.
② 눈이 내려 20밀리미터 미만 쌓인 편도 2차로의 일반도로를 매시 50킬로기터로 주행하였다.
③ 비가 내려 노면이 젖어 있는 편도 2차로의 일반도로를 매시 80킬로미터로 주행하였다.
④ 안개가 끼어 가시거리가 100미터 이내인 편도 2차로의 일반도로를 매시 50킬로미터로 주행하였다.

풀이 도로교통법 시행규칙 제19조 최고속도의 100분의 20을 줄인 속도로 운행하여야 하는 경우는 비가 내려 노면이 젖어있는 경우와 눈이 20밀리미터 미만 쌓인 경우이다. 최고속도의 100분의 50을 줄인 속도로 운행하여야 하는 경우는 폭우·폭설·안개 등으로 가시거리가 100미터 이내인 경우, 노면이 얼어붙은 경우, 눈이 20밀리미터 이상 쌓인 경우이다. 편도 2차로 이상 일반도로의 제한속도는 매시 80킬로미터이다.

정답 105. ③ 106. ③ 107. ③

108 다음 중 이륜자동차가 과속방지턱을 통과하는 방법으로 가장 올바른 것은?

① 과속방지턱을 피해 길가장자리구역으로 통과한다.
② 가속하여 통과한다.
③ 급제동하여 통과한다.
④ 서행하여 통과한다.

풀이 미리 속도를 줄여 서행으로 통과한다.

109 앞차를 앞지르기 할 때 위반에 해당하는 것은?

① 편도 2차로 오르막길에서 백색점선을 넘어 앞지르기하였다.
② 반대 방향의 안전을 살피고 황색실선의 중앙선을 넘어 앞지르기 하였다.
③ 비포장도로에서 앞차의 좌측으로 앞지르기 하였다.
④ 황색점선의 중앙선이 설치된 도로에서 안전을 살피고 앞지르기 하였다.

풀이 백색 실선은 진로 변경 제한선이고 백색 점선의 차선은 안전을 살피고 진로 변경이 가능한 표시이며, 황색 실선의 중앙선은 넘어서는 안 되는 표시이고, 황색 점선의 중앙선은 안전을 살피고 앞지르기를 할 수 있는 구간이다.

110 다음 중 앞지르기가 가능한 장소는?

① 교차로
② 황색실선의 국도
③ 터널 안
④ 황색점선의 지방도

풀이 교차로, 터널 안, 다리 위와 도로의 구부러진 곳, 비탈길의 고갯마루 부근, 또는 가파른 내리막 등 시·도경찰청장이 도로에서의 위험을 방지하고 교통의 안전과 원활한 소통을 확보하기 위하여 필요하다고 인정하는 곳으로서 안전표지로 지정한 곳, 황색실선을 절대 넘어가서는 안 되는 곳이며 점선 부근에서는 앞지르기가 가능하다. (도로교통법 제22조)

정답　108. ④　109. ②　110. ④

111 이륜자동차의 앞지르기 방법에 대한 내용으로 올바른 것은?

① 주간에는 터널 안에서 앞지르기 할 수 있다.
② 앞차의 좌측이나 우측 관계없이 할 수 있다.
③ 교차로는 앞지르기 금지장소이므로 앞지르기를 할 수 없다.
④ 앞차의 우측으로 안전하게 앞지르기 한다.

풀이 교차로는 앞지르기 금지장소이므로 앞지르기를 할 수 없다. 터널 안에서는 주야간 모두 앞지르기를 할 수 없으며 앞지르기를 할 때에는 앞차의 좌측으로 할 수 있다.

112 다음은 다른 차를 앞지르기하려는 자동차의 속도에 대한 설명이다. 맞는 것은?

① 다른 차를 앞지르기하는 경우에는 속도의 제한이 없다.
② 해당 도로의 법정 최고 속도의 100분의 50을 더한 속도까지는 가능하다.
③ 운전자의 운전 능력에 따라 제한 없이 가능하다.
④ 해당 도로의 최고 속도 이내에서만 앞지르기가 가능하다.

풀이 해당도로의 최고속도 이내에서간 앞지르기가 가능하다.

113 교차로 내에서 앞에 진행하는 차의 좌측을 통행하여 앞지르기 하였다. 위반 내용은?

① 우선권 양보 불이행
② 앞지르기 금지 장소 위반
③ 중앙선 침범 위반
④ 앞지르기 방법 위반

풀이 다리 위, 교차로, 터널 안은 앞지르기가 금지된 장소이므로 앞지르기를 할 수 없다. (도로교통법 제22조)

정답 111. ③ 112. ④ 113. ②

114 다음 중 차로를 변경할 수 있는 구간은?

① 차선이 백색점선으로 설치된 구간
② 차선이 황색실선으로 설치된 구간
③ 다리 위에 백색실선이 설치된 구간
④ 터널 안에 백색실선이 설치된 구간

풀이 차선이 백색점선으로 설치된 구간에서는 차로를 변경할 수 있으나, 백색실선은 차로변경이 금지된 구간이다. (도로교통법 제22조)

115 터널 안에서의 앞지르기에 대한 설명으로 맞는 것은?

① 좌측으로 앞지르기를 해야 한다.
② 전조등을 켜고 앞지르기를 해야 한다
③ 법정 최고 속도의 한도 내에서 앞지르기를 해야 한다.
④ 앞지르기를 해서는 안 된다.

풀이 교차로, 다리 위, 터널 안 등은 앞지르기가 금지된 장소이므로 앞지르기를 할 수 없다.

116 앞지르기를 할 수 있는 경우로 맞는 것은?

① 앞차가 다른 차를 앞지르고 있을 경우
② 앞차가 위험 방지를 위하여 정지 또는 서행하고 있는 경우
③ 앞차의 좌측에 다른 차가 앞차와 나란히 진행하고 있는 경우
④ 앞차가 저속으로 진행하면서 다른 차와 안전거리를 확보하고 있을 경우

풀이 모든 차의 운전자는 앞차의 좌측에 다른 차가 앞차와 나란히 가고 있는 경우, 앞차가 다른 차를 앞지르고 있거나 앞지르고자 하는 경우에는 앞차를 앞지르기하지 못한다.

정답 114. ① 115. ④ 116. ④

117 이륜자동차 운전 중 편도 1차로 도로에서 승용차가 느리게 진행하고 있을 때 앞지르기 하는 방법으로 가장 적절한 것은?

① 차로의 오른쪽 길가장자리 구역을 이용하여 앞지르기한다.
② 황색 점선의 중앙선이 설치된 곳에서 마주 오는 차가 없을 때 앞지르기한다.
③ 가급적 승용차와 나란히 하여 앞지르기한다.
④ 황색 실선의 중앙선이 설치된 곳에서 마주 오는 차가 없을 때에는 앞지르기한다.

풀이 도로교통법 제21조 앞지르기 방법, 동법 시행규칙 별표 6. 5. 황색 중앙선 침범금지, 점선에서의 앞지르기 방법

118 중앙선이 황색 점선과 황색 실선의 복선으로 설치된 때의 앞지르기에 대한 설명으로 맞는 것은?

① 황색 실선과 황색 점선 어느 쪽에서도 중앙선을 넘어 앞지르기할 수 없다.
② 황색 점선이 있는 측에서는 중앙선을 넘어 앞지르기할 수 있다.
③ 안전이 확인되면 황색 실선과 황색 점선 상관없이 앞지르기할 수 있다.
④ 황색 실선이 있는 측에서는 중앙선을 넘어 앞지르기할 수 있다.

풀이 황색점선이 있는 측에서는 중앙선을 넘어 앞지르기할 수 있으나 황색 실선이 있는 측에서는 중앙선을 넘어 앞지르기할 수 없다.

정답 117. ② 115. ②

119 도로교통법상 긴급한 용도로 운행 중인 긴급자동차가 다가올 때 운전자의 준수사항으로 맞는 것은?

① 교차로에 긴급자동차가 접근할 때에는 교차로 내 좌측 가장자리에 일시정지해야 한다.
② 교차로에서 긴급자동차가 접근하는 경우에는 교차로를 피하여 일시정지 하여야 한다.
③ 긴급자동차보다 속도를 높여 신속히 통과한다.
④ 그 자리에 일시정지하여 긴급자동차가 지나갈 때까지 기다린다.

풀이 도로교통법 제29조제4항 및 제5항 교차로나 그 부근에서 긴급자동차가 접근하는 경우에는 차마와 노면전차의 운전자는 교차로를 피하여 일시정지 하여야 한다. 모든 차와 노면전차의 운전자는 제4항에 따른 곳 외의 곳에서 긴급자동차가 접근한 경우에는 긴급자동차가 우선통행할 수 있도록 진로를 양보하여야 한다.

120 교차로에서 우회전 중 소방차가 경광등을 켜고 사이렌을 울리며 접근할 경우에 가장 안전한 운전방법은?

① 교차로를 피하여 일시정지한다.
② 즉시 현 위치에서 정지한다.
③ 서행하면서 우회전한다.
④ 교차로를 신속하게 통과한 후 계속 진행한다.

풀이 도로교통법 제29조제4항 교차로나 그 부근에서 긴급자동차가 접근하는 경우에는 차마와 노면전차의 운전자는 교차로를 피하여 일시정지 하여야 한다.

정답 119. ② 120. ①

121 도로를 주행 중에 긴급자동차가 접근하고 있다. 운전자로서 가장 올바른 조치는?

① 법정속도 이상으로 긴급자동차를 피하여 주행한다.
② 긴급자동차가 우선 통행할 수 있도록 진로를 양보한다.
③ 도로에서는 특별한 조치 없이 주행한다.
④ 도로의 좌측 가장자리로 피하여 양보함이 원칙이다.

> **풀이** 교차로나 그 부근에서 긴급자동차가 접근하는 경우에는 차마와 노면전차의 운전자는 교차로를 피하여 일시정지 하여야 한다. 〈개정 2018. 3. 27.〉 모든 차와 노면전차의 운전자는 제4항에 따른 곳 되의 곳에서 긴급자동차가 접근한 경우에는 긴급자동차가 우선통행할 수 있도록 진로를 양보하여야 한다. (도로교통법 제29조 제4항 및 제5항) [시행일 2019. 03. 28]

122 긴급자동차로 볼 수 있는 것은?

① 고장 수리를 위해 자동차 정비 공장으로 가고 있는 소방차
② 응급 환자를 이송하고 복귀하는 구급차
③ 공무 수행 중인 모든 자동차
④ 시·도경찰청장으로부터 지정을 받고 전파 감시 업무에 사용 중인 자동차

> **풀이** 소방차, 구급차, 혈액공급차량, 그 밖에 대통령령으로 정하는 자동차, 시·도경찰청장으로부터 지정을 받고 전파 감시업무에 사용 중인 자동차는 긴급자동차에 해당, 응급환자를 이송하는 구급차 등이 긴급자동차에 해당한다. (도로교통법 제2조 22호, 도로교통법 시행령 제2조).

123 이륜자동차가 생명이 위독한 환자를 이송 중인 경우 긴급자동차로 인정받기 위한 조치는?

① 관할 경찰서장의 허가를 받아야 한다.
② 전조등 또는 비상등을 켜고 운행한다.
③ 생명이 위독한 환자를 이송 중이기 때문에 특별한 조치가 필요 없다.
④ 반드시 다른 자동차의 호송을 받으면서 운행하여야 한다.

> **풀이** 구급자동차를 부를 수 없는 상황으로 일반자동차로 생명이 위독한 환자를 이송해야 하는 긴급한 상황에서 주변 자동차 운전자의 양도를 받으며 병원 등으로 운행해야 하는 경우에 긴급자동차로 특례를 적용 받기 위해서는 전조등 또는 비상등을 켜거나 그 밖에 적당한 방법을 통하여 긴급한 목적으로 운행되고 있음을 표시하여야 한다. (도로교통법 시행령 제3조 제2항)

정답   121. ②   122. ④   123. ②

124 긴급한 용도로 운행 중 교통사고를 일으킨 경우 형을 감면할 수 있는 긴급자동차는?

① 전기사업 기관에서 위험 방지를 위한 응급작업에 사용되는 자동차
② 전파감시업무에 사용되는 자동차
③ 수용자의 호송에 사용되는 교도소 자동차
④ 혈액 공급차량

> **풀이** 소방차, 구급차, 혈액 공급차량, 경찰용 자동차의 운전자가 그 차를 본래의 긴급한 용도로 운행하는 중에 교통사고를 일으킨 경우에는 그 긴급활동의 시급성과 불가피성 등 정상을 참작하여 제151조 또는 「교통사고처리 특례법」제3조 제1항에 따른 형을 감경하거나 면제할 수 있다.(도로교통법 제158조의2)

125 긴급자동차 양보의무를 위반한 이륜자동차 운전자의 범칙금액은?

① 3만원 ② 4만원
③ 6만원 ④ 7만원

> **풀이** 도로교통법 제29조제4항 내지 제5항, 도로교통법 시행령 별표8 12의2에 따라 긴급자동차에 대한 양보·일시정지 위반의 경우 이륜자동차등 4만원

정답 124. ④ 125. ②

126 긴급자동차 운전자가 긴급한 용도 외에 경광등을 사용할 수 있는 경우가 아닌 것은?

① 경찰용 자동차가 교통단속을 위하여 순찰을 하는 경우
② 민방위 훈련에 동원된 자동차가 그 본래의 긴급한 용도와 관련된 훈련에 참여하는 경우
③ 전화의 수리공사에 사용되는 자동차가 사고 예방을 위하여 순찰을 하는 경우
④ 소방차가 화재 예방을 위하여 순찰을 하는 경우

풀이 도로교통법 시행령 제10조의2(긴급한 용도 외에 경광등 등을 사용할 수 있는 경우) 법 제2조제22호 각 목의 자동차 운전자는 법 제29조제6항 단서에 따라 해당 자동차를 그 본래의 긴급한 용도로 운행하지 아니하는 경우에도 다음 각 호의 어느 하나에 해당하는 경우에는 「자동차관리법」에 따라 해당 자동차에 설치된 경광등을 켜거나 사이렌을 작동할 수 있다.
1. 소방차가 화재 예방 및 구조·구급 활동을 위하여 순찰을 하는 경우
2. 법 제2조제22호 각 목에 해당하는 자동차가 그 본래의 긴급한 용도와 관련된 훈련에 참여하는 경우
3. 제2조제1항 제1호에 따른 자동차가 범죄 예방 및 단속을 위하여 순찰을 하는 경우

127 긴급한 용도임에도 경광등을 켜지 않아도 되는 긴급자동차는?

① 긴급한 우편물의 운송에 사용되는 자동차
② 소방차
③ 경호업무 수행에 공무로 사용되는 자동차
④ 구급차

풀이 긴급자동차는 「자동차관리법」에 따른 자동차의 안전 운행에 필요한 기준에서 정한 긴급자동차의 구조를 갖추어야 하고, 우선 통행 및 긴급자동차에 대한 특례와 그 밖에 법에서 규정된 특례의 적용을 받고자 하는 때에는 사이렌을 울리거나 경광등을 켜야 한다. 다만, 속도에 관한 규정을 위반하는 자동차 등을 단속하는 경우의 긴급자동차와 국내외 요인에 대한 경호 업무 수행에 공무로 사용되는 자동차는 그러하지 아니하다.

정답 126. ③ 127. ③

128 다음 중 긴급자동차로 볼 수 없는 것은?

① 도로관리를 위한 자동차에 의하여 유도되고 있는 자동차
② 경찰용 긴급자동차에 의하여 유도되고 있는 자동차
③ 국군의 긴급자동차에 의하여 유도되고 있는 국군의 자동차
④ 생명이 위급한 환자를 운송 중인 자동차

풀이 도로교통법 시행령 제2조(긴급자동차의 종류)
② 제1항 각 호에 따른 자동차 외에 다음 각 호의 어느 하나에 해당하는 자동차는 긴급자동차로 본다.
1. 제1항 제1호에 따른 경찰용 긴급자동차에 의하여 유도되고 있는 자동차
2. 제1항 제2호에 따른 국군 및 주한 국제연합군용의 긴급자동차에 의하여 유도되고 있는 국군 및 주한 국제연합군의 자동차
3. 생명이 위급한 환자 또는 부상자나 수혈을 위한 혈액을 운송 중인 자동차

129 이륜자동차 운전자가 보호구역이 아닌 도로에서 신호위반하여 중상 2명의 인적 피해 교통사고를 발생시킨 경우 벌점은?

① 15점   ② 30점   ③ 45점   ④ 60점

풀이 도로교통법 시행규칙 별표 28. 운전면허 취소·정지처분 기준에 따라 신호위반 벌점 15점, 중상 1명당 15점

정답   128. ①   129. ③

130 중앙선이 설치되지 아니한 도로에서 어린이 통학버스를 마주 보고 운행할 때 올바른 운행 방법은?

① 어린이가 타고 내리는 중임을 표시하는 점멸등이 작동 중인 경우 그냥 지나친다.
② 어린이가 타고 내리는 중임을 표시하는 점멸등이 작동 중인 경우 서행한다.
③ 어린이가 타고 내리는 중임을 표시하는 점멸등이 작동 중인 경우 일시정지하여 안전을 확인한 후 서행한다
④ 어린이가 타고 내리는 중임을 표시하는 점멸등이 작동 중인 경우 가속하여 지나친다.

풀이 도로교통법 제51조(어린이통학버스의 특별보호) ①어린이통학버스가 도로에 정차하여 어린이나 영유아가 타고 내리는 중임을 표시하는 점멸등 등의 장치를 작동 중일 때에는 어린이통학버스가 정차한 차로와 그 차로의 바로 옆 차로로 통행하는 차의 운전자는 어린이통학버스에 이르기 전에 일시정지하여 안전을 확인한 후 서행하여야 한다. ②제1항의 경우 중앙선이 설치되지 아니한 도로와 편도 1차로인 도로에서는 반대방향에서 진행하는 차의 운전자도 어린이통학버스에 이르기 전에 일시정지하여 안전을 확인한 후 서행하여야 한다.

131 편도 2차로 도로에서 1차로로 어린이 통학버스가 어린이나 영유아를 태우고 있음을 알리는 표시를 하며 주행 중이다. 가장 안전한 운전 방법은?

① 2차로가 비어 있어도 앞지르기를 하지 않는다.
② 2차로로 앞지르기하여 주행한다.
③ 경음기를 울려 전방 진로를 비켜 달라는 표시를 한다.
④ 반대 차로의 상황을 주시한 후 중앙선을 넘어 앞지르기한다.

풀이 보기 중 가장 안전한 운전 방법은 2차로가 비어 있어도 앞지르기를 하지 않는 것이다. 모든 차의 운전자는 어린이나 영유아를 태우고 있다는 표시를 한 상태로 도로를 통행하는 어린이 통학버스를 앞지르지 못한다. (도로교통법 제51조)

정답   130. ③   131. ①

132 어린이 보호구역에 관한 설명 중 맞는 것은?

① 유치원이나 중학교 앞에 설치할 수 있다.

② 시장 등은 차의 통행속도를 제한할 수 있다.

③ 어린이 보호구역에서의 어린이는 12세 미만인 자를 말한다.

④ 차량의 운행 속도를 매시 30킬로미터 이내로 제한할 수 없다.

풀이 도로교통법 제6조제1항, 제12조 어린이 보호구역은 중학교 앞에는 설치할 수 없으며, 어린이 보호구역에서의 어린이는 13세 미만인 자를 말한다. 어린이 보호구역에서는 차량의 통행 속도를 매시 30킬로미터 이내로 제한할 수 있다.

133 어린이 보호구역에 대한 설명으로 맞는 것은?

① 초등학교 주출입문 100미터 이내의 도로 중 일정 구간을 말한다.

② 자동차의 운행 속도를 매시 40킬로미터 이내로 제한할 수 있다.

③ 어린이 보호구역 내 설치된 신호기의 보행 시간은 어린이 최고 보행 속도를 기준으로 한다.

④ 어린이 보호구역에서는 자동차 통행을 제한할 수 있다.

풀이 어린이 보호구역은 초등학교 주출입문을 중심으로 반경 300미터 이내의 도로 중 일정구간을 보호구역으로 지정한다. 자동차의 운행속도를 매시 30킬로미터 이내로 제한할 수 있으며 차 마의 통행금지나 제한을 둘 수 있으며 주·정차를 금지할 수 있다. (도로교통법 제6조 제1항, 동법 제12조, 어린이·노인 및 장애인 보호구역의 지정 및 관리에 관한 규칙 제3조)

134 어린이 보호구역의 지정권자로 틀린 것은?

① 특별시장 ② 광역시장

③ 광역시 외의 군의 군수 ④ 경찰청장

풀이 시장등은 교통사고의 위험으로부터 어린이를 보호하기 위하여 필요하다고 인정하는 경우에는 도로교통법 제12조 제1항 각 호의 어느 하나에 해당하는 시설의 주변도로 가운데 일정 구간을 어린이 보호구역으로 지정하여 자동차등과 노면전차의 통행속도를 시속 30킬로미터 이내로 제한할 수 있다. (도로교통법 제12조)

정답   132. ②   133. ④   134. ④

135 어린이 보호구역내 설치할 수 있는 안전시설물이 아닌 것은?

① 방호울타리 ② 모형 횡단보도
③ 과속방지시설 ④ 어린이 보호구역 도로표지

풀이 방호울타리, 과속방지시설, 도로반사경, 미끄럼 방지시설, 어린이보호구역 도로표지 등을 설치할 수 있다. (어린이·노인 및 장애인 보호구역의 지정 및 관리에 관한 규칙 제7조)

136 도로교통법령상 오전 8시부터 오후 8시까지 어린이 보호구역내에서 법규위반 시 벌점 또는 범칙금이 가중 처벌되는 것이 아닌 것은?

① 앞지르기위반 ② 신호, 지시위반
③ 속도위반 ④ 보행자 통행 방해

풀이 어린이 보호구역내에서 신호, 지시위반, 속도위반, 보행자 통행방해에 한해서 벌점 또는 범칙 금 과태료 등이 가중처벌 된다. (도로교통법 시행령 제88조 제4항, 동법행령 [별표 10], 동 법시행규칙 [별표 28])

137 어린이통학버스 요건과 운영 및 운행 등에 대한 설명이다. 틀린 것은?

① 어린이통학버스란 어린이를 교육대상으로 하는 시설에서 어린이의 통학등에 이용되는 자동차를 말한다.
② 어린이통학버스를 운행하는 자는 어린이를 탑승시키고 운행할 때에만 경찰서장으로부터 교부받은 신고증명서를 어린이 통학버스 안에 비치하여야 한다.
③ 모든 차의 운전자는 어린이 또는 영유아를 태우고 있다는 표시를 하고 도로를 통행하는 어린이통학버스를 안전하다 하더라도 앞지르지 못한다.
④ 어린이통학버스를 운영하는 자는 어린이통학버스에 어린이나 영유아를 태울 때에는 보호자를 함께 태우고 운행하여야 한다.

풀이 도로교통법 제52조제2항 어린이통학버스를 운영하는 자는 어린이통학버스 안에 제1항에 따라 발급받은 신고증명서를 항상 갖추어 두어야 한다.

정답 135. ② 136. ① 137. ②

138 이륜자동차 운전자가 오전 9시경 제한속도 매시 30킬로미터인 어린이 보호구역에서 매시 72킬로미터 속도로 주행한 경우 범칙금과 벌점으로 맞는 것은?

① 8만원, 60점　　② 6만원, 40점　　③ 4만원, 30점　　④ 2만원, 15점

풀이 도도로교통법 시행령 제93조제2항 별표10 어린이 보호구역 안에서 오전 8시부터 오후 8시까지 사이에 속도위반을 한 이륜자동차 운전자에 대해서는 기준의 2배에 해당하는 벌점을 부과하고 범칙금도 가중된다. 매시 40킬로미터 초과 60킬로미터 이하의 경우 벌점 30점이 다.(도로교통법 시행규칙 별표 28)

139 이륜자동차 운전자가 어린이를 태우고 있다는 표시를 하고 도로를 통행하는 어린이 통학버스를 앞지르기한 경우 범칙금과 벌점으로 맞는 것은?

① 9만원, 40점　　② 6만원, 30점　　③ 3만원, 15점　　④ 2만원, 10점

풀이 이륜자동차 운전자가 어린이를 태우고 있다는 표시를 하고 도로를 통행하는 어린이 통학버스를 앞지르기한 경우 범칙금 6만원과 30점의 벌점이 부과된다. (도로교통법 시행령 [별표 8], 도로교통법 시행규칙 [별표 28])

140 이륜자동차 운전자가 오전 10시경 어린이 보호구역내에서 다음의 위반을 하였다. 범칙금이 가중될 수 있는 것은?

① 중앙선 침범　　　　　　② 운전 중 휴대전화사용
③ 주·정차 금지 위반　　　④ 진로 변경방법 위반

풀이 도로교통법 시행령 제93조제2항 별표10 오전 8시부터 오후 8시까지 어린이보호구역내에서 신호·지시위반, 횡단보도 보행자횡단방해, 속도위반, 통행금지·제한 위반, 보행자 통행 방해 또는 보호 불이행, 주·정차 금지 위반의 경우 범칙금이 가중된다.

141 도로교통법령상 원동기장치자전거(개인형 이동장치 제외) 운전자가 오후 3시경 어린이 보호구역내에서 통행금지·제한사항을 위반한 경우 범칙금으로 맞는 것은?

① 8만원　　② 6만원　　③ 2만원　　④ 1만원

풀이 도로교통법 시행령 별표10, 이륜자동차등 범칙금 6만원, 자전거등(개인형 이동장치 포함) 범칙금 5만원

정답　138. ①　139. ②　140. ③　141. ②

142 원동기장치자전거 운전자가 (   )부터 (   )까지 어린이 보호구역내에서 횡단보도 보행자의 횡단을 방해할 경우 범칙금이 가중된다. (   )에 순서대로 맞는 것은?

① 오전 6시, 오후 6시
② 오전 7시, 오후 7시
③ 오전 8시, 오후 8시
④ 오전 9시, 오후 9시

풀이 원동기장치자전거 운전자가 오전 8시부터 오후 8시까지 어린이보호구역내에서 횡단보도보 행자의 횡단을 방해할 경우 범칙금이 가중된다.(도로교통법 시행규칙 별표28)

143 이륜자동차 운전자가 어린이 보호구역 내에서 운전 중 안전운전 불이행으로 어린이를 다치게 하였을 경우 어떻게 되는가?

① 어린이 부모와 형사 합의하면 처벌되지 않는다.
② 형사 처벌된다.
③ 종합보험에 가입되어 있으면 처벌되지 않는다.
④ 운전자 보험에 가입되어 있으면 처벌되지 않는다.

풀이 어린이보호구역내에서 운전 중 어린이를 다치게 하면 형사 처벌한다. (교통사고처리특례법 제3조 제2항 11호)

144 도로교통법상 교통사고의 위험으로부터 노인의 안전과 보호를 위하여 지정하는 구역은?

① 고령자 보호구역
② 노인 복지구역
③ 노인 보호구역
④ 노인 안전구역

풀이 교통사고의 위험으로부터 노인의 안전과 보호를 위하여 지정하는 구역은 노인 보호구역 이다.

정답   142. ③   143. ②   144. ③

145 다음 중 서행할 때 가장 알맞은 수신호 방법은?

① 이륜자동차 운전자는 수신호 할 수 없다.
② 팔을 차체의 밖으로 내어 45도 밑으로 편다.
③ 팔을 차체의 밖으로 내어 45도 밑으로 펴서 상하로 흔든다.
④ 오른팔 또는 왼팔을 차체의 좌측 또는 우측 밖으로 수평으로 펴서 손을 앞뒤로 흔든다.

풀이 서행할 때 가장 알맞은 수신호 방법은 팔을 차체의 밖으로 내어 45도 밑으로 펴서 상하로 흔든다.

146 「노인 보호구역」에서 노인을 위해 시·도경찰청장이나 경찰서장이 할 수 있는 조치가 아닌 것은?

① 차마의 통행을 금지하거나 제한할 수 있다.
② 이면도로를 일방통행로로 지정·운영할 수 있다.
③ 차마의 운행속도를 매시 30킬로미터 이내로 제한할 수 있다.
④ 주출입문 연결도로에 노인을 위한 노상주차장을 설치할 수 있다.

풀이 어린이·노인 및 장애인 보호구역의 지정 및 관리에 관한 규칙 제9조(보호구역에서의 필요한 조치) 제1항에 의하면 시·도경찰청이나 경찰서장은 보호구역에서 구간별·시간대별로 다음 각 호의 조치를 할 수 있다.
1. 차마의 통행을 금지하거나 제한하는 것.
2. 차마의 정차나 주차를 금지하는 것.
3. 운행속도를 시속 30킬로미터 이내로 제한하는 것.
4. 이면도로를 일방통행로로 지정·운영하는 것

147 노인보호구역의 지정권자로 맞는 것은?

① 노인대학장　　　　　　　　② 대한노인협회장
③ 광역시 외의 군의 군수　　　④ 경찰청장

풀이 시장등은 교통사고의 위험으로부터 어린이를 보호하기 위하여 필요하다고 인정하는 경우에는 다음 각 호의 어느 하나에 해당하는 시설의 주변도로 가운데 일정 구간을 어린이 보호구역으로 지정하여 자동차등의 통행속도를 시속 30킬로미터 이내로 제한할 수 있다. (도로교통 법 제12조 제1항)

정답　145. ③　146. ④　147. ③

148 다음 중 도로교통법을 위반하지 않은 노인은?

① 횡단보도가 없는 도로를 가장 짧은 거리로 횡단하였다.
② 통행차량이 없어 횡단보로로 통행하지 않고 도로를 가로질러 횡단하였다.
③ 정차하고 있는 화물차 바로 뒤쪽으로 도로를 횡단하였다.
④ 보도에서 좌측으로 통행하였다.

> **풀이** ①, ② 횡단보도가 설치되어 있지 않은 도로에서는 가장 짧은 거리로 횡단하여야 한다. ③ 보행자는 모든 차의 앞이나 뒤로 횡단하여서는 안 된다. ④ 보행자는 보도에서는 우측통행을 원칙으로 한다. (도로교통법 제8조, 제10조)

149 도로교통법령상 원동기장치자전거(개인형 이동장치 제외) 운전자가 오후 5시경 노인 보호구역에서 신호위반한 경우 범칙금과 벌점으로 맞는 것은?

① 10만원, 40점
② 8만원, 30점
③ 6만원, 15점
④ 4만원, 10점

> **풀이** 도로교통법 시행령 별표10, 도로교통법 시행규칙 별표28 노인 보호구역 안에서 오전 8시부터 오후 8시까지 사이에 신호위반을 한 원동기장치자전거 운전자에 대해서는 벌점의 2배에 해당하는 벌점을 부과하고 범칙금도 가중된다.

150 다음 중 도로교통법상 보호구역이 아닌 것은?

① 어린이 보호구역
② 노인 보호구역
③ 장애인 보호구역
④ 청소년 보호구역

> **풀이** 도로교통법령상 보호구역은 어린이·노인·장애인 보호구역이다.

정답   148. ① 149. ② 150. ④

151 원동기장치자전거 운전자가 노인 보호구역내 운전 중 안전운전 불이행으로 노인에게 2주 진단 상해를 입힌 경우 어떻게 되는가?

① 종합보험에 가입되어 있으면 처벌되지 않는다.

② 항상 형사 처벌된다.

③ 노인과 형사 합의해야만 처벌되지 않는다.

④ 운전자보험에만 가입되어 있으면 처벌되지 않는다.

> **풀이** 노인 보호구역 내 노인에게 상해를 입히는 교통사고의 경우 어린이 보호구역과는 달리 일반 교통사고로 처리된다.(교통사고처리특례법 제3조)

152 배달용 이륜자동차가 오후 3시경 제한속도 매시 30킬로미터인 노인 보호구역에서 매시 51킬로미터로 주행한 경우 고용주등에 대한 과태료 부과기준으로 맞는 것은?

① 11만원 ② 9만원
③ 7만원 ④ 5만원

> **풀이** 어린이 보호구역 및 노인·장애인 보호구역에서의 과태료 부과기준으로 법 제17조 제3항을 위반하여 제한 속도를 준수하지 않은 차의 고용주 등에 대하여 20km/h 초과 40km/h 이하 의 경우 이륜자동차 등은 7만원의 과태료를 부과한다.(도로교통법 시행령 별표7 제2호 다목)

153 원동기장치자전거 운전자가 보행자 신호등이 없는 횡단보도로 횡단하는 노인을 뒤늦게 발견하여 급제동을 하였으나 노인에게 2주 진단 상해를 입혔다. 올바른 설명은?

① 보행자 신호등이 없으므로 운전자는 과실이 전혀 없다.

② 운전자에게 민사 및 형사 책임이 있다.

③ 횡단한 노인만 형사 처벌 된다.

④ 종합보험에 가입되어 있으면 운전자에게 형사 책임이 없다.

> **풀이** 도로교통법 제27조 제1항에 따른 횡단보도에서의 보행자 보호의무를 위반하여 운전한 경우 운전자에게 민사 및 형사 책임이 있다.(교통사고처리특례법 제3조 제1항 제6호)

정답 151. ① 152. ③ 153. ②

154 신호기의 신호가 있고 차량보조신호가 없는 교차로에서 우회전하려고 한다. 도로교통법상 잘못된 것은?

① 차량신호가 적색등화인 경우, 신호에 따라 진행하는 다른 차마의 교통을 방해하지 아니하고 우회전할 수 있다.
② 차량신호가 녹색등화인 경우, 정지선 직전에 일시정지하지 않고 우회전한다.
③ 차량신호가 황색등화인 경우, 우회전하는 경우에는 보행자의 횡단을 방해하지 못한다.
④ 차량신호에 관계없이 다른 차량의 교통을 방해하지 않은 때 일시정지하지 않고 우회전한다.

풀이 도로교통법 제25조, 도로교통법시행령 별표2, 도로교통법시행규칙 별표2 ① 차량신호가 적색등화인 경우, 신호에 따라 진행하는 다른 차마의 교통을 방해하지 아니하고 우회전할 수 있다. ② 차량신호가 녹색 등화인 경우 직진 또는 우회전 할 수 있다. ③ 차량신호가 황색등 화인 경우, 우회전할 수 있고 우회전하는 경우에는 보행자의 횡단을 방해하지 못한다.

155 신호등이 없는 교차로에서 우회전하려 할 때 옳은 것은?

① 가급적 빠른 속도로 신속하게 우회전한다.
② 교차로에 선진입한 차량이 통과한 뒤 우회전한다.
③ 반대편에서 앞서 좌회전하고 있는 차량이 있으면 안전에 유의하며 함께 우회전한다.
④ 폭이 넓은 도로에서 좁은 도로로 우회전할 때는 다른 차량에 주의할 필요가 없다.

풀이 교차로에서 우회전 할 때에는 서행으로 우회전해야 하고, 선진입한 좌회전 차량에 진로를 양보해야 한다. 그리고 폭이 넓은 도로에서 좁은 도로로 우회전할 때에도 다른 차량에 주의해야 한다.

정답 155. ④ 156. ②

156 교차로에서 우회전할 때 가장 안전한 운전 행동은?

① 방향 지시등은 교차로에 근접하여 작동한다.
② 백색 실선이 그려져 있으면 주의하며 우측으로 진로 변경한다.
③ 진행 방향의 좌측에서 진행해 오는 차량에 방해가 없도록 우회전한다.
④ 다른 교통에 주의하며 신속하게 우회전한다.

> 풀이 방향 지시등은 우회전하는 지점의 30미터 이상 후방에서 작동해야 하고, 교차로에 접근하여 백색 실선이 그려져 있으면 그 구간에서는 진로 변경해서는 안 되고, 다른 교통에 주의하며 서행으로 회전해야 한다. 그리고 우회전할 때 신호등 없는 교차로에서는 통행 우선권이 있는 차량에게 진로를 양보해야 한다.

157 교차로에서 좌·우회전하는 방법을 가장 바르게 설명한 것은?

① 우회전을 하고자 하는 때에는 신호에 따라 정지 또는 진행하는 보행자와 자전거에 주의하면서 신속히 통과한다.
② 좌회전을 하고자 하는 때에는 항상 교차로 중심 바깥쪽으로 통과해야 한다.
③ 우회전을 하고자 하는 때에는 미리 우측 가장자리를 따라 서행하여야 한다.
④ 신호기 없는 교차로에서 좌회전을 하고자 할 경우 보행자가 횡단 중이면 그 앞을 신속히 통과한다.

> 풀이 모든 차의 운전자는 교차로에서 우회전을 하고자 하는 때에는 미리 도로의 우측 가장자리를 서행하면서 우회전하여야 한다. 이 경우 우회전하는 차의 운전자는 신호에 따라 정지 또는 진행하는 보행자 또는 자전거에 주의하여야 한다.

정답 156. ③ 157. ③

제3편 운전면허2종

1·2종보통(대형·특수) 학과시험 문제은행

01 다음 중 총중량 1.5톤 피견인 승용자동차를 4.5톤 화물자동차로 견인하는 경우 필요한 운전면허로 바람직하지 않은 것은?

① 제1종 대형면허 및 소형견인차면허
② 제1종 보통면허 및 대형견인차면허
③ 제1종 보통면허 및 소형견인차면허
④ 제2종 보통면허 및 대형견인차면허

풀이 도로교통법 시행규칙 별표18 총중량 750킬로그램을 초과하는 3톤 이하의 피견인 자동차를 견인하기 위해서는 견인하는 자동차를 운전할 수 있는 면허와 소형견인차면허 또는 대형견인 차면허를 가지고 있어야 한다.

02 도로교통법령상 운전면허증 발급에 대한 설명으로 옳지 않은 것은?

① 운전면허시험 합격일로부터 30일 이내에 운전면허증을 발급받아야 한다.
② 영문운전면허증을 발급받을 수 없다.
③ 모바일운전면허증을 발급받을 수 있다.
④ 운전면허증을 잃어버린 경우에는 재발급 받을 수 있다.

풀이 도로교통법 시행규칙 77-81조

03 시·도경찰청장이 발급한 국제운전면허증의 유효기간은 발급받은 날부터 몇 년인가?

① 1년 ② 2년 ③ 3년 ④ 4년

풀이 도로교통법 제96조에 따라 국제운전면허증의 유효기간은 발급받은 날부터 1년이다.

정답 1. ④ 2. ② 3. ①

04 도로교통법상 승차정원 15인승의 긴급 승합자동차를 처음 운전하려고 할 때 필요한 조건으로 맞는 것은?

① 제1종 보통면허, 교통안전교육 3시간
② 제1종 특수면허(대형견인차), 교통안전교육 2시간
③ 제1종 특수면허(구난차), 교통안전교육 2시간
④ 제2종 보통면허, 교통안전교육 3시간

풀이 도로교통법 시행규칙 별표18 승차정원 15인승의 승합자동차는 1종 대형면허 또는 1종 보통 면허가 필요하고 긴급자동차 업무에 종사하는 사람은 도로교통법 시행령 제38조의2 제2항 에 따른 신규(3시간) 및 정기교통안전교육(2시간)을 받아야 한다.

05 도로교통법상 연습운전면허의 유효 기간은?

① 받은 날부터 6개월
② 받은 날부터 1년
③ 받은 날부터 2년
④ 받은 날부터 3년

풀이 도로교통법 제81조에 따라 연습운전면허는 그 면허를 받은 날부터 1년 동안 효력을 가진다.

06 도로교통법상 운전면허의 조건 부과기준 중 운전면허증 기재방법으로 바르지 않는 것은?

① A : 수동변속기
② E : 청각장애인 표지 및 볼록거울
③ G : 특수제작 및 승인차
④ H : 우측 방향지시기

풀이 도로교통법 시행규칙 제54조(운전면허의 조건 등) 제3항에 의거, 운전면허 조건의 부과기준은 별표20 A는 자동변속기, B는 의수, C는 의족, D는 보청기, E는 청각장애인 표지 및 볼록거울, F는 수동제동기, 가속기, G는 특수제작 및 승인차, H는 우측 방향지시기, I는 왼쪽 엑셀레이터이 며, 신체장애인이 운전면허시험에 응시할 때 조건에 맞는 차량으로 시험에 응시 및 합격해야 하며, 합격 후 해당 조건에 맞는 면허증 발급

정답 4. ① 5. ② 6. ①

07 승차정원이 11명인 승합자동차로 총중량 780킬로그램의 피견인자동차를 견인하고자 한다. 운전자가 취득해야하는 운전면허의 종류는?

① 제1종 보통면허 및 소형견인차면허
② 제2종 보통면허 및 제1종 소형견인차면허
③ 제1종 보통면허 및 구난차면허
④ 제2종 보통면허 및 제1종 구난차면허

풀이 도로교통법시행규칙 별표18 비고3, 총중량 750킬로그램을 초과하는 3톤이하의 피견인자동차를 견인하기 위해서는 견인하는 자동차를 운전할 수 있는 면허와 제1종 소형견인차면허 또는 대형견인차면허를 가지고 있어야 한다.

08 운전면허 종류별 운전할 수 있는 차에 관한 설명으로 맞는 것 2가지는?

① 제1종 대형면허로 아스팔트살포기를 운전할 수 있다.
② 제1종 보통면허로 덤프트럭을 운전할 수 있다.
③ 제2종 보통면허로 250시시 이륜자동차를 운전할 수 있다.
④ 제2종 소형면허로 원동기장치자전거를 운전할 수 있다.

풀이 도로교통법 시행규칙 별표18(운전할 수 있는 차의 종류)에 다라 덤프트럭은 제1종 대형면허, 배기량 125시시 초과 이륜자동차는 2종 소형면허가 필요하다.

09 승차정원이 12명인 승합자동차를 도로에서 운전하려고 한다. 운전자가 취득해야하는 운전면허의 종류는?

① 제1종 대형견인차면허
② 제1종 구난차면허
③ 제1종 보통면허
④ 제2종 보통면허

풀이 도로교통법 시행규칙 별표18, 제1종 보통면허로 승차정원 15명 이하의 승합자동차 운전가능, ①, ②, ④는 승차정원 10명 이하의 승합자동차 운전가능

정답 7. ① 8. ① 9. ③

10 다음 중 제2종 보통면허를 취득할 수 있는 사람은?

① 한쪽 눈은 보지 못하나 다른 쪽 눈의 시력이 0.5인 사람
② 붉은색, 녹색, 노란색의 색채 식별이 불가능한 사람
③ 17세인 사람
④ 듣지 못하는 사람

풀이 도로교통법 시행령 제45조 제1항 나목에 따라 제2종 운전면허는 18세 이상으로, 두 눈을 동시에 뜨고 잰 시력이 0.5 이상(다만, 한쪽 눈을 보지 못하는 사람은 다른 쪽 눈의 시력이
0.6 이상이어야 한다.)의 시력이 있어야 한다. 또한 붉은색, 녹색 및 노란색의 색채 식별이 가능해야 하나 듣지 못해도 취득이 가능하다.

11 다음 중 도로교통법상 원동기장치자전거의 정의(기준)에 대한 설명으로 옳은 것은?

① 배기량 50시시 이하 - 최고정격출력 0.59킬로와트 이하
② 배기량 50시시 미만 - 최고정격출력 0.59킬로와트 미만
③ 배기량 125시시 이하 - 최고정격출력 11킬로와트 이하
④ 배기량 125시시 미만 - 최고정격출력 11킬로와트 미만

풀이 도로교통법 제2조 제19호 나목 정의 참조

12 다음 중 도로교통법상 제1종 대형면허 시험에 응시할 수 있는 기준은? (이륜자동차 운전경력은 제외)

① 자동차의 운전경력이 6개월 이상이면서 만 18세인 사람
② 자동차의 운전경력이 1년 이상이면서 만 18세인 사람
③ 자동차의 운전경력이 6개월 이상이면서 만 19세인 사람
④ 자동차의 운전경력이 1년 이상이면서 만 19세인 사람

풀이 도로교통법 제82조 제1항 제6호에 따라 제1종 대형면허는 19세 미만이거나 자동차(이륜자동차는 제외한다)의 운전경력이 1년 미만인 사람은 받을 수 없다.

정답 10. ④ 11. ③ 12. ④

13 거짓 그밖에 부정한 수단으로 운전면허를 받아 벌금이상의 형이 확정된 경우 얼마 동안 운전면허를 취득할 수 없는가?

① 취소일로부터 1년 ② 취소일로부터 2년
③ 취소일로부터 3년 ④ 취소일로부터 4년

> **풀이** 도로교통법 제82조 제2항에 따라 거짓 그밖에 부정한 수단으로 운전면허를 받아 벌금이상의 형이 확정된 경우 운전면허 취득 결격기간은 취소일로부터 2년이다.

14 도로주행시험에 불합격한 사람은 불합격한 날부터 (   )이 지난 후에 다시 도로주행시험에 응시할 수 있다. (   )에 기준으로 맞는 것은?

① 1일 ② 3일 ③ 5일 ④ 7일

> **풀이** 도로교통법 시행령 제49조 제4항에 따라 도로주행시험에 불합격한 사람은 불합격한 날부터 3일이 지난 후에 다시 도로주행시험에 응시할 수 있다.

15 '착한운전 마일리지' 제도에 대한 설명으로 적절치 않은 2가지는?

① 교통법규를 잘 지키고 이를 실천한 운전자에게 실질적인 인센티브를 부여하는 제도이다.
② 운전자가 정지처분을 받게 될 경우 누산점수에서 공제할 수 있다.
③ 범칙금이나 과태료 미납자도 마일리지 제도의 무위반·무사고 서약에 참여할 수 있다.
④ 서약 실천기간 중에 교통사고를 유발하거나 교통법규를 위반하면 다시 서약할 수 없다.

> **풀이** 도로교통법 시행규칙[별표 28] 운전자가 정지처분을 받게 될 경우 누산점수에서 이를 공제할 수 있다. 운전면허를 소지한 누구나 마일리지 제도에 참여할 수 있지만, 범칙금이나 과태료 미납자는 서약할 수 없다. 서약 실천기간 중에 교통사고를 발생하거나 교통법규를 위반하면 그 다음 날부터 다시 서약할 수 있다.

정답 13. ① 14. ② 15. ①

16 원동기 장치자전거 중 개인형 이동장치의 정의에 대한 설명으로 바르지 않은 것은?

① 오르막 각도가 25도 미만이어야 한다.
② 차체 중량이 30킬로그램 미만이어야 한다.
③ 자전거등이란 자전거와 개인형 이동장치를 말한다.
④ 시속 25킬로미터 이상으로 운행할 경우 전동기가 작동하지 않아야 한다.

풀이 도로교통법 제2조 제19호2, 자전거 이용 활성화에 관한 법률 제3조 제1호 "개인형 이동장치"란 제19호 나목의 원동기장치자전거 중 시속 25킬로미터 이상으로 운행할 경우 전동기가 작동하지 아니하고 차체 중량이 30킬로그램 미만인 것으로서 행정안전부령으로 정하는 것을 말하며, 등판각도는 규정되어 있지 않다.

17 개인형 이동장치의 기준에 대한 설명이다. 바르게 설명된 것은?

① 원동기를 단 차 중 시속 30킬로미터 이상으로 운행할 경우 전동기가 작동하지 아니하여야 한다.
② 최고 정격출력 11킬로와트 이하의 원동기를 단 차로 전기자전거를 포함한다.
③ 최고 정격출력 11킬로와트 이하의 원동기를 단 차로 차체 중량이 35킬로그램 미만인 것을 말한다.
④ 차체 중량은 30킬로그램 미만이어야 한다.

풀이 도로교통법 제2조 19호 나목 그 밖에 배기량 125시시 이하(전기를 동력으로 하는 경우에는 최고 정격출력 11킬로와트 이하)의 원동기를 단 차(자전거 이용 활성화에 관한 법률 제2조 제1호의 2에 따른 전기자전거는 제외한다)
19의 2호 "개인형 이동장치"란 제19호 나목의 원동기장치자전거 중 시속 25킬로미터 이상으로 운행할 경우 전동기가 작동하지 아니하고 차체 중량이 30킬로그램 미만인 것으로서 행정안전부령으로 정하는 것을 말한다.

정답 16. ① 17. ④

18 다음 중 운전면허 취득 결격기간이 2년에 해당하는 사유 2가지는?(벌금 이상의 형이 확정된 경우)

① 무면허 운전을 3회한 때
② 다른 사람을 위하여 운전면허시험에 응시한 때
③ 자동차를 이용하여 감금한 때
④ 정기적성검사를 받지 아니하여 운전면허가 취소된 때

풀이 자동차를 이용하여 감금한 때는 운전면허 취득 결격기간이 1년이나 정기적성검사를 받지 아니하여 운전면허가 취소된 때는 운전면허 취득 결격기간이 없다.

19 도로교통법령상 영문운전면허증에 대한 설명으로 옳지 않은 것은?

① 영문운전면허증 인정 국가에서 운전할 때 별도의 번역공증서 없이 운전이 가능하다.
② 영문운전면허증 인정 국가에서는 체류기간에 상관없이 사용할 수 있다.
③ 영문운전면허증 불인정 국가에서는 한국운전면허증, 국제운전면허증, 여권을 지참해야 한다.

풀이 영문운전면허증 안내(도로교통공단) 운전할 수 있는 기간이 국가마다 상이하며, 대부분 3개 월 정도의 단기간만 허용하고 있으므로 장기체류를 하는 경우 해당국 운전면허를 취득해야 한다.

20 도로교통법상 원동기장치자전거는 전기를 동력으로 하는 경우에는 최고정격출력 (   )이하의 이륜자동차 이다. (   )에 기준으로 맞는 것은?

① 11킬로와트
② 9킬로와트
③ 5킬로와트
④ 0.59킬로와트

풀이 도로교통법 제2조(용어) 원동기장치자전거란 자동차관리법상 이륜자동차 가운데 배기량 125시시 이하(전기를 동력으로 하는 경우에는 최고정격출력 11킬로와트 이하)의 이륜자동차와 그 밖에 배기량 125시시 이하(전기를 동력으로 하는 경우에는 최고정격출력 11킬로와트 이하)의 원동기를 단 차.

정답   18. ①, ②   19. ②   20. ①

21 다음 중 도로교통법에서 사용되고 있는 "연석선" 정의로 맞는 것은?

① 차마의 통행방향을 명확하게 구분하기 위한 선
② 자동차가 한 줄로 도로의 정하여진 부분을 통행하도록 한 선
③ 차도와 보도를 구분하는 돌 등으로 이어진 선
④ 차로와 차로를 구분하기 위한 선

풀이 도로교통법 제2조(정의) 제4호.

22 도로교통법상 개인형 이동장치와 관련된 내용으로 맞는 것은?

① 승차정원을 초과하여 운전
② 운전면허를 반납한 만 65세 이상인 사람이 운전
③ 만 13세 이상인 사람이 운전면허 취득 없이 운전
④ 횡단보도에서 개인형 이동장치를 끌거나 들고 횡단

풀이 도로교통법 제13조의2 제6항 자전거등의 운전자가 횡단보도를 이용하여 도로를 횡단할 때에는 자전거등에서 내려서 자전거등을 끌거나 들고 보행하여야 한다.

23 도로교통법상, 고령자 면허 갱신 및 적성검사의 주기가 3년인 사람의 연령으로 맞는 것은?

① 만 65세 이상
② 만 70세 이상
③ 만 75세 이상
④ 만 80세 이상

풀이 도로교통법 제87조 제1항

정답 21. ③ 22. ④ 23. ③

24 다음은 도로교통법령상 운전면허증을 발급 받으려는 사람의 본인여부 확인 절차에 대한 설명이다. 틀린 것은?

① 주민등록증을 분실한 경우 주민등록증 발급신청 확인서로 가능하다.
② 신분증명서 또는 지문정보로 본인여부를 확인 할 수 없으면 시험에 응시할 수 없다.
③ 신청인의 동의 없이 전자적 방법으로 지문정보를 대조하여 확인할 수 있다.
④ 본인여부 확인을 거부하는 경우 운전면허증 발급을 거부할 수 있다.

풀이 도로교통법 제87조의 2, 도로교통법시행규칙 제57조(운전면허시험응시) 신분증명서를 제시 하지 못하는 사람은 신청인이 원하는 경우 전자적 방법으로 지문정보를 대조하여 본인 확인 할 수 있다.

25 다음 중 수소대형승합자동차(승차정원 35인승 이상)를 신규로 운전하려는 운전자에 대한 특별교육을 실시하는 기관은?

① 한국가스안전공사
② 한국산업안전공단
③ 한국도로교통공단
④ 한국도로공사

풀이 고압가스안전관리법 시행규칙 제51조제1항 별표31

정답 24. ③ 25. ①

26 도로교통법상 교통법규 위반으로 운전면허 효력 정지처분을 받을 가능성이 있는 사람이 특별교통안전 권장교육을 받고자 하는 경우 누구에게 신청하여야 하는가?

① 도로교통공단 이사장
② 주소지 지방자치단체장
③ 운전면허 시험장장
④ 시 · 도경찰청장

풀이 도로교통법 제73조(교통안전교육)제3항 다음 각 호의 어느 하나에 해당하는 사람이 시·도경 찰청장에게 신청하는 경우에는 대통령령으로 정하는 바에 따라 특별교통안전 권장교육을 받을 수 있다. 이 경우 권장교육을 받기 전 1년 이내에 해당 교육을 받지 아니한 사람에 한정한다.
1. 교통법규 위반 등 제2항제2호 및 제4호에 따른 사유 외의 사유로 인하여 운전면허효력 정지처분을 받게 되거나 받은 사람
2. 교통법규 위반 등으로 인하여 운전면허효력 정지처분을 받을 가능성이 있는 사람
3. 제2항제2호부터 제4호까지에 해당하여 제2항에 따른 특별교통안전 의무교육을 받은 사람
4. 운전면허를 받은 사람 중 교육을 받으려는 날에 65세 이상인 사람

27 도로교통법령상 한쪽 눈을 보지 못하는 사람이 제1종 보통면허를 취득하려는 경우 다른 쪽 눈의 시력이 (   ) 이상, 수평시야가 (   )도 이상, 수직시야가 20도 이상, 중심시야 20도 내 암점 또는 반맹이 없어야 한다. (   )안에 기준으로 맞는 것은?

① 0.5, 50
② 0.6, 80
③ 0.7, 100
④ 0.8, 120

풀이 도로교통법시행령 제45조(자동차등의 운전에 필요한 적성의 기준) 다만, 한쪽 눈을 보지 못하는 사람이 제1종 보통운전면허를 취득하려는 경우 자동차등의 운전에 필요한 적성의 기준에서 다른 쪽 눈의 시력이 0.8이상이고 수평시야가 120도 이상이며, 수직시야가 20도 이상이고, 중심시야 20도 내 암점 또는 반맹이 없어야 한다.

정답   26. ④   27. ④

28 제1종 운전면허를 발급받은 65세 이상 75세 미만인 사람(한쪽 눈만 보지 못하는 사람은 제외)은 몇 년마다 정기적성검사를 받아야 하나?

① 3년마다　　② 5년마다　　③ 10년마다　　④ 15년마다

> **풀이** 도로교통법 87조 제1항 1호 제1종 운전면허를 발급받은 65세 이상 75세 미만인 사람은 5년마다 정기적성검사를 받아야 한다. 다만 한쪽 눈만 보지 못하는 사람으로서 제1종 면허 중 보통면허를 취득한 사람은 3년이다.

29 운전면허증을 시·도경찰청장에게 반납하여야 하는 사유 2가지는?

① 운전면허 취소의 처분을 받은 때
② 운전면허 효력 정지의 처분을 받은 때
③ 운전면허 수시적성검사 통지를 받은 때
④ 운전면허의 정기적성검사 기간이 6개월 경과한 때

> **풀이** 운전면허의 취소 처분을 받은 때, 운전면허의 효력 정지 처분을 받은 때, 운전면허증을 잃어 버리고 다시 교부 받은 후 그 잃어버린 운전면허증을 찾은 때, 연습운전면허를 받은 사람이 제1종 보통운전면허 또는 제2종 보통운전면허를 받은 때에는 7일 이내에 주소지를 관할하는 시·도경찰청장에게 운전면허증을 반납하여야 한다.

30 다음 중 고압가스안전관리법령상 수소자동차 운전자의 안전교육(특별교육)에 대한 설명 중 잘못된 것은?

① 수소승용자동차 운전자는 특별교육 대상이 아니다.
② 수소대형승합자동차(승차정원 36인승 이상) 신규 종사하려는 운전자는 특별교육 대상이다.
③ 수소자동차 운전자 특별교육은 한국가스안전공사에서 실시한다.
④ 여객자동차운수사업법에 따른 대여사업용자동차를 임차하여 운전하는 운전자도 특별교육 대상이다.

> **풀이** 고압가스안전관리법 시행규칙 제51조(안전교육), 별표31에 따라 수소가스사용자동차 중 자동차관리법 시행규칙 별표1 제1호에 따른 대형승합자동차 운전자로 신규 종사하려는 경우에는 특별교육을 이수하여야 한다. 여객자동차운수사업에 따른 대여사업용자동차 종류는 승용자동차, 경형·소형·중형 승합자동차, 캠핑자동차이다.

정답　28. ②　29. ①, ②　30. ④

31 다음 중 도로교통법령상 영문 운전면허증을 발급 받을 수 없는 사람은?

① 운전면허시험에 합격하여 운전면허증을 신청하는 경우

② 운전면허 적성검사에 합격하여 운전면허증을 신청하는 경우

③ 외국면허증을 국내면허증으로 교환 발급 신청하는 경우

④ 연습운전면허증으로 신청하는 경우

풀이 도로교통법시행규칙 제78조(영문 운전면허증의 신청 등) 연습운전면허 소지자는 영문운전면 허증 발급 대상이 아니다.

32 도로교통법령상 제2종 보통면허로 운전할 수 없는 차는?

① 구난자동차

② 승차정원 10인 미만의 승합자동차

③ 승용자동차

④ 적재중량 2.5톤의 화물자동차

풀이 도로교통법 시행규칙 별표18(운전할 수 있는 차의 종류)

33 운전면허시험 부정행위로 그 시험이 무효로 처리된 사람은 그 처분이 있는 날부터 (　　)간 해당시험에 응시하지 못한다. (　　)안에 기준으로 맞는 것은?

① 2년　　　② 3년　　　③ 4년　　　④ 5년

풀이 도로교통법제84조의2 부정행위자에 대한 조치, 부정행위로 시험이 무효로 처리된 사람은 그 처분이 있는 날부터 2년간 해당시험에 응시하지 못한다.

정답　31. ④　32. ①　33. ①

34 다음 중 도로교통법령상 운전면허증 갱신발급이나 정기 적성검사의 연기 사유가 아닌 것은?

① 해외 체류 중인 경우
② 질병으로 인하여 거동이 불가능한 경우
③ 군인사법에 따른 육·해·공군 부사관 이상의 간부로 복무중인 경우
④ 재해 또는 재난을 당한 경우

풀이 도로교통법 시행령 제55조 제1항
1. 해외에 체류 중인 경우 2. 재해 또는 재난을 당한 경우 3. 질병이나 부상으로 인하여 거동이 불가능한 경우 4. 법령에 따라 신체의 자유를 구속당한 경우 5. 군 복무 중(「병역 법」에 따라 교정시설경비교도·의무경찰 또는 의무소방원으로 전환복무 중인 경우를 포함하고, 사병으로 한정한다)인 경우 6. 그 밖에 사회통념상 부득이하다고 인정할 만한 상당한 이유가 있는 경우

35 도로교통법령상 운전면허증 갱신기간의 연기를 받은 사람은 그 사유가 없어진 날부터 ( )이내에 운전면허증을 갱신하여 발급받아야 한다. ( )에 기준으로 맞는 것은?

① 1개월   ② 3개월   ③ 6개월   ④ 12개월

풀이 도로교통법 시행령 제55조 제3항 운전면허증 갱신기간의 연기를 받은 사람은 그 사유가 없어진 날부터 3개월 이내에 운전면허증을 갱신하여 발급받아야 한다.

36 다음 수소자동차 운전자 중 고압가스관리법령상 특별교육 대상으로 맞는 것은?

① 수소승용자동차 운전자
② 수소대형승합자동차(승차정원 36인승 이상) 운전자
③ 수소화물자동차 운전자
④ 수소특수자동차 운전자

풀이 고압가스안전관리법 시행규칙 제51조1 제1항 별표 31

정답 34. ③ 35. ② 36. ②

37 다음 타이어 특성 중 자동차 에너지 소비효율에 가장 큰 영향을 주는 것은 무엇인가?

① 노면 제동력   ② 내마모성
③ 회전저항   ④ 노면 접지력

> **풀이** 자동차용 타이어의 에너지 소비효율 측정 및 등급기준·표시 등에 관한 규정 제4조에 따라 타이어를 판매하고자 하는 경우 에너지 소비효율 등급을 측정 및 표기하여야 하며, 이때 자동차 에너지 소비효율에 관한 사항인 회전저항 측정 시험을 하고 그 수치를 등급으로 표시해 야함.
> *회전저항 : 단위 주행거리당 소비되는 에너지로 단위는 N을 사용

38 운전자가 가짜 석유제품임을 알면서 차량 연료로 사용할 경우 처벌기준은?

① 과태료 5만원~10만원   ② 과태료 50만원~1백만원
③ 과태료 2백만원~2천만원   ④ 처벌되지 않는다.

> **풀이** 석유 및 석유대체연료 사업법 시행령 별표6 과태료 시행기준 가짜 석유제품임을 알면서 차량 연료로 사용할 경우 사용량에 따라 2백만원에서 2천만원까지 과태료가 부과될 수 있다.

39 다음중 전기자동차 충전 시설에 대해서 틀린 것은?

① 공용충전기란 휴게소·대형마트·관공서 등에 설치되어있는 충전기를 말한다.
② 전기차의 충전방식으로는 교류를 사용하는 완속충전 방식과 직류를 사용하는 급속충전 방식이 있다.
③ 공용충전기는 사전 등록된 차량에 한하여 사용이 가능하다.
④ 본인 소유의 부지를 가지고 있을 경우 개인용 충전 시설을 설치할 수 있다.

> **풀이** 한국전기설비규정(KEC) 241.17 전기자동차 전원설비, 공용충전기는 전기자동차를 가지고 있는 운전자라면 누구나 이용 가능하다.

정답   37. ③   38. ③   39. ③

40 가짜 석유를 주유했을 때 자동차에 발생할 수 있는 문제점이 아닌 것은?

① 연료 공급장치 부식 및 파손으로 인한 엔진 소음 증가
② 연료를 분사하는 인젝터 파손으로 인한 출력 및 연비 감소
③ 윤활성 상승으로 인한 엔진 마찰력 감소로 출력 저하
④ 연료를 공급하는 연료 고압 펌프 파손으로 시동 꺼짐

> **풀이** 가짜석유를 자동차 연료로 사용하였을 경우, 윤활성 저하로 인한 마찰력 증가로 연료 고압 펌프 및 인젝터 파손이 발생할 수 있다.

41 자동차에 승차하기 전 주변점검 사항으로 맞는 2가지는?

① 타이어 마모상태
② 전·후방 장애물 유무
③ 운전석 계기판 정상작동 여부
④ 브레이크 페달 정상작동 여부

> **풀이** 운전석 계기판 및 브레이크 페달 정상작동 여부는 승차 후 운전석에서의 점검사항이다.

42 일반적으로 무보수(MF : Maintenance Free)배터리 수명이 다한 경우, 점검창에 나타나는 색깔은?

① 황색　　② 백색　　③ 검은색　　④ 녹색

> **풀이** 제조사에 따라 점검창의 색깔을 달리 사용하고 있으나, 일반적인 무보수(MF : Maintenance Free)배터리는 정상인 경우 녹색(청색), 전해액의 비중이 낮다는 의미의 검은색은 충전 및 교체, 백색(적색)은 배터리 수명이 다한 경우를 말한다.

정답　40. ③　41. ①, ②　42. ②

43 다음 중 차량 연료로 사용될 경우, 가짜 석유제품으로 볼 수 없는 것은?

① 휘발유에 메탄올이 혼합된 제품
② 보통 휘발유에 고급 휘발유가 약 5% 미만으로 혼합된 제품
③ 경유에 등유가 혼합된 제품
④ 경유에 물이 약 5% 미만으로 혼합된 제품

> **풀이** 석유 및 석유대체연료 사업법에서 규정한 가짜 석유제품이란 석유제품에 다른 석유제품(등급 이 다른 석유제품 포함) 또는 석유화학제품 등을 혼합하는 방법으로 차량 연료로 사용할 목적으로 제조된 것을 말하며, 혼합량에 따른 별도 적용 기준은 없으므로 소량을 혼합해도 가짜 석유제품으로 볼 수 있다. 가짜 석유제품 또는 적법한 용도를 벗어난 연료 사용은 차량 이상으로 이어져 교통사고 및 유해 배출가스 증가로 인한 환경오염 등을 유발한다. 휘발유, 경유 등에 물과 침전물이 유입되는 경우 품질 부적합 제품으로 본다.

44 수소가스 누출을 확인할 수 있는 방법이 아닌 것은?

① 가연성 가스검지기 활용 측정
② 비눗물을 통한 확인
③ 가스 냄새를 맡아 확인
④ 수소검지기로 확인

> **풀이** 수소자동차 충전소 시공매뉴얼, p.12. 한국가스안전공사 수소는 지구에서 가장 가벼운 원소로 무색, 무미, 무독한 특징을 가지고 있다. 또한 수소와 비슷한 확산 속도를 가진 부취제가 없어 누출 감지가 어려운 가스이다.

45 수소차량의 안전수칙으로 틀린 것은?

① 충전하기 전 차량의 시동을 끈다.
② 충전소에서 흡연은 차량에 떨어져서 한다.
③ 수소가스가 누설할 때에는 충전소 안전관리자에게 안전점검을 요청한다.
④ 수소차량의 충돌 등 교통사고 후에는 가스 안전점검을 받은 후 사용한다.

> **풀이** 수소자동차 충전시설 유지관리 매뉴얼, p.21. 일반적인 주의사항으로는 1) 충전소 주변은 절대 금연, 2) 방폭형 전기설비 사용, 3) 가스 설비실 내 휴대전화 사용 금지, 4) 충전소 내 차량 제한속도 10 ㎞ 이하, 5) 매뉴얼 숙지 전 장비작동금지, 6) 충전소는 교육된 인원에 의해서만 사용 및 유지 보수되어야 함, 7) 매뉴얼에 언급된 사항 및 고압가스안전관리법에 따라 운영할 것, 8) 불안전한 상황에서 장비작동 금지, 9) 안전관련 설비가 제대로 작동하지 않는 상태에서는 운전을 금지하고, 안전 관련 설비를 무시하고 운전하지 말 것, 10) 운전 및 유지 보수 관련 절차 준수, 11) 매뉴얼에 설명된 압력 범위 내에서만 운전할 것

정답 43. ④ 44. ③ 45. ②

46 다음 중 수소차량에서 누출을 확인하지 않아도 되는 곳은?

① 밸브와 용기의 접속부   ② 조정기
③ 가스 호스와 배관 연결부   ④ 연료전지 부스트 인버터

풀이 전장장치는 연료전지 스택으로부터 출력된 DC를 AC로 변환하는 인버터와 제동 시 발생하는 전기를 저장하기 위한 슈퍼커패시터 및 이차전지 등으로 구성된다. 전력변환장치는 스택으로부터 얻어지는 DC 전력을 모터 구성 전압 수준으로 변환하거나 고전류의 AC 구동모터를 구동 및 제어하기 위해 DC 전력을 AC 전력으로 변환하고 차량 내 각종 전자기기들을 구동 하기 위한 전압으로 전환하는 역할을 한다.

47 우회전 차량 우측 앞바퀴와 우측 뒷바퀴의 회전 궤적의 차이는?

① 회전 저항   ② 외륜차   ③ 최소 회전 반경   ④ 내륜차

풀이 차량이 우회전할 때 우측 전륜의 회전 궤적보다도 우측 후륜의 회전 궤적이 차체 바깥쪽으로 형성되는 현상이 나타나기 때문에 도로의 우측면에서 있는 보행자나 이륜차가 차량의 우측면에 충돌되는 상황이 발생할 위험이 있다.

48 LPG자동차 용기의 최대 가스 충전량은?

① 100% 이하(도넛형 95% 이하)   ② 95% 이하(도넛형 90% 이하)
③ 85% 이하(도넛형 80% 이하)   ④ 75% 이하(도넛형 70% 이하)

풀이 자동차용 내압용기안전에 관한 규정 별표6 LPG용기를 사용하는 자동차 용기의 최대 가스 충전량은 85% 이하로 해야 하며, 도넛형 용기의 경우에는 80% 이하로 해야 한다.

49 LPG차량의 연료특성에 대한 설명으로 적당하지 않은 것은?

① 일반적인 상온에서는 기체로 존재한다.
② 차량용 LPG는 독특한 냄새가 있다.
③ 일반적으로 공기보다 가볍다.
④ 폭발 위험성이 크다.

풀이 끓는점이 낮아 일반적인 상온에서 기체 상태로 존재한다. 압력을 가해 액체 상태로 만들어 압력 용기에 보관하며 가정용, 자동차용으로 사용한다. 일반 공기보다 무겁고 폭발위험성이 크다. LPG 자체는 무색무취이지만 차량용 LPG에는 특수한 향을 섞어 누출 여부를 확인할 수 있도록 하고 있다.

정답 46. ④ 47. ④ 48. ③ 49. ③

50 자동차의 제동력을 저하하는 원인으로 가장 거리가 먼 것은?

① 마스터 실린더 고장
② 휠 실린더 불량
③ 릴리스 포크 변형
④ 베이퍼 록 발생

풀이 릴리스 포크는 릴리스 베어링 칼라에 끼워져 릴리스 베어링에 페달의 조작력을 전달하는 작동을 한다.

51 주행 보조장치가 장착된 자동차의 운전방법으로 바르지 않은 것은?

① 주행 보조장치를 사용하는 경우 주행 보조장치 작동 유지 여부를 수시로 확인하며 주행한다.
② 운전 개입 경고 시 주행 보조장치가 해제될 때까지 기다렸다가 개입해야 한다.
③ 주행 보조장치의 일부 또는 전체를 해제하는 경우 작동 여부를 확인한다.
④ 주행 보조장치가 작동되고 있더라도 즉시 개입할 수 있도록 대기하면서 운전한다.

풀이 운전 개입 경고 시 즉시 개입하여 운전해야 한다.

52 자동차를 안전하고 편리하게 주행할 수 있도록 보조해 주는 기능에 대한 설명으로 잘못된 것은?

① LFA(Lane Following Assist)는 "차로유지보조"기능으로 자동차가 차로 중앙을 유지하며 주행할 수 있도록 보조해 주는 기능이다.
② ASCC(Adaptive Smart cruise Control)는 "차간거리 및 속도유지" 기능으로 운전자가 설정한 속도로 주행하면서 앞차와의 거리를 유지하여 스스로 가·감속을 해 주는 기능이다.
③ ABSD(Active Blind Spot Detection)는 "사각지대감지"기능으로 사각지대의 충돌 위험을 감지해 안전한 차로 변경을 돕는 기능이다.
④ AEB(Autonomous Emergency Braking)는 "자동긴급제동"기능으로 브레이크 제동시 타이어가 잠기는 것을 방지하여 제동거리를 줄여주는 기능이다.

풀이 안전을 위한 첨단자동차기능으로 LFA, ASCC, ABSD, AEB 등 다양한 기능이 있으며 자동차 구입 옵션에 따라 운전자가 선택할 수 있는 부분이 있으며, 운전 중 필요에 따라 일정부분 기능해제도 운전자가 선택할 수 있도록 되어 있다. AEB는 운전자가 위험상황 발생시 브레이크 작동을 하지 않거나 약하게 브레이크를 작동하여 충돌을 피할 수 없을 경우 시스템이 자동으로 긴급제동을 하는 기능이다. 보기 ④는 ABS에 대한 설명이다.

정답 50. ③ 51. ② 52. ④

53 도로교통법령상 자율주행시스템에 대한 설명으로 틀린 것은?

① 도로교통법상 "운전"에는 도로에서 차마를 그 본래의 사용방법에 따라 자율주행시스템을 사용하는 것은 포함되지 않는다.
② 운전자가 자율주행시스템을 사용하여 운전하는 경우에는 휴대전화 사용금지 규정을 적용하지 아니한다.
③ 자율주행시스템의 직접 운전 요구에 지체없이 대응하지 아니한 자율주행 승용자동차의 운전자에 대한 범칙금액은 4만원이다.
④ "자율주행시스템"이란 운전자 또는 승객의 조작 없이 주변상황과 도로 정보 등을 스스로 인지하고 판단하여 자동차를 운행할 수 있게 하는 자동화 장비, 소프트웨어 및 이와 관련한 모든 장치를 말한다.

풀이 도로교통법 제2조제26호, 제50조의2, 도로교통법 시행령 별표8. 38의3호
"운전"이란 도로에서 차마 또는 노면전차를 그 본래의 사용방법에 따라 사용하는 것(조종 또는 자율주행시스템을 사용하는 것을 포함한다)을 말한다.
완전 자율주행시스템에 해당하지 아니하는 자율주행시스템을 갖춘 자동차의 운전자는 자율 주행시스템의 직접 운전 요구에 지체 없이 대응하여 조향장치, 제동장치 및 그 밖의 장치를 직접 조작하여 운전하여야 한다.
운전자가 자율주행시스템을 사용하여 운전하는 경우에는 제49조제1항제10호, 제11호 및 제11호의2의 규정을 적용하지 아니한다
자율주행자동차 상용화 촉진 및 지원에 관한 법률 제2조제1항제2호 "자율주행시스템"이란 운전자 또는 승객의 조작 없이 주변상황과 도로 정보 등을 스스로 인지하고 판단하여 자동차를 운행할 수 있게 하는 자동화 장비, 소프트웨어 및 이와 관련한 모든 장치를 말한다.

54 다음 중 수소자동차의 주요 구성품이 아닌 것은?

① 연료전지　　② 구동모터
③ 엔진　　　　④ 배터리

풀이 수소자동차의 작동원리 : 수소 저장용기에 저장된 수소를 연료전지 시스템에 공급하여 연료 전지 스택에서 산소와 수소의 화학반응으로 전기를 생성한다. 생성된 전기는 모터를 구동시켜 자동차를 움직이거나, 주행상태에 따라 배터리에 저장된다.
엔진은 내연기관 자동차의 구성품이다.

정답　53. ①　54. ③

55 자동차 내연기관의 크랭크축에서 발생하는 회전력(순간적으로 내는 힘)을 무엇이라 하는가?

① 토크
② 연비
③ 배기량
④ 마력

풀이 ② 1리터의 연료로 주행할 수 있는 거리이다. ③ 내연기관에서 피스톤이 움직이는 부피이다.
④ 75킬로그램의 무게를 1초 동안에 1미터 이동하는 일의 양이다.

56 다음 중 운전자에게 엔진과열 상태를 알려주는 경고등은?

① 브레이크 경고등
② 수온 경고등
③ 연료 경고등
④ 주차브레이크 경고등

풀이 냉각수 수온이 적정 온도보다 많이 올라가면 경고등이 점멸된다. 수온경고등이 점멸될 경우에는 정차 후 시동을 바로 끄지 않고 엔진 후드를 열어 자연 냉각 시켜야 한다. 그렇지 않으 면 엔진 과열로 인해 엔진의 부품이 손상될 가능성이 높다.

57 전기자동차 관리방법으로 옳지 않은 2가지는?

① 주차 시 지상주차장을 이용하는 것이 좋다.
② 장거리 운전 시에는 사전에 배터리를 확인하고 충전한다.
③ 충전 직후에는 급가속, 급정지를 하지 않는 것이 좋다.
④ 열선시트, 열선핸들보다 공기 히터를 사용하는 것이 효율적이다.

풀이 ① 전기자동차의 배터리는 저온에 취약하므로 가급적 지하주차장, 주차타워와 같은 실내주차를 하는 것이 좋다.
④ 내연기관이 없는 전기자동차의 경우, 히터 작동에 많은 전기에너지를 사용한다. 따라서 열선시트, 열선핸들 사용하는 것이 좋다.
② 배터리 잔량과 이동거리를 고려하여 주행 중 방전되지 않도록 한다.
③ 충전 직후에는 배터리 온도가 상승한다. 이때 급가속, 급정지의 경우 전기에너지를 많이 소모하므로 배터리 효율을 저하시킨다. 더불어, 전기자동차 급속 충전의 경우, 차량별 커넥터가 다르기에 사전에 충전소 커넥터를 확인해야 한다.

정답 55. ① 56. ② 57. ①, ④

58 도로교통법령상 자동차(단, 어린이통학버스 제외) 창유리 가시광선 투과율의 규제를 받는 것은?

① 뒷좌석 옆면 창유리
② 앞면, 운전석 좌우 옆면 창유리
③ 앞면, 운전석 좌우, 뒷면 창유리
④ 모든 창유리

풀이 자동차의 앞면 창유리와 운전석 좌우 옆면 창유리의 가시광선(可視光線)의 투과율이 대통령령으로 정하는 기준보다 낮다 교통안전 등에 지장을 줄 수 있는 차를 운전하지 아니해야 한다.

59 자동차관리법령상 승용자동차는 몇 인 이하를 운송하기에 적합하게 제작된 자동차인가?

① 10인 ② 12인 ③ 15인 ④ 18인

풀이 승용자동차는 10인 이하를 운송하기에 적합하게 제작된 자동차이다.

60 자동차관리법령상 비사업용 신규 승용자동차의 최초검사 유효기간은?

① 1년 ② 2년 ③ 4년 ④ 6년

풀이 비사업용 승용자동차 및 피견인자동차의 최초 검사유효기간은 4년이다.

61 자동차관리법상 자동차의 종류로 맞는 2가지는?

① 건설기계 ② 화물자동차
③ 경운기 ④ 특수자동차

풀이 자동차관리법상 자동차는 승용자동차, 승합자동차, 화물자동차, 특수자동차, 이륜자동차가 있다.

정답 58. ② 59. ① 60. ③ 61. ②, ④

62 비사업용 및 대여사업용 전기자동차와 수소 연료전지자동차(하이브리드 자동차 제외) 전용번호판 색상으로 맞는 것은?

① 황색 바탕에 검은색 문자
② 파란색 바탕에 검은색 문자
③ 감청색 바탕에 흰색 문자
④ 보랏빛 바탕에 검은색 문자

풀이 자동차 등록번호판 등의 기준에 관한 고시(국토교통부 고시 제2017-245호 2017.4.18. 일 부개정)
1. 비사업용
   가. 일반용(SOFA자동차, 대여사업용 자동차 포함) : 분홍빛 흰색바탕에 보랏빛 검은색 문자나. 외교용 (외교, 영사, 준외, 준영, 국기, 협정, 대표) : 감청색바탕에 흰색문자
2. 자동차운수사업용 : 황색바탕에 검은색 문자
3. 이륜자동차번호판 : 흰색바탕에 청색문자
4. 전기자동차번호판 : 파란색 바탕에 검은색 문자

63 다음 차량 중 하이패스차로 이용이 불가능한 차량은?

① 적재중량 16톤 덤프트럭
② 서울과 수원을 운행하는 2층 좌석버스
③ 단차로인 경우, 차폭이 3.7m인 소방차량
④ 10톤 대형 구난차량

풀이 하이패스차로는 단차로 차폭 3.0m, 다차로 차폭 3,6m이다.

64 자동차관리법령상 소형 승합자동차의 검사 유효기간으로 맞는 것은?

① 6개월　　② 1년　　③ 2년　　④ 4년

풀이 자동차관리법 시행규칙 별표15의2 경형, 소형의 승합 및 화물자동차의 검사 유효기간은 1년 이다.

정답　62. ②　63. ③　64. ②

65 자동차관리법령상 차령이 6년이 지난 피견인자동차의 검사 유효기간으로 맞는 것은?

① 6개월   ② 1년   ③ 2년   ④ 4년

풀이 자동차관리법 시행규칙 별표15의2 비사업용 승용자동차 및 피견인자동차의 검사 유효기간은 2년(신조차로서 법 제43조제5항의 규정에 의하여 신규검사를 받은 것으로 보는 자동차의 최초검사 유효기간은 4년)이다.

66 자동차관리법령상 신차 구입 시 임시운행 허가 유효기간의 기준은?

① 10일 이내   ② 15일 이내   ③ 20일 이내   ④ 30일 이내

풀이 자동차관리법 시행령 제7조제2항제1호 임시운행 허가 유효기간은 10일 이내이다.

67 다음 중 자동차관리법령에 따른 자동차 변경등록 사유가 아닌 것은?

① 자동차의 사용본거지를 변경한 때
② 자동차의 차대번호를 변경한 때
③ 소유권이 변동된 때
④ 법인의 명칭이 변경된 때

풀이 자동차등록령 제22조, 제26조 자동차 소유권의 변동이 된 때에는 이전등록을 하여야 한다.

68 자동차의 화재 예방 요령에 대한 설명 중 가장 옳은 것은?

① 자동차 배선의 상태, 연료 계통, 점화 장치 등은 6개월마다 정기 점검한다.
② 주행 중 흡연 시 담뱃재는 차창 밖으로 버리는 것이 안전하다.
③ 차내에 라이터나 성냥을 코관할 때에는 반드시 서랍에 보관하여야 한다.
④ 화재 발생에 대비하여 차내에는 항상 소화기를 비치하고 사용법을 익혀 둔다.

풀이 자동차 배선의 상태, 연료 계통, 점화 장치 등은 수시로 점검하며 주행 중 담뱃재는 차내에 버린다. 또한, 차내에 라이터나 성냥을 노관하지 않는다.

정답 65. ③ 66. ① 67. ③ 68. ④

69 화물자동차 운수사업법에 따른 화물자동차 운송사업자는 관련 법령에 따라 운행기록장치에 기록된 운행기록을 (   )동안 보관하여야 한다. (   ) 안에 기준으로 맞는 것은?

① 3개월　　　② 6개월　　　③ 1년　　　④ 2년

풀이 교통안전법 시행령 제45조 제2항, 교통안전법상 6개월 동안 보관하여야 한다.

70 자동차관리법령상 자동차를 이전 등록하고자 하는 자는 매수한 날부터 (   )이내에 등록해야 한다. (   )에 기준으로 맞는 것은?

① 15일　　　② 20일　　　③ 30일　　　④ 40일

풀이 자동차를 매수한 날부터 15일 이내 이전 등록해야 한다.

71 자동차관리법령상 자동차의 정기검사의 기간은 검사 유효기간 만료일 전후 (   ) 이내이다. (   )에 기준으로 맞는 것은?

① 31일　　　② 41일　　　③ 51일　　　④ 61일

풀이 정기검사의 기간은 검사 유효기간 만료일 전후 31일 이내이다.

72 자동차손해배상보장법상 의무보험에 가입하지 않은 자동차보유자의 처벌 기준으로 맞는 것은? (자동차 미운행)

① 300만 원 이하의 과태료
② 500만 원 이하의 과태료
③ 1년 이하의 징역 또는 1천만 원 이하의 벌금
④ 2년 이하의 징역 또는 2천만 원 이하의 벌금

풀이 자동차손해배상보장법 제48조(과태료) ③ 다음 각 호의 어느 하나에 해당하는 자에게는 30 만원 이하의 과태료를 부과한다. 1. 제5조제1항부터 제3항까지의 규정에 따른 의무보험에 가입하지 아니한 자 제46조(벌칙) ② 다음 각 호의 어느 하나에 해당하는 자는 1년 이하의 징역 또는 1천만원 이하의 벌금에 처한다.
2. 제8조 본문을 위반하여 의무보험에 가입되어 있지 아니한 자동차를 운행한 자동차보유자

정답　69. ②　70. ①　71. ①　72. ①

73 자동차관리법령상 자동차 소유권이 상속 등으로 변경될 경우 하는 등록의 종류는?

① 신규등록　　② 이전등록
③ 변경등록　　④ 말소등록

풀이 자동차관리법 제12조 자동차 소유권이 매매, 상속, 공매, 경매 등으로 변경될 경우 양수인이 법정기한 내 소유권의 이전등록을 해야 한다.

74 자동차관리법령상 자동차 소유자가 받아야 하는 자동차 검사의 종류가 아닌 것은?

① 수리검사　　② 특별검사
③ 튜닝검사　　④ 임시검사

풀이 자동차관리법 제43조(자동차 검사) 자동차 소유자는 국토교통부장관이 실시하는 신규검사, 정기검사, 튜닝검사, 임시검사, 수리검사를 받아야 한다.

75 다음 중 자동차를 매매한 경우 이전등록 담당기관은?

① 도로교통공단　　② 시·군·구청
③ 한국교통안전공단　　④ 시·도경찰청

풀이 자동차 등록에 관한 사무는 시·군·구청이 담당한다.

76 자동차 등록의 종류가 아닌 것 2가지는?

① 경정등록　　② 권리등록
③ 설정등록　　④ 말소등록

풀이 자동차등록은 신규, 변경, 이전, 말소, 압류, 경정, 예고등록이 있고, 특허등록은 권리등록, 설정등록 등이 있다. (자동차등록령)

정답　73. ②　74. ②　75. ②　76. ②, ③

77 자동차(단, 어린이통학버스 제외) 앞면 창유리의 가시광선 투과율 기준으로 맞는 것은?

① 40퍼센트 미만 ② 50퍼센트 미만
③ 60퍼센트 미만 ④ 70퍼센트 미만

풀이 도로교통법 시행령 제28조에 따라 자동차 창유리 가시광선 투과율의 기준은 앞면 창유리의 경우 70퍼센트 미만, 운전석 좌우 옆면 창유리의 경우 40퍼센트 미만이어야 한다.

78 주행 중 브레이크가 작동되는 운전행동과정을 올바른 순서로 연결한 것은?

① 위험인지 → 상황판단 → 행동명령 → 브레이크작동
② 위험인지 → 행동명령 → 상황판단 → 브레이크작동
③ 상황판단 → 위험인지 → 행동명령 → 브레이크작동
④ 행동명령 → 위험인지 → 상황판단 → 브레이크작동

풀이 운전 중 위험상황을 인지하고 판단하며 행동명령 후 브레이크가 작동된다.

79 다음 중 자동차에 부착된 SRS 에어백(srs air bag)의 구비조건으로 가장 거리가 먼 것은?

① 높은 온도에서 인장강도 및 내열강도
② 낮은 온도에서 인장강도 및 내열강도
③ 파열강도를 지니고 내마모성, 유연성
④ 운전자와 접촉하는 충격에너지 극대화

풀이 자동차가 충돌할 때 운전자와 직접 접촉하여 충격 에너지를 흡수해주어야 한다.

정답 77. ④ 78. ① 79. ④

80 다음 중 운전자 등이 차량 승하차 시 주의사항으로 맞는 것은?

① 타고 내릴 때는 뒤에서 오는 차량이 있는지를 확인한다.
② 문을 열 때는 완전히 열고나서 곧바로 내린다.
③ 뒷좌석 승차자가 하차할 때 운전자는 전방을 주시해야 한다.
④ 운전석을 일시적으로 떠날 때에는 시동을 끄지 않아도 된다.

풀이 운전자 등이 타고 내릴 때는 뒤에서 오는 차량이 있는지를 확인한다.

81 도로교통법상 올바른 운전방법으로 연결된 것은?

① 학교 앞 보행로 – 어린이에게 차량이 지나감을 알릴 수 있도록 경음기를 울리며 지나간다.
② 철길 건널목 – 차단기가 내려가려고 하는 경우 신속히 통과한다.
③ 신호 없는 교차로 – 우회전을 하는 경우 미리 도로의 우측 가장자리를 서행 하면서 우회전한다.
④ 야간 운전 시 – 차가 마주 보고 진행하는 경우 반대편 차량의 운전자가 주의할 수 있도록 전조등을 상향으로 조정한다.

풀이 학교 앞 보행로에서 어린이가 지나갈 경우 일시정지해야 하며, 철길 건널목에서 차단기가 내려가려는 경우 진입하면 안 된다. 또한 야간 운전 시에는 반대편 차량의 주행에 방해가 되지 않도록 전조등을 하향으로 조정해야 한다.

정답 80. ① 81. ③

82 앞지르기에 대한 내용으로 올바른 것은?

① 터널 안에서는 주간에는 앞지르기가 가능하지만 야간에는 앞지르기가 금지된다.
② 앞지르기할 때에는 전조등을 켜고 경음기를 울리면서 좌측이나 우측 관계없이 할 수 있다.
③ 다리 위나 교차로는 앞지르기가 금지된 장소이므로 앞지르기를 할 수 없다.
④ 앞차의 우측에 다른 차가 나란히 가고 있을 때에는 앞지르기를 할 수 없다.

> **풀이** 다리 위, 교차로, 터널 안은 앞지르기가 금지된 장소이므로 앞지르기를 할 수 없다. 모든 차의 운전자는 앞차의 좌측에 다른 차가 앞차와 나란히 가고 있는 경우에는 앞차를 앞지르지 못한다. 방향지시기, 등화 또는 경음기(警音機)를 사용하는 등 안전한 속도와 방법으로 좌측으로 앞지르기를 하여야 한다.

83 다음 중 운전자의 올바른 마음가짐으로 가장 바람직하지 않은 것은?

① 교통상황은 변경되지 않으므로 사전운행 계획을 세울 필요는 없다.
② 차량용 소화기를 차량 내부에 비치하여 화재발생에 대비한다.
③ 차량 내부에 휴대용 라이터 등 인화성 물건을 두지 않는다.
④ 초보운전자에게 배려운전을 한다.

> **풀이** 고장차량 등으로 인한 도로의 위험요소를 발견한 경우 비상등을 점등하여 후행차량에 전방 상황을 미리 알리고 서행으로 안전하게 위험구간을 벗어난 후, 도움이 필요하다 판단되는 경우 2차사고 예방조치를 실시하고 조치를 취한다.

정답 82. ③ 83. ①

84 다음 중 운전자의 올바른 운전행위로 가장 적절한 것은?

① 졸음운전은 교통사고 위험이 있어 갓길에 세워두고 휴식한다.
② 초보운전자는 고속도로에서 앞지르기 차로로 계속 주행한다.
③ 교통단속용 장비의 기능을 방해하는 장치를 장착하고 운전한다.
④ 교통안전 위험요소 발견 시 비상점멸등으로 주변에 알린다.

풀이 갓길 휴식, 앞지르기 차로 계속운전, 방해하는 장치 장착은 올바른 운전행위로 볼 수 없다.

85 다음 중 운전자의 올바른 마음가짐으로 가장 적절하지 않은 것은?

① 정속주행 등 올바른 운전습관을 가지려는 마음
② 정체되는 도로에서 갓길(길가장자리)로 통행하려는 마음
③ 교통법규는 서로간의 약속이라고 생각하는 마음
④ 자동차의 빠른 소통보다는 보행자를 우선으로 생각하는 마음

풀이 정체되어 있다 하더라도 갓길(길가장자리)을 통행하는 것은 잘못된 운전태도이다.

86 다음 중 교통법규 위반으로 교통사고가 발생하였다면 그 내용에 따라 운전자 책임으로 가장 거리가 먼 것은?

① 형사책임   ② 행정책임   ③ 민사책임   ④ 공고책임

풀이 벌금 부과 등 형사책임, 벌점에 따른 행정책임, 손해배상에 따른 민사책임이 따른다.

정답 84. ④ 85. ② 86. ④

87 고속도로 운전 중 교통사고 발생 현장에서의 운전자 대응방법으로 바르지 않는 것은?

① 동승자의 부상정도에 따라 응급조치한다.
② 동승자에게 안정을 취하게 한다.
③ 사고차량 후미에서 경찰공무원이 도착할 때까지 교통정리를 한다.
④ 2차사고 예방을 위해 안전한 곳으로 이동한다.

풀이 사고차량 뒤쪽은 2차 사고의 위험이 있으므로 안전한 장소로 이동하는 것이 바람직하다.

88 승용자동차에 영유아와 동승하는 경우 운전자의 행동으로 가장 올바른 것은?

① 운전석 옆좌석에 성인이 영유아를 안고 좌석안전띠를 착용한다.
② 운전석 뒷좌석에 영유아가 착석한 경우 유아보호용 장구 없이 좌석안전띠를 착용하여도 된다.
③ 운전 중 영유아가 보채는 경우 이를 달래기 위해 운전석에서 영유아와 함께 좌석안전띠를 착용한다.
④ 영유아가 탑승하는 경우 도로를 불문하고 유아보호용 장구를 장착한 후에 좌석안전띠를 착용시킨다.

풀이 승용차에 영유아를 탑승시킬 때 운전석 뒷좌석에 유아보호용 장구를 장착 후 좌석안전띠를 착용시키는 것이 안전하다.

89 운전자 준수 사항으로 맞는 것 2가지는?

① 어린이 교통사고 위험이 있을 때에는 일시 정지한다.
② 물이 고인 곳을 지날 때는 피해를 주지 않기 위해 서행하며 진행한다.
③ 자동차 유리창의 밝기를 규제하지 않으므로 짙은 틴팅(선팅)을 한다.
④ 보행자가 횡단보도를 통행하고 있을 때에는 서행한다.

풀이 도로에서 어린이교통사고 위험이 있는 것을 발견한 경우 일시정지를 하여야 한다. 또한 보행 자가 횡단보도를 통과하고 있을 때에는 일시정지하여야 하며, 안전지대에 보행자가 있는 경우에는 안전한 거리를 두고 서행하여야 한다.

정답 87. ③ 88. ④ 89. ①, ②

90 다음 중 고속도로에서 운전자의 바람직한 운전행위 2가지는?

① 피로한 경우 갓길에 정차하여 안정을 취한 후 출발한다.
② 평소 즐겨보는 동영상을 보면서 운전한다.
③ 주기적인 휴식이나 환기를 통해 졸음운전을 예방한다.
④ 출발 전 뿐만 아니라 휴식 중에도 목적지까지 경로의 위험 요소를 확인하며 운전한다.

> 풀이 사전에 주행계획을 세우며 운전 중 휴대전화 사용이 아닌 휴식 중 위험요소를 파악하고, 졸음운전을 이겨내기 보다 주기적인 휴식이나 환기를 통해 졸음운전을 예방한다.

91 다음 중 안전운전에 필요한 운전자의 준비사항으로 가장 바람직하지 않은 것은?

① 주의력이 산만해지지 않도록 몸상태를 조절한다.
② 운전기기 조작에 편안하고 운전에 적합한 복장을 착용한다.
③ 적색 손전등 등 비상 신호도구를 준비한다.
④ 연료절약을 위해 출발 10분 전에 시동을 켜 엔진을 예열한다.

> 풀이 자동차의 공회전은 환경오염을 유발할 수 있다.

92 운전 중 집중력에 대한 내용으로 가장 적합한 2가지는?

① 운전 중 동승자와 계속 이야기를 나누는 것은 집중력을 높여 준다.
② 운전자의 시야를 가리는 차량 부착물은 제거하는 것이 좋다.
③ 운전 중 집중력은 안전운전과는 상관이 없다.
④ TV/DMB는 뒷좌석 동승자들만 볼 수 있는 곳에 장착하는 것이 좋다.

> 풀이 운전 중 동승자와 계속 이야기를 나누면 집중력을 흐리게 하며 운전 중 집중력은 항상 필요하다.

정답 90. ③, ④ 91. ④ 92. ④

93 도로교통법상 자동차(이륜자동차 제외)에 영유아를 동승하는 경우 유아보호용 장구를 사용토록 한다. 다음 중 영유아에 해당하는 나이 기준은?

① 8세 이하   ② 8세 미만   ③ 6세 미만   ④ 6세 이하

> **풀이** 도로교통법 제11조(어린이 등에 대한 보호) 영유아(6세 미만인 사람을 말한다.)의 보호자는 교통이 빈번한 도로에서 어린이를 놀게 하여서는 아니 된다.

94 도로교통법령상 개인형 이동장치에 대한 규정과 안전한 운전방법으로 틀린 것은?

① 운전자는 밤에 도로를 통행할 때에는 전조등과 미등을 켜야 한다.
② 개인형 이동장치 중 전동킥보드의 승차정원은 1인이므로 2인이 탑승하면 안된다.
③ 개인형 이동장치는 전동이륜평행차, 전동킥보드, 전기자전거, 전동휠, 전동스쿠터 등 개인이 이동하기에 적합한 이동장치를 포함하고 있다.
④ 전동기의 동력만으로 움직일 수 있는 자전거의 경우 승차정원은 2인이다.

> **풀이** 도로교통법 제50조(특정운전자 준수사항)제9항 자전거등의 운전자는 밤에 도로를 통행하는 때에는 전조등과 미등을 켜거나 야광띠 등 발광장치를 착용하여야 한다. 제10항 개인형 이동장치의 운전자는 행정안전부령으로 정하는 승차 정원을 초과하여 동승자를 태우고 개인형 이동장치를 운전하여서는 아니 된다.
> 도로교통법 시행규칙 33조의3(개인형 이동장치의 승차정원) 전동킥보드 및 전동이륜평행차의 경우 : 승차정원 1명, 전동기의 동력만으로 움직일수 있는 자전거의 경우 : 승차정원 2명

정답 93. ③ 94. ③

95 다음 중 자동차(이륜자동차 제외) 좌석안전띠 착용에 대한 설명으로 맞는 것은?

① 13세 미만 어린이가 좌석안전띠를 미착용하는 경우 운전자에 대한 과태료는 10만 원이다.
② 13세 이상의 동승자가 좌석안전띠를 착용하지 않은 경우 운전자에 대한 과태료는 3만원이다.
③ 일반도로에서는 운전자와 조수석 동승자만 좌석안전띠 착용 의무가 있다.
④ 전 좌석안전띠 착용은 의무이나 3세 미만 영유아는 보호자가 안고 동승이 가능하다.

풀이 도로교통법 제50조(특정운전자 준수사항)제1항 자동차(이륜자동차는 제외)의 운전자는 자동차를 운전할 때에는 좌석안전띠를 매거야 하며, 도로교통법 시행령 별표6, 안전띠 미착용(동승자가 13세 미만인 경우 과태료 6만 원, 13세 이상인 경우 과태료 3만원)

96 교통사고를 예방하기 위한 운전자세로 맞는 것은?

① 방향지시등으로 진행방향을 명확히 알린다.
② 급조작과 급제동을 자주 한다.
③ 나에게 유리한 쪽으로 추측하면서 운전한다.
④ 다른 운전자의 법규위반은 반드시 보복한다.

풀이 급조작과 급제동을 하여서는 아니 되며, 상대방에 대한 배려운전과 정확한 법규 이해가 필요하다.

97 다음 중 운전자의 올바른 운전행위로 가장 바람직하지 않은 것은?

① 지정속도를 유지하면서 교통흐름에 따라 운전한다.
② 초보운전인 경우 고속도로에서 갓길을 이용하여 교통흐름을 방해하지 않는다.
③ 도로에서 자동차를 세워둔 채 다툼행위를 하지 않는다.
④ 연습운전면허 소지자는 법규에 따른 동승자와 동승하여 운전한다.

풀이 초보운전자라도 고속도로에서 갓길운전을 해서는 안 된다.

정답 95. ② 96. ① 97. ②

98 양보 운전에 대한 설명 중 맞는 것은?

① 계속하여 느린 속도로 운행 중일 때에는 도로 좌측 가장자리로 피하여 차로를 양보한다.
② 긴급자동차가 뒤따라올 때에는 신속하게 진행한다.
③ 교차로에서는 우선순위에 상관없이 다른 차량에 양보하여야 한다.
④ 양보표지가 설치된 도로의 주행 차량은 다른 도로의 주행 차량에 차로를 양보하여야 한다.

> **풀이** 긴급자동차가 뒤따라오는 경우에도 차로를 양보하여야 한다. 또한 교차로에서는 통행 우선순 위에 따라 통행을 하여야 하며, 양보표지가 설치된 도로의 차량은 다른 차량에게 차로를 양 보하여야 한다.

99 교통약자의 이동편의 증진법에 따른 '교통약자'에 해당되지 않는 사람은?

① 고령자
② 임산부
③ 영유아를 동반한 사람
④ 반려동물을 동반한 사람

> **풀이** 교통약자의 이동편의 증진법 제2조 '교통약자'란 장애인, 고령자, 임산부, 영·유아를 동반한 사람, 어린이 등 일상생활에서 이동에 불편함을 느끼는 사람을 말한다.

100 교통약자의 이동편의 증진법에 따른 교통약자를 위한 '보행안전 시설물'로 보기 어려운 것은?

① 속도저감 시설
② 자전거 전용도로
③ 대중 교통정보 알림 시설 등 교통안내 시설
④ 보행자 우선 통행을 위한 교통신호기

> **풀이** 교통약자의 이동편의 증진법 제21조(보행안전 시설물의 설치) 제1항 시장이나 군수는 보행 우선구역에서 보행자가 안전하고 편리하게 보행할 수 있도록 다음 각 호의 보행안전시설물을 설치할 수 있다. 1. 속도저감 시설. 2. 횡단시설. 3. 대중 교통정보 알림시설 등 교통안내 시설. 4 보행자 우선통행을 위한 교통신호기. 5. 자동차 진입억제용 말뚝. 6. 교통약자를 위한 음향신호기 등 보행경로 안내장치. 7. 그 밖에 보행자의 안전과 이동편의를 위하여 대통령령으로 정한 시설

정답 98. ④ 99. ④ 100. ②

101 도로교통법상 서행으로 운전하여야 하는 경우는?

① 교차로의 신호기가 적색 등화의 점멸일 때
② 교통정리를 하고 있지 아니하고 교통이 빈번한 교차로를 통과할 때
③ 교통정리를 하고 있지 아니하는 교차로를 통과할 때
④ 교차로 부근에서 차로를 변경하는 경우

풀이 ① 일시정지 해야 한다.
③ 교통정리를 하고 있지 아니 하는 교차로를 통과 할 때는 서행을 하고 통과해야 한다.

102 정체된 교차로에서 좌회전할 경우 가장 옳은 방법은?

① 가급적 앞차를 따라 진입한다.
② 녹색 신호에는 진입해도 무방하다.
③ 적색 신호라도 공간이 생기면 진입한다.
④ 녹색 화살표의 등화라도 진입하지 않는다.

풀이 모든 차의 운전자는 신호등이 있는 교차로에 들어가려는 경우에는 진행하고자 하는 차로의 앞쪽에 있는 차의 상황에 따라 교차로에 정지하여야 하며 다른 차의 통행에 방해가 될 우려가 있는 경우에는 그 교차로에 들어가서는 아니 된다.

103 고속도로 진입 방법으로 옳은 것은?

① 반드시 일시정지하여 교통 흐름을 살핀 후 신속하게 진입한다.
② 진입 전 일시정지하여 주행 중인 차량이 있을 때 급진입한다.
③ 진입할 공간이 부족하더라도 뒤차를 생각하여 무리하게 진입한다.
④ 가속 차로를 이용하여 일정 속도를 유지하면서 충분한 공간을 확보한 후 진입한다.

풀이 고속도로로 진입할 때는 가속 차로를 이용하여 점차 속도를 높이면서 진입해야 한다. 천천히 진입하거나 일시정지 할 경우 가속이 힘들기 때문에 오히려 위험할 수 있다. 들어갈 공간이 충분한 것을 확인하고 가속해서 진입해야 한다.

정답 101. ③ 102. ④ 103. ④

104. 고속도로 본선 우측 차로에 서행하는 A차량이 있다. 이 때 B차량의 안전한 본선 진입 방법으로 가장 알맞는 것은?

① 서서히 속도를 높여 진입하되 A차량이 지나간 후 진입한다.
② 가속하여 비어있는 갓길을 이용하여 진입한다.
③ 가속차로 끝에서 정차하였다가 A차량이 지나가고 난 후 진입한다.
④ 가속차로에서 A차량과 동일한 속도로 계속 주행한다.

풀이 자동차(긴급자동차는 제외한다)의 운전자는 고속도로에 들어가려고 하는 경우에는 그 고속도로를 통행하고 있는 다른 자동차의 통행을 방해하여서는 아니 된다.

105. 어린이가 보호자 없이 도로를 횡단할 때 운전자의 올바른 운전행위로 가장 바람직한 것은?

① 반복적으로 경음기를 울려 어린이가 빨리 횡단하도록 한다.
② 서행하여 도로를 횡단하는 어린이의 안전을 확보한다.
③ 일시정지하여 도로를 횡단하는 어린이의 안전을 확보한다.
④ 빠르게 지나가서 도로를 횡단하는 어린이의 안전을 확보한다.

풀이 도로교통법 제49조(모든 운전자의 준수사항 등) 어린이가 보호자 없이 도로를 횡단할 때 운전자는 일시정지하여야 한다.

106. 도로교통법상 신호등이 없고 좌·우를 확인할 수 없는 교차로에 진입 시 가장 안전한 운행 방법은?

① 주변 상황에 따라 서행으로 안전을 확인한 다음 통과한다.
② 경음기를 울리고 전조등을 점멸하면서 진입한 다음 서행하며 통과한다.
③ 반드시 일시정지 후 안전을 확인한 다음 양보 운전 기준에 따라 통과한다.
④ 먼저 진입하면 최우선이므로 주변을 살피면서 신속하게 통과한다.

풀이 신호등이 없는 교차로는 서행이 원칙이나 교차로의 교통이 빈번하거나 장애물 등이 있어 좌·우를 확인할 수 없는 경우에는 반드시 일시정지하여 안전을 확인한 다음 통과하여야 한다.

정답 104. ① 105. ③ 106. ③

107 교차로에서 좌회전할 때 가장 위험한 요인은?

① 우측 도로의 횡단보도를 횡단하는 보행자
② 우측 차로 후방에서 달려오는 오토바이
③ 좌측도로에서 우회전하는 승용차
④ 반대편 도로에서 우회전하는 자전거

풀이 교차로에서 좌회전 할 때에는 마주보는 도로에서 우회전하는 차량에 주의하여야 한다.

108 도로교통법에 따라 개인형 이동장치를 운전하는 사람의 자세로 가장 알맞은 것은?

① 보도를 통행하는 경우 보행자를 피해서 운전한다.
② 술을 마시고 운전하는 경우 특별히 주의하며 운전한다.
③ 횡단보도와 자전거횡단도가 있는 경우 자전거횡단도를 이용하여 운전한다.
④ 횡단보도를 횡단하는 경우 횡단보도를 이용하는 보행자를 피해서 운전한다.

풀이 도로교통법 제15조의 2(자전거횡단도의 설치). 자전거등(자전거와 개인형 이동장치)를 타고 자전거횡단도가 따로 있는 도로를 횡단할 때에는 자전거횡단도를 이용해야 한다. 도로교통법 제13조의 2(자전거등의 통행방법의 특례) 개인형 이동장치의 운전자가 횡단보도를 이용하여 도로를 횡단할 때에는 내려서 끌거나 들고 보행하여야 한다.

109 안전속도 5030 교통안전정책에 관한 내용으로 옳은 것은?

① 자동차 전용도로 매시 50킬로미터 이내, 도시부 주거지역 이면도로 매시 30킬로미터
② 도시부 지역 일반도로 매시 50킬로미터 이내, 도시부 주거지역 이면도로 매시 30킬로미터 이내
③ 자동차 전용도로 매시 50킬로미터 이내, 어린이 보호구역 매시 30킬로미터 이내
④ 도시부 지역 일반도로 매시 50킬로미터 이내, 자전거 도로 매시 30킬로미터 이내

풀이 안전속도 5030은 보행자의 통행이 잦은 도시부 지역의 일반도로 매시 50킬로미터(소통이 필요한 경우 60킬로미터 적용 가능), 주택가 등 이면도로는 매시 30킬로미터 이내로 하향 조정하는 정책으로, 속도 하향을 통해 보행자의 안전을 지키기 위해 도입되었다.

정답 107. ④ 108. ③ 109. ②

110 운전 중 서행을 하여야 하는 경우나 장소 2가지는?

① 신호등이 없는 교차로

② 어린이가 보호자 없이 도로를 횡단하는 때

③ 앞을 보지 못하는 사람이 흰색 지팡이를 가지고 도로를 횡단하고 있는 때

④ 도로가 구부러진 부근

풀이 신호등이 없는 교차로는 서행을 하고, 어린이가 보호자 없이 도로를 횡단하는 때와 앞을 보지 못하는 사람이 흰색 지팡이를 가지고 도로를 횡단하고 있는 경우에서는 일시정지를 하여 야 한다.

111 다음 중 회전교차로의 통행 방법으로 가장 적절한 2가지는?

① 회전교차로에서 이미 회전하고 있는 차량이 우선이다.

② 회전교차로에 진입하고자 하는 경우 신속히 진입한다.

③ 회전교차로 진입 시 비상점멸등을 켜고 진입을 알린다.

④ 회전교차로에서는 반시계 방향으로 주행한다.

풀이 제25조의2(회전교차로 통행방법) ① 모든 차의 운전자는 회전교차로에서는 반시계방향으로 통행하여 야 한다.
② 모든 차의 운전자는 회전교차로에 진입하려는 경우에는 서행하거나 일시정지하여야 하며, 이미 진행하고 있는 다른 차가 있는 때에는 그 차에 진로를 양보하여야 한다.

112 고속도로를 주행할 때 옳은 2가지는?

① 모든 좌석에서 안전띠를 착용하여야 한다.

② 고속도로를 주행하는 차는 진입하는 차에 대해 차로를 양보하여야 한다.

③ 고속도로를 주행하고 있다면 긴급자동차가 진입한다 하여도 양보할 필요는 없다.

④ 고장자동차의 표지(안전삼각대 포함)를 가지고 다녀야 한다.

풀이 고속도로를 진입하는 차는 주행하는 차에 대해 차로를 양보해야 하며 주행 중 긴급자동차가 진입하면 양보해야 한다.

정답 110. ①, ④ 111. ①, ④ 112. ①, ④

113 다음 설명 중 맞는 2가지는?

① 양보 운전의 노면표시는 흰색 '△'로 표시한다.
② 양보표지가 있는 차로를 진행 중인 차는 다른 차로의 주행차량에 차로를 양보하여야 한다.
③ 일반도로에서 차로를 변경할 때에는 30미터 전에서 신호 후 차로 변경한다.
④ 원활한 교통을 위해서는 무리가 되더라도 속도를 내어 차간거리를 좁혀서 운전하여야 한다.

> **풀이** 양보 운전 노면표시는 '▽'이며, 교통흐름에 방해가 되더라도 안전이 최우선이라는 생각으로 운행하여야 한다.

114 교통정리가 없는 교차로에서의 양보 운전에 대한 내용으로 맞는 것 2가지는?

① 좌회전하고자 하는 차의 운전자는 그 교차로에서 직진 또는 우회전하려는 차에 진로를 양보해야 한다.
② 교차로에 들어가고자 하는 차의 운전자는 이미 교차로에 들어가 있는 좌회전 차가 있을 때에는 그 차에 진로를 양보할 의무가 없다.
③ 교차로에 들어가고자 하는 차의 운전자는 폭이 좁은 도로에서 교차로에 진입 하려는 차가 있을 경우에는 그 차에 진로를 양보해서는 안 된다.
④ 우선순위가 같은 차가 교차로에 동시에 들어가고자 하는 때에는 우측 도로의 차에 진로를 양보해야 한다.

> **풀이** 교통정리가 없는 교차로에서 좌회전하고자 하는 차의 운전자는 그 교차로에서 직진 또는 우회전하려는 차에 진로를 양보해야 하며, 우선순위가 같은 차가 교차로에 동시에 들어가고자 하는 때에는 우측 도로의 차에 진로를 양보해야 한다.

정답   113. ②, ③   114. ①, ④

115 도로교통법령상 개인형 이동장치에 대한 설명으로 바르지 않은 것 2가지는?

① 시속 25킬로미터 이상으로 운행할 경우 전동기가 작동하지 않아야 한다.
② 전동킥보드, 전동이륜평행차, 전동보드가 해당된다.
③ 자전거 등에 속한다.
④ 최고 정격출력 11킬로와트 이하의 원동기를 단 차로 전기자전거를 포함한다.

풀이 도로교통법 제2조(정의) 개인형 이동장치란 원동기장치자전거 중 시속 25킬로미터 이상으로 운행할 경우 전동기가 작동하지 아니하고 차체 중량이 30킬로그램 미만으로 행정안전부령으 로 정하는 것을 말한다. 도로교통법 시행규칙 제2조의2(개인형 이동장치의 기준) 전동킥보 드, 전기이륜평행차, 전동기의 동력만으로 움직일 수 있는 자전거

116 교통사고를 일으킬 가능성이 가장 높은 운전자는?

① 운전에만 집중하는 운전자
② 급출발, 급제동, 급차로 변경을 반복하는 운전자
③ 자전거나 이륜차에게 안전거리를 확보하는 운전자
④ 조급한 마음을 버리고 인내하는 마음을 갖춘 운전자

풀이 운전이 미숙한 운전자에게는 배려와 양보가 중요하며 급출발, 급제동, 급차로 변경을 반복하여 운전하면 교통사고를 일으킬 가능성이 높다.

117 다음 중 운전자의 올바른 운전태도로 가장 바람직하지 않은 것은?

① 신호기의 신호보다 교통경찰관의 신호가 우선임을 명심한다.
② 교통 환경 변화에 따라 개정되는 교통법규를 숙지한다.
③ 긴급자동차를 발견한 즉시 장소에 관계없이 일시정지하고 진로를 양보한다.
④ 폭우시 또는 장마철 자주 비가 내리는 도로에서는 포트홀(pothole)을 주의한다.

풀이 긴급자동차에 진로를 양보하는 것은 맞으나 교차로 내 또는 교차로 부근이 아닌 곳에서 긴급 자동차에 진로를 양보하여야 한다.

정답   115. ②, ④   116. ②   117. ③

118 교통정리를 하고 있지 아니하는 교차로에서 직진하기 위해 들어가려 한다. 이 때, 이미 교차로에 들어가 좌회전하고 있는 다른 차가 있는 경우 운전자의 올바른 운전방법은?

① 다른 차가 있을 때에는 그 차에 진로를 양보한다.
② 다른 차가 있더라도 직진차가 우선이므로 먼저 통과한다.
③ 다른 차가 있을 때에는 좌·우를 확인하고 그 차와 상관없이 신속히 교차로를 통과한다.
④ 다른 차가 있더라도 본인의 주행차로가 상대차의 차로보다 더 넓은 경우 통행 우선권에 따라 그대로 진입한다.

풀이 도로교통법 제26조(교통정리가 없는 교차로에서의 양보운전)제1항 교통정리를 하고 있지 아니하는 교차로에 들어가려고 하는 차의 운전자는 이미 교차로에 들어가 있는 다른 차가 있을 때에는 그 차에 진로를 양보하여야 한다.

119 도로교통법령상 개인형 이동장치의 승차정원에 대한 설명으로 틀린 것은?

① 전동킥보드의 승차정원은 1인이다.
② 전동이륜평행차의 승차정원은 1인이다.
③ 전동기의 동력만으로 움직일 수 있는 자전거의 경우 승차정원은 1인이다.
④ 승차정원을 위반한 경우 범칙금 4만원을 부과한다.

풀이 도로교통법 시행규칙 제33조의3(개인형 이동장치의 승차정원) 전동기의 동력만으로 움직일 수 있는 자전거의 경우 승차정원은 2명이다. 이를 위반한 경우 4만원의 범칙금을 부과한다.

120 운전자가 갖추어야 할 올바른 자세로 가장 맞는 것은?

① 소통과 안전을 생각하는 자세
② 사람보다는 자동차를 우선하는 자세
③ 다른 차보다는 내 차를 먼저 생각하는 자세
④ 교통사고는 준법운전보다 운이 좌우한다는 자세

풀이 자동차보다 사람이 우선, 나 보다는 다른 차를 우선, 사고발생은 운보다는 준법운전이 좌우한다.

정답 118. ① 119. ③ 120. ①

121 도로교통법에서 정한 운전이 금지되는 술에 취한 상태의 기준으로 맞는 것은?

① 혈중알코올농도 0.03퍼센트 이상인 상태로 운전
② 혈중알코올농도 0.08퍼센트 이상인 상태로 운전
③ 혈중알코올농도 0.1퍼센트 이상인 상태로 운전
④ 혈중알코올농도 0.12퍼센트 이상인 상태로 운전

풀이 운전이 금지되는 술에 취한 상태의 기준은 혈중알코올농도가 0.03퍼센트 이상으로 한다.

122 다음 중 도로교통법상 과로(졸음운전 포함)로 인하여 정상적으로 운전하지 못할 우려가 있는 상태에서 자동차를 운전한 사람에 대한 벌칙으로 맞는 것은?

① 처벌하지 않는다.
② 10만 원 이하의 벌금이나 구류에 처한다.
③ 20만 원 이하의 벌금이나 구류에 처한다.
④ 30만 원 이하의 벌금이나 구류에 처한다.

풀이 도로교통법 제45조(과로한 때 등의 운전 금지), 제154조(벌칙) 30만원 이하의 벌금이나 구류에 처한다. 제3호 제45조를 위반하여 과로·질병으로 인하여 정상적으로 운전하지 못할 우려가 있는 상태에서 자동차등 또는 노면전차를 운전한 사람(다만, 개인형 이동장치를 운전 하는 경우는 제외한다)

123 운전자의 피로는 운전 행동에 영향을 미치게 된다. 피로가 운전 행동에 미치는 영향을 바르게 설명한 것은?

① 주변 자극에 대해 반응 동작이 빠르게 나타난다.
② 시력이 떨어지고 시야가 넓어진다.
③ 지각 및 운전 조작 능력이 떨어진다.
④ 치밀하고 계획적인 운전 행동이 나타난다.

풀이 피로는 지각 및 운전 조작 능력이 떨어지게 한다.

정답   121. ①   122. ④   123. ③

124 승용자동차를 음주운전한 경우 처벌 기준에 대한 설명으로 틀린 것은?는 시험이 아닌 것은?

① 최초 위반 시 혈중알코올농도가 0.2퍼센트 이상인 경우 2년 이상 5년 이하의 징역이나 1천만원 이상 2천만원 이하의 벌금

② 음주 측정 거부 시 1년 이상 5년 이하의 징역이나 5백만원 이상 2천만원 이하의 벌금

③ 혈중알코올농도가 0.05퍼센트로 2회 위반한 경우 1년 이하의 징역이나 5백만원 이하의 벌금

④ 최초 위반 시 혈중알코올농도 0.08퍼센트 이상 0.20퍼센트 미만의 경우 1년 이상 2년 이하의 징역이나 5백만원 이상 1천만원 이하의 벌금

풀이 ③의 경우, 2년 이상 5년 이하의 징역이나 1천만원 이상 2천만원 이하의 벌금

위반횟수		처벌기준
	0.03~0.08%	1년 이하 / 500만원 이하
	0.08~0.20%	1년 이상 2년 이하 / 500만원 이상 1천만원 이하
	0.20% 이상	2년 이상 5년 이하 / 1천만원 이상 2천만원 이하
측정 거부		1년 이상 5년 이하 / 500만원~2천만원
음주운전 및 측정거부 2회 이상		2년 이상 5년 이하 / 1천만원 이상 2천만원 이하

125 운전자가 피로한 상태에서 운전하게 되면 속도 판단을 잘못하게 된다. 그 내용이 맞는 것은?

① 좁은 도로에서는 실제 속도보다 느리게 느껴진다.
② 주변이 탁 트인 도로에서는 실제보다 빠르게 느껴진다.
③ 멀리서 다가오는 차의 속도를 과소평가하다가 사고가 발생할 수 있다.
④ 고속도로에서 전방에 정지한 차를 주행 중인 차로 잘못아는 경우는 발생하지 않는다.

풀이 ① 좁은 도로에서는 실제 속도보다 빠르게 느껴진다.
② 주변이 탁 트인 도로에서는 실제보다 느리게 느껴진다.
④ 고속도로에서 전방에 정지한 차를 주행 중인 차로 잘못 알고 충돌 사고가 발생할 수 있다.

정답 124. ③ 125. ③

126 **자동차를 운행할 때 공주거리에 영향을 줄 수 있는 경우로 맞는 2가지는?**

① 비가 오는 날 운전하는 경우
② 술에 취한 상태로 운전하는 경우
③ 차량의 브레이크액이 부족한 상태로 운전하는 경우
④ 운전자가 피로한 상태로 운전하는 경우

풀이 공주거리는 운전자의 심신의 상태에 따라 영향을 주게 된다.

127 **음주 운전자에 대한 처벌 기준으로 맞는 2가지는?**

① 혈중알코올농도 0.08퍼센트 이상의 만취 운전자는 운전면허 취소와 형사처벌을 받는다.
② 경찰관의 음주 측정에 불응하거나 혈중알코올농도 0.03퍼센트 이상의 상태에서 인적 피해의 교통사고를 일으킨 경우 운전면허 취소와 형사처벌을 받는다.
③ 혈중알코올농도 0.03퍼센트 이상 0.08퍼센트 미만의 단순 음주운전일 경우에는 120일간의 운전면허 정지와 형사처벌을 받는다.
④ 처음으로 혈중알코올농도 0.03퍼센트 이상 0.08퍼센트 미만의 음주 운전자가 물적 피해의 교통사고를 일으킨 경우에는 운전면허가 취소된다.

풀이 혈중알코올농도 0.03퍼센트 이상 0.08퍼센트 미만의 단순 음주운전일 경우에는 100일간의 운전면허 정지와 형사처벌을 받으며, 혈중알코올농도 0.03퍼센트 이상의 음주 운전자가 인적 피해의 교통사고를 일으킨 경우에는 운전면허가 취소된다.

정답 126. ②, ④ 127. ②

128 음주운전 관련 내용 중 맞는 2가지는?

① 호흡 측정에 의한 음주 측정 결과에 불복하는 경우 다시 호흡 측정을 할 수 있다.

② 이미 운전이 종료되고 귀가하여 교통안전과 위험 방지의 필요성이 소멸 되었다면 음주 측정 대상이 아니다.

③ 자동차가 아닌 건설기계관리법상 건설 기계도 도로교통법상 음주 운전 금지 대상이다.

④ 술에 취한 상태에 있다고 인정할 만한 상당한 이유가 있음에도 경찰 공무원의 음주 측정에 응하지 않은 사람은 운전면허가 취소된다.

> **풀이** ① 혈액 채취 등의 방법으로 측정을 요구할 수 있다.
> ② 술에 취한 상태에서 자동차 등을 운전하였다고 인정할 만한 상당한 이유가 있는 때에는 사후에도 음주 측정을 할 수 있다.

129 피로 및 과로, 졸음운전과 관련된 설명 중 맞는 것 2가지는?

① 피로한 상황에서는 졸음운전이 빈번하므로 카페인 섭취를 늘리고 단조로운 상황을 피하기 위해 진로변경을 자주한다.

② 변화가 적고 위험 사태의 출현이 적은 도로에서는 주의력이 향상되어 졸음운전 행동이 줄어든다.

③ 감기약 복용 시 졸음이 올 수 있기 때문에 안전을 위해 운전을 지양해야 한다.

④ 음주운전을 할 경우 대뇌의 기능이 비활성화되어 졸음운전의 가능성이 높아진다.

> **풀이** 교통 환경의 변화가 단조로운 고속도로 등에서의 운전은 시가지 도로나 일반도로에서 운전하는 것 보다 주의력이 둔화되고 수면 부족과 관계없이 졸음운전 행동이 많아진다. 아울러 음주운전을 할 경우 대뇌의 기능이 둔화되어 졸음운전의 가능성이 높아진다. 특히 감기약의 경우 도로교통법상 금지약물은 아니나 졸음을 유발하는 성분이 함유된 경우가 있을 수 있기 때문에 복용 후 운전을 하는 경우 유의하여야 하며, 운전하여야 할 경우 복용 전 성분에 대하여 약사에게 문의한 후 복용할 필요가 있다.

정답   128. ③, ④   129. ③, ④

130 질병·과로로 인해 정상적인 운전을 하지 못할 우려가 있는 상태에서 자동차를 운전하다가 단속된 경우 어떻게 되는가?

① 과태료가 부과될 수 있다.
② 운전면허가 정지될 수 있다.
③ 구류 또는 벌금에 처한다.
④ 처벌 받지 않는다.

풀이 도로교통법 제154조(벌칙) 30만원 이하의 벌금이나 구류에 처한다. 제3호 제45조를 위반하여 과로·질병으로 인하여 정상적으로 운전하지 못할 우려가 있는 상태에서 자동차등 또는 노면전차를 운전한 사람(다만, 개인형 이동장치를 운전하는 경우는 제외한다)

131 마약 등 약물복용 상태에서 자동차를 운전하다가 인명피해 교통사고를 야기한 경우 교통사고처리 특례법상 운전자의 책임으로 맞는 것은?

① 책임보험만 가입되어 있으나 추가적으로 피해자와 합의하더라도 형사처벌 된다.
② 운전자보험에 가입되어 있으면 형사처벌이 면제된다.
③ 종합보험에 가입되어 있으면 형사처벌이 면제된다.
④ 종합보험에 가입되어 있고 추가적으로 피해자와 합의한 경우에는 형사처벌이 면제된다.

풀이 도로교통법에서 규정한 약물복용 운전을 하다가 교통사고 시에는 5년 이하의 금고 또는 2천만원 이하의 벌금에 처한다(교통사고처리 특례법 제3조). 이는 종합보험 또는 책임보험 가입여부 및 합의 여부와 관계없이 형사처벌 되는 항목이다.

132 혈중알코올농도 0.03퍼센트 이상 상태의 운전자 갑이 신호대기 중인 상황에서 뒤차(운전자 을)가 추돌한 경우에 맞는 설명은?

① 음주운전이 중한 위반행위이기 때문에 갑이 사고의 가해자로 처벌된다.
② 사고의 가해자는 을이 되지만, 갑의 음주운전은 별개로 처벌된다.
③ 갑은 피해자이므로 운전면허에 대한 행정처분을 받지 않는다.
④ 을은 교통사고 원인과 결과에 따른 벌점은 없다.

풀이 앞차 운전자 갑이 술을 마신 상태라고 하더라도 음주운전이 사고발생과 직접적인 원인이 없는 한 교통사고의 피해자가 되고 별도로 단순 음주운전에 대해서만 형사처벌과 면허행정처분 을 받는다.

정답 130. ③ 131. ① 132. ②

133 도로교통법상 운전이 금지되는 술에 취한 상태의 기준은 운전자의 혈중알코올 농도가 (   )로 한다. (   )안에 맞는 것은?

① 0.01퍼센트 이상인 경우
② 0.02퍼센트 이상인 경우
③ 0.03퍼센트 이상인 경우
④ 0.08퍼센트 이상인 경우

풀이 제44조(술에 취한 상태에서의 운전 금지) 제4항 술에 취한 상태의 기준은 운전자의 혈중알코올농도가 0.03퍼센트 이상인 경우로 한다.

134 피로운전과 약물복용 운전에 대한 설명이다. 맞는 2가지는?

① 피로한 상태에서의 운전은 졸음운전으로 이어질 가능성이 낮다.
② 피로한 상태에서의 운전은 주의력, 판단능력, 반응속도의 저하를 가져오기 때문에 위험하다.
③ 마약을 복용하고 운전을 하다가 교통사고로 사람을 상해에 이르게 한 운전자는 처벌될 수 있다.
④ 마약을 복용하고 운전을 하다가 교통사고로 사람을 상해에 이르게 하고 도주하여 운전면허가 취소된 경우에는 3년이 경과해야 운전면허 취득이 가능하다.

풀이 피로한 상태 및 약물복용 상태에서의 운전은 주의력, 판단능력, 반응속도의 저하와 졸음운전을 유발하기 쉽다. 특히, 마약 등 약물의 영향으로 정상적인 운전이 곤란한 상태에서 운전하다가 교통사고를 야기하여 상해에 이르게 한 경우는 특정범죄가중처벌등에관한법률 제5조의 11(위험운전 등 치사상)으로 처벌된다. ④의 경우는 5년이 경과해야 한다.

135 다음 중에서 보복운전을 예방하는 방법이라고 볼 수 없는 것은?

① 긴급제동 시 비상점멸등 켜주기
② 반대편 차로에서 차량이 접근 시 상향전조등 끄기
③ 속도를 올릴 때 전조등을 상향으로 켜기
④ 앞차가 지연 출발할 때는 3초 정도 배려하기

풀이 보복운전을 예방하는 방법은 차로 변경 때 방향지시등 켜기, 비상점멸등 켜주기, 양보하고 배려하기, 지연 출발 때 3초간 배려하기, 경음기 또는 상향 전조등으로 자극하지 않기 등이 있다.

정답 133. ③ 134. ②, ③ 135. ③

136 다음 중 보복운전을 당했을 때 신고하는 방법으로 가장 적절하지 않은 것은?

① 120에 신고한다.
② 112에 신고한다.
③ 스마트폰 앱 '목격자를 찾습니다'에 신고한다.
④ 사이버 경찰청에 신고한다.

풀이 보복운전을 당했을 때 112, 사이버 경찰청, 시·도경찰청, 경찰청 홈페이지, 스마트폰 "목격 자를 찾습니다." 앱에 신고하면 된다.

137 도로교통법상 (　　　)의 운전자는 도로에서 2명 이상이 공동으로 2대 이상의 자동차등을 정당한 사유 없이 앞뒤로 줄지어 통행하면서 교통상의 위험을 발생하게 하여서는 아니 된다. 이를 위반한 경우 (　　　　)으로 처벌될 수 있다. (　)안에 각각 바르게 짝지어진 것은?

① 전동이륜평행차, 1년 이하의 징역 또는 500만원 이하의 벌금
② 이륜자동차, 6개월 이하의 징역 또는 300만원 이하의 벌금
③ 특수자동차, 1년 이하의 징역 또는 500만원 이하의 벌금
④ 원동기장치자전거, 6개월 이하의 징역 또는 300만원 이하의 벌금

풀이 도로교통법 제46조(공동 위험행위의 금지)제1항 자동차등(개인형 이동장치는 제외한다)의 운전자는 도로에서 2명 이상이 공동으로 2대 이상의 자동차등을 정당한 사유 없이 앞뒤로 또는 좌우로 줄지어 통행하면서 다른 사람에게 위해를 끼치거나 교통상의 위험을 발생하게 하여서는 아니 된다. 또한 1년 이하의 징역 또는 500만원 이하의 벌금으로 처벌될 수 있다. 전동이륜평행차는 개인형 이동장치로서 위에 본 조항 적용이 없다.

정답　136. ①　137. ③

138 피해 차량을 뒤따르던 승용차 운전자가 중앙선을 넘어 앞지르기하여 급제동하는 등 위협 운전을 한 경우에는 「형법」에 따른 보복운전으로 처벌받을 수 있다. 이에 대한 처벌기준으로 맞는 것은?

① 7년 이하의 징역 또는 1천만 원 이하의 벌금에 처한다.
② 10년 이하의 징역 또는 2천만 원 이하의 벌금에 처한다.
③ 1년 이상의 유기징역에 처한다.
④ 1년 6월 이상의 유기징역에 처한다.

풀이 「형법」제284조(특수협박)에 의하면 위험한 물건인 자동차를 이용하여 형법상의 협박죄를 범한 자는 7년 이하의 징역 또는 1천만 원 이하의 벌금에 처한다.

139 승용차 운전자가 차로 변경 시비에 분노해 상대차량 앞에서 급제동하자, 이를 보지 못하고 뒤따르던 화물차가 추돌하여 화물차 운전자가 다친 경우에는 「형법」에 따른 보복운전으로 처벌받을 수 있다. 이에 대한 처벌기준으로 맞는 것은?

① 1년 이상 10년 이하의 징역
② 1년 이상 20년 이하의 징역
③ 2년 이상 10년 이하의 징역
④ 2년 이상 20년 이하의 징역

풀이 보복운전으로 사람을 다치게 한 경우의 처벌은 형법 제258조의2(특수상해)제1항 위반으로 1년 이상 10년 이하의 징역이 처한다.

140 다음 중 도로교통법상 난폭운전 적용 대상이 아닌 것은?

① 최고속도의 위반
② 횡단·유턴·후진 금지 위반
③ 끼어들기
④ 연속적으로 경음기를 울리는 행위

풀이 도로교통법 ① 제17조 제3항에 따른 속도의 위반 ② 제18조 제1항에 따른 횡단·유턴·후진 금지 위반 ④ 제49조 제1항 제8호에 따른 정당한 사유 없는 소음 발생이며,
③은 제23조, 끼어들기는 난폭운전 위반대상이 아니다.

정답 138. ① 139. ① 140. ③

141 자동차등(개인형 이동장치는 제외)의 운전자가 다음의 행위를 반복하여 다른 사람에게 위협을 가하는 경우 난폭운전으로 처벌받게 된다. 난폭운전의 대상 행위가 아닌 것은?

① 신호 또는 지시 위반
② 횡단·유턴·후진 금지 위반
③ 정당한 사유 없는 소음 발생
④ 고속도로에서의 지정차로 위반

풀이 도로교통법 제46조의3(난폭운전 금지) 신호 또는 지시 위반, 중앙선 침범, 속도의 위반, 횡단·유턴·후진 금지 위반, 안전거리 미확보, 차로 변경 금지 위반, 급제동 금지 위반, 앞지르기 방법 또는 앞지르기의 방해금지 위반, 정당한 사유 없는 소음 발생, 고속도로에서의 앞지르기 방법 위반, 고속도로 등에서의 횡단·유턴·후진 금지

142 승용차 운전자가 난폭운전을 하는 경우 도로교통법에 따른 처벌기준으로 맞는 것은?

① 범칙금 6만원의 통고처분을 받는다.
② 과태료 3만원이 부과된다.
③ 6개월 이하의 징역이나 200만 원 이하의 벌금에 처한다.
④ 1년 이하의 징역 또는 500만 원 이하의 벌금에 처한다.

풀이 도로교통법 제46조의3 및 동법 제151조의2에 의하여 난폭운전 시 1년 이하의 징역이나 500만원 이하의 벌금에 처한다.

143 고속도로 주행 중 차량의 적재물이 주행차로에 떨어졌을 때 운전자의 조치요령으로 가장 바르지 않는 것은?

① 후방 차량의 주행을 확인하면서 안전한 장소에 정차한다.
② 고속도로 관리청이나 관계 기관에 신속히 신고한다.
③ 안전한 곳에 정차 후 화물적재 상태를 확인한다.
④ 화물 적재물을 떨어뜨린 차량의 운전자에게 보복운전을 한다.

풀이 도로교통법 제39조(승차 또는 적재의 방법과 제한)제4항 모든 차의 운전자는 운전 중 실은 화물이 떨어지지 아니하도록 덮개를 씌우거나 묶는 등 확실하게 고정될 수 있도록 필요한 조치를 하여야 한다.

정답 141. ④ 142. ④ 143. ④

144 도로교통법령상 원동기장치자전거(개인형 이동장치 제외)의 난폭운전 행위로 볼 수 없는 것은?

① 신호 위반행위를 3회 반복하여 운전하였다.
② 속도 위반행위와 지시 위반행위를 연달아 위반하여 운전하였다.
③ 신호 위반행위와 중앙선 침범행위를 연달아 위반하여 운전하였다.
④ 중앙선 침범행위와 보행자보호의무 위반행위를 연달아 위반하여 운전 하였다.

> 풀이 도로교통법 제46조의3 신호 또는 지시 위반, 중앙선 침범, 속도 위반, 횡단·유턴·후진 금지 위반, 안전거리 미확보, 진로변경 금지 위반, 급제동 금지 위반, 앞지르기 방법 또는 앞지르기의 방해금지 위반, 정당한 사유 없는 소음 발생, 고속도로에서의 앞지르기 방법 위반, 고속도로등에서의 횡단·유턴·후진 금지 위반에 해당하는 둘 이상의 행위를 연달아 하거나, 하나의 행위를 지속 또는 반복하여 다른 사람에게 위협 또는 위해를 가하거나 교통상의 위험 을 발생하게 하여서는 아니된다. 보행자보호의무위반은 난폭운전의 행위에 포함되지 않는다.

145 다음은 난폭운전과 보복운전에 대한 설명이다. 맞는 것은?

① 오토바이 운전자가 정당한 사유 없이 소음을 반복하여 불특정 다수에게 위협을 가하는 경우는 보복운전에 해당된다.
② 승용차 운전자가 중앙선 침범 및 속도위반을 연달아 하여 불특정 다수에게 위해를 가하는 경우는 난폭운전에 해당된다.
③ 대형 트럭 운전자가 고의적으로 특정 차량 앞으로 앞지르기하여 급제동한 경우는 난폭운전에 해당된다.
④ 버스 운전자가 반복적으로 앞지르기 방법 위반하여 교통상의 위험을 발생하게 한 경우는 보복운전에 해당된다.

> 풀이 난폭운전은 다른 사람에게 위험과 장애를 주는 운전행위로 불특정인에 불쾌감과 위험을 주는 행위로 「도로교통법」의 적용을 받으며, 보복운전은 의도적·고의적으로 특정인을 위협하는 행위로 「형법」의 적용을 받는다.

정답 144. ④ 145. ②

146 자동차 운전자가 중앙선 침범을 반복하여 다른 사람에게 위해를 가하거나 교통상의 위험을 발생하게 하는 행위는 도로교통법상 (   )에 해당한다. (   )안에 맞는 것은?

① 공동위험행위
② 난폭운전
③ 폭력운전
④ 보복운전

풀이 도로교통법제46조의3(난폭운전 금지) 자동차등(개인형 이동장치는 제외한다)의 운전자는 다음 각 호 중 둘 이상의 행위를 연달아 하거나, 하나의 행위를 지속 또는 반복하여 다른 사람에게 위협 또는 위해를 가하거나 교통상의 위험을 발생하게 하여서는 아니 된다.

147 일반도로에서 자동차등(개인형 이동장치는 제외)의 운전자가 다음의 행위를 반복하여 다른 사람에게 위협을 가하는 경우 난폭운전으로 처벌받게 된다. 난폭운전의 대상 행위가 아닌 것은?

① 일반도로에서 지정차로 위반
② 중앙선 침범, 급제동금지 위반
③ 안전거리 미확보, 차로변경 금지 위반
④ 일반도로에서 앞지르기 방법 위반

풀이 도로교통법 제46조의3(난폭운전 금지) 신호 또는 지시 위반, 중앙선 침범, 속도의 위반, 횡단·유턴·후진 금지 위반, 안전거리 미확보, 차로 변경 금지 위반, 급제동 금지 위반, 앞지르기 방법 또는 앞지르기의 방해금지 위반, 정당한 사유 없는 소음 발생, 고속도로에서의 앞지르기 방법 위반, 고속도로 등에서의 횡단·유턴·후진 금지

정답 146. ② 147. ①

148 자동차등(개인형 이동장치는 제외)의 운전자가 둘 이상의 행위를 연달아 하여 다른 사람에게 위협을 가하는 경우 난폭운전으로 처벌받게 된다. 다음의 난폭운전 유형에 대한 설명으로 적당하지 않은 것은?

① 운전 중 영상 표시 장치를 조작하면서 전방주시를 태만하였다.
② 앞차의 우측으로 앞지르기하면서 속도를 위반하였다.
③ 안전거리를 확보하지 않고 급제동을 반복하였다.
④ 속도를 위반하여 앞지르기하려는 차를 방해하였다.

> 풀이 도로교통법 제46조의3(난폭운전 금지) 신호 또는 지시 위반, 중앙선 침범, 속도의 위반, 횡단·유턴·후진 금지 위반, 안전거리 미확보, 차로 변경 금지 위반, 급제동 금지 위반, 앞지르기 방법 또는 앞지르기의 방해금지 위반, 정당한 사유 없는 소음 발생, 고속도로에서의 앞지르기 방법 위반, 고속도로 등에서의 횡단·유턴·후진 금지

149 자동차등(개인형 이동장치는 제외)의 운전자가 다음의 행위를 반복하여 다른 사람에게 위협을 가하는 경우 난폭운전으로 처벌받게 된다. 난폭운전의 대상 행위로 틀린 것은?

① 신호 및 지시 위반, 중앙선 침범
② 안전거리 미확보, 급제동 금지 위반
③ 앞지르기 방해 금지 위반, 앞지르기 방법 위반
④ 통행금지 위반, 운전 중 휴대용 전화사용

> 풀이 도로교통법 제46조의3(난폭운전 금지) 신호 또는 지시 위반, 중앙선 침범, 속도의 위반, 횡단·유턴·후진 금지 위반, 안전거리 미확보, 차로 변경 금지 위반, 급제동 금지 위반, 앞지르기 방법 또는 앞지르기의 방해금지 위반, 정당한 사유 없는 소음 발생, 고속도로에서의 앞지르기 방법 위반, 고속도로 등에서의 횡단·유턴·후진 금지

정답 148. ① 149. ④

150 다음의 행위를 반복하여 교통상의 위험이 발생하였을 때 난폭운전으로 처벌받을 수 있는 것은?

① 고속도로 갓길 주·정차 ② 음주운전
③ 일반도로 전용차로 위반 ④ 중앙선침범

풀이 도로교통법 제46조의 3(난폭운전 금지)

151 다음 행위를 반복하여 교통상의 위험이 발생하였을 때, 난폭운전으로 처벌할 수 없는 것은?

① 신호위반 ② 속도위반
③ 정비 불량차 운전금지 위반 ④ 차로변경 금지 위반

풀이 도로교통법 제46조의 3(난폭운전 금지)

152 자동차등을 이용하여 형법상 특수상해를 행하여(보복운전) 구속되었다. 운전면허 행정처분은?

① 면허 취소 ② 면허 정지 100일
③ 면허 정지 60일 ④ 할 수 없다.

풀이 도로교통법 시행규칙 별표28 자동차 등을 이용하여 형법상 특수상해, 특수협박, 특수손괴를 행하여 구속된 때 면허를 취소한다. 형사 입건된 때는 벌점 100점이 부과된다.

정답 150. ④ 151. ③ 152. ①

153 도로교통법상 도로에서 2명 이상이 공동으로 2대 이상의 자동차등(개인형 이동장치는 제외)을 정당한 사유 없이 앞뒤로 또는 좌우로 줄지어 통행하면서 다른 사람에게 위해 (   )를 끼치거나 교통상의 위험을 발생하게 하는 행위를 무엇이라고 하는가?

① 공동 위험행위
② 교차로 꼬리 물기 행위
③ 끼어들기 행위
④ 질서위반 행위

풀이 제46조(공동 위험행위의 금지) 제1항 자동차등의 운전자는 도로에서 2명 이상이 공동으로 2대 이상의 자동차등을 정당한 사유 없이 앞뒤로 또는 좌우로 줄지어 통행하면서 다른 사람에게 위해(危害)를 끼치거나 교통상의 위험을 발생하게 하여서는 아니 된다.

154 다음 중 도로교통법상 난폭운전에 해당하지 않는 운전자는?
① 급제동을 반복하여 교통상의 위험을 발생하게 하는 운전자
② 계속된 안전거리 미확보로 다른 사람에게 위협을 주는 운전자
③ 고속도로에서 지속적으로 앞지르기 방법 위반을 하여 교통상의 위험을 발생하게 하는 운전자
④ 심야 고속도로 갓길에 미등을 끄고 주차하여 다른 사람에게 위협을 주는 운전자

풀이 도로교통법 제46조의 3항

정답 153. ① 154. ④

155 다음 중 운전자의 올바른 운전습관으로 가장 바람직하지 않은 것은?

① 자동차 주유 중에는 엔진시동을 끈다.
② 긴급한 상황을 제외하고 본인이 급제동하여 다른 차가 급제동하는 상황을 만들지 않는다.
③ 위험상황을 예측하고 방어운전하기 위하여 규정속도와 안전거리를 모두 준수하며 운전한다.
④ 타이어공기압은 계절에 관계없이 주행 안정성을 위하여 적정량보다 10% 높게 유지한다.

풀이 타이어공기압은 최대 공기압의 80%가 적정하며, 계절에 따라 여름에는 10% 정도 적게, 겨울에는 10% 정도 높게 주입하는 것이 안전에 도움이 된다.

156 자동차등을 이용하여 형법상 특수폭행을 행하여(보복운전) 입건되었다. 운전면허 행정처분은?

① 면허 취소
② 면허 정지 100일
③ 면허 정지 60일
④ 행정처분 없음

풀이 도로교통법 시행규칙 별표28

157 도로교통법령상 보행자에 대한 설명으로 틀린 것은?

① 너비 1미터 이하의 동력이 없는 손수레를 이용하여 통행하는 사람은 보행자가 아니다.
② 너비 1미터 이하의 보행보조용 의자차를 이용하여 통행하는 사람은 보행자이다.
③ 자전거를 타고 가는 사람은 보행자가 아니다.
④ 너비 1미터 이하의 노약자용 보행기를 이용하여 통행하는 사람은 보행자이다.

풀이 "보도"(步度)란 연석선, 안전표지나 그와 비슷한 인공구조물로 경계를 표시하여 보행자(유모차, 보행보조용 의자차, 노약자용 보행기 등 행정안전부령으로 정하는 기구·장치를 이용하여 통행하는 사람을 포함한다. 이하 같다)가 통행할 수 있도록 한 도로의 부분을 말한다. (도로교통법 제2조제10호)행정안전부령이 정하는 기구·장치 너비 1미터 이하인 것. 유모차·보행보조용 의자차·노약자용 보행기·어린이 놀이기구·동력없는 손수레·이륜자동차 등을 운전자가 내려서 끌거나 들고 통행하는 것·도로보수 유지 등에 사용하는 기구 등(도로 교통법 시행규칙 제2조)

정답 155. ④ 156. ② 157. ①

158 도로교통법상 교통정리를 하고 있지 아니하는 교차로에 진입하는 운전자의 양보운전 기준으로 맞는 것은?

① 동시에 들어가려고 하는 차의 운전자는 좌측 도로의 차에 진로를 양보한다.
② 교차로에서 좌회전하려고 하는 차는 그 교차로에서 직진하는 차보다 우선이다.
③ 교차로에서 좌회전하려고 하는 차는 그 교차로에서 우회전하려고 하는 차에 진로를 양보한다.
④ 폭이 좁은 도로로부터 교차로에 들어가려고 하는 다른 차가 있을 때에는 그 차에 진로를 양보한다.

> 풀이 도로교통법 제26조(교통정리가 없는 교차로에서의 양보운전) 제1항 이미 교차로에 들어가 있는 다른 차가 있을 때에는 그 차에 진로를 양보 하여야 한다. 제2항 폭이 넓은 도로로부터 교차로에 들어가려고 하는 다른 차가 있을 때에는 그 차에 진로를 양보하여야 한다. 제3항 동시에 들어가려고 하는 차의 운전자는 우측 도로의 차에 진로를 양보한다. 제4항 좌회전하려고 하는 운전자는 그 교차로에서 직진하거나 우회전하려고 하는 다른 차가 있을 때에는 그 차에 진로를 양보하여야 한다.

159 운전자의 보행자 보호에 대한 설명으로 옳지 않은 것은?

① 운전자가 보행자우선도로에서 서행·일시정지하지 않아 보행자통행을 방해한 경우에는 범칙금이 부과된다.
② 도로 외의 곳을 운전하는 운전자에게도 보행자 보호의무가 부여된다.
③ 운전자는 보행자가 횡단보도를 통행하려고 하는 때에는 그 횡단보도 앞에서 일시정지 하여야 한다.
④ 운전자는 어린보호구역 내 신호기가 없는 횡단보도 앞에서는 반드시 서행하여야 한다.

> 풀이 도로교통법 제27조제1항, 제6항제2호·제3호, 제7항 도로교통법 시행령 별표8. 제11호. 승용자동차 등 범칙금액 6만원
> 운전자는 어린이 보호구역 내에 신호기가 설치되지 아니한 횡단보도 앞에서는 보행자의 횡단 여부와 관계없이 일시정지하여야 한다.

정답 158. ③ 159. ④

160 운전자의 보행자 보호에 대한 설명으로 옳지 않은 것은?

① 운전자는 보행자가 횡단보도를 통행하려고 하는 때에는 그 횡단보도 앞에서 일시정지하여야 한다.
② 운전자는 차로가 설치되지 아니한 좁은 도로에서 보행자의 옆을 지나는 경우 안전한 거리를 두고 서행하여야 한다.
③ 운전자는 어린이 보호구역 내에 신호기가 설치되지 않은 횡단보도 앞에서는 보행자의 횡단이 없을 경우 일시정지하지 않아도 된다.
④ 운전자는 교통정리를 하고 있지 아니하는 교차로를 횡단하는 보행자의 통행을 방해하여서는 아니 된다.

풀이 도로교통법 제27조제1항, 제3항, 제4항, 제7항
① 모든 차 또는 노면전차의 운전자는 보행자(제13조의2제6항에 따라 자전거등에서 내려서 자전거등을 끌거나 들고 통행하는 자전거등의 운전자를 포함한다)가 횡단보도를 통행하고 있거나 통행하려고 하는 때에는 보행자의 횡단을 방해하거나 위험을 주지 아니하도록 그 횡단 보도 앞(정지선이 설치되어 있는 곳에서는 그 정지선을 말한다)에서 일시정지하여야 한다.
③ 모든 차의 운전자는 교통정리를 하고 있지 아니하는 교차로 또는 그 부근의 도로를 횡단 하는 보행자의 통행을 방해하여서는 아니 된다.
④ 모든 차의 운전자는 도로에 설치된 안전지대에 보행자가 있는 경우와 차로가 설치되지 아니한 좁은 도로에서 보행자의 옆을 지나는 경우에는 안전한 거리를 두고 서행하여야 한다.
⑦ 모든 차 또는 노면전차의 운전자는 제12조제1항에 따른 어린이 보호구역 내에 설치된 횡단보도 중 신호기가 설치되지 아니한 횡단보도 앞(정지선이 설치된 경우에는 그 정지선을 말한다)에서는 보행자의 횡단 여부와 관계없이 일시정지하여야 한다. 〈신설 2022. 1. 11.〉

161 승용차의 운전자가 보도를 횡단하여 통행할 수 있는 곳으로 맞는 것은?

① 도로 외의 곳에 출입하는 때
② 차로 외의 곳에 출입하는 때
③ 안전지대 외의 곳에 출입하는 때
④ 횡단보도 외의 곳에 출입하는 때

풀이 차마의 운전자는 보도와 차도가 구분된 도로에서는 차도를 통행하여야 한다. 다만, 도로 외의 곳에 출입하는 때에는 보도를 횡단하여 통행할 수 있다.

정답 160. ③ 161. ①

162 시내 도로를 매시 50킬로미터로 주행하던 중 무단횡단 중인 보행자를 발견하였다. 가장 적절한 조치는?

① 보행자가 횡단 중이므로 일단 급브레이크를 밟아 멈춘다.
② 보행자의 움직임을 예측하여 그 사이로 주행한다.
③ 속도를 줄이며 멈출 준비를 하고 비상점멸등으로 뒤차에도 알리면서 안전하게 정지한다.
④ 보행자에게 경음기로 주의를 주며 다소 속도를 높여 통과한다.

풀이 무단횡단 중인 보행자를 발견하면 속도를 줄이며 멈출 준비를 하고 비상등으로 뒤차에도 알리면서 안전하게 정지한다.

163 도로교통법상 보행자의 보호 등에 관한 설명으로 맞지 않은 것은?

① 도로에 설치된 안전지대에 보행자가 있는 경우와 차로가 설치되지 아니한 좁은 도로에서 보행자의 옆을 지나는 경우에는 안전한 거리를 두고 서행하여야 한다.
② 보행자가 횡단보도가 설치되어 있지 아니한 도로를 횡단하고 있을 때에는 안전거리를 두고 일시정지하여 보행자가 안전하게 횡단할 수 있도록 하여야 한다.
③ 보도와 차도가 구분되지 아니한 도로 중 중앙선이 없는 도로에서 보행자의 통행에 방해가 될 때에는 서행하거나 일시정지하여 보행자가 안전하게 통행할 수 있도록 하여야 한다.
④ 어린이 보호구역 내에 설치된 횡단보도 중 신호기가 설치되지 아니한 횡단보도 앞(정지선이 설치된 경우에는 그 정지선을 말한다)에서는 보행자의 횡단 여부와 관계없이 서행하여야 한다.

풀이 도로교통법 제27조(보행자의 보호) 제7항 모든 차 또는 노면전차의 운전자는 제12조제1항에 따른 어린이 보호구역 내에 설치된 횡단보도 중 신호기가 설치되지 아니한 횡단보도 앞 (정지선이 설치된 경우에는 그 정지선을 말한다)에서는 보행자의 횡단 여부와 관계없이 일시 정지하여야 한다.

정답 162. ③ 163. ④

164 도로교통법령상 도로에서 13세 미만의 어린이가 (   )를 타는 경우에는 어린이의 안전을 위해 인명보호 장구를 착용하여야 한다. (   )에 해당되지 않는 것은?

① 킥보드
② 전동이륜평행차
③ 인라인스케이트
④ 스케이트 보드

풀이 도로교통법 제11조(어린이 등에 대한 보호)제3항 어린이의 보호자는 도로에서 어린이가 자전거를 타거나 행정안전부령으로 정하는 위험성이 큰 움직이는 놀이기구를 타는 경우에는 어린이의 안전을 위하여 행정안전부령으로 정하는 인명보호장구를 착용하도록 하여야 한다.

165 보행자의 보호의무에 대한 설명으로 맞는 것은?

① 무단 횡단하는 술 취한 보행자를 보호할 필요 없다.
② 신호등이 있는 도로에서는 횡단 중인 보행자의 통행을 방해하여도 무방하다.
③ 보행자 신호기에 녹색 신호가 점멸하고 있는 경우 차량이 진행해도 된다.
④ 신호등이 있는 교차로에서 우회전할 경우 신호에 따르는 보행자를 방해 해서는 아니 된다.

풀이 무단 횡단하는 술 취한 보행자도 보호의 대상이다. 보행자 신호기에 녹색신호가 점멸하고 있는 경우에도 보행자보호를 게을리 하지 말고 신호등이 있는 교차로에서 우회전할 경우 신호 에 따르는 보행자를 방해해서는 아니 된다.

166 도로의 중앙을 통행할 수 있는 사람 또는 행렬로 맞는 것은?

① 사회적으로 중요한 행사에 따라 시가행진하는 행렬
② 말, 소 등의 큰 동물을 몰고 가는 사람
③ 도로의 청소 또는 보수 등 도로에서 작업 중인 사람
④ 기 또는 현수막 등을 휴대한 장의 행렬

풀이 큰 동물을 몰고 가는 사람, 도로의 청소 또는 보수 등 도로에서 작업 중인 사람, 기 또는 현수막 등을 휴대한 장의 행렬은 차도의 우측으로 통행하여야 한다.

정답   164. ①   165. ②   166. ①

167 신호등이 없는 횡단보도를 통과할 때 가장 안전한 운전 방법은?

① 횡단하는 사람이 없다 하더라도 전방을 잘 살피며 서행한다.
② 횡단하는 사람이 없으므로 그대로 진행한다.
③ 횡단하는 사람이 없을 때 빠르게 지나간다.
④ 횡단하는 사람이 있을 수 있으므로 경음기를 울리며 그대로 진행한다.

풀이 신호등이 없는 횡단보도에서는 혹시 모르는 보행자를 위하여 전방을 잘 살피고 서행하여야 한다.

168 철길건널목을 통과하다가 고장으로 건널목 안에서 차를 운행할 수 없는 경우 운전자의 조치요령으로 바르지 않는 것은?

① 동승자를 대피시킨다.
② 비상점멸등을 작동한다.
③ 철도공무원에게 알린다.
④ 차량의 고장 원인을 확인한다.

풀이 도로교통법제24조(철길 건널목 통과) 모든 차 또는 노면전차의 운전자는 건널목을 통과하다가 고장 등의 사유로 건널목안에서 차 또는 노면전차를 운행할 수 없게 된 경우는 즉시 승객을 대피시키고 비상신호기등을 사용하거나 그 밖의 방법으로 철도공무원이나 경찰공무원에게 그 사실을 알려야 한다.

169 차의 운전자가 보도를 횡단하여 건물 등에 진입하려고 한다. 운전자가 해야 할 순서로 올바른 것은?

① 서행 → 방향지시등 작동 → 신속 진입
② 일시정지 → 경음기 사용 → 신속 진입
③ 서행 → 좌측과 우측부분 확인 → 서행 진입
④ 일시정지 → 좌측과 우측부분 확인 → 서행 진입

풀이 도로교통법 제13조(차마의 통행) 제2항 차마의 운전자는 보도를 횡단하기 직전에 일시정지하여 좌측과 우측 부분 등을 살핀 후 보행자의 통행을 방해하지 아니하도록 횡단하여야 한다.

정답 167. ① 168. ④ 169. ①

170 다음 중 도로교통법상 보행자의 도로 횡단 방법에 대한 설명으로 잘못된 것은?

① 모든 차의 바로 앞이나 뒤로 횡단하여서는 아니 된다.
② 지체장애인의 경우라도 반드시 도로 횡단 시설을 이용하여 도로를 횡단하여야 한다.
③ 안전표지 등에 의하여 횡단이 금지되어 있는 도로의 부분에서는 그 도로를 횡단하여서는 아니 된다.
④ 횡단보도가 설치되어 있지 아니한 도로에서는 가장 짧은 거리로 횡단하여야 한다.

풀이 도로교통법 제10조(도로의 횡단) 제2항 지하도나 육교 등의 도로 횡단시설을 이용할 수 없는 지체장애인의 경우에는 다른 교통에 방해가 되지 아니하는 방법으로 도로 횡단시설을 이용하지 아니하고 도로를 횡단할 수 있다.

171 야간에 도로 상의 보행자나 물체들이 일시적으로 안 보이게 되는 "증발 현상"이 일어나기 쉬운 위치는?

① 반대 차로의 가장자리
② 주행 차로의 우측 부분
③ 도로의 중앙선 부근
④ 도로 우측의 가장자리

풀이 야간에 도로상의 보행자나 물체들이 일시적으로 안 보이게 되는 "증발 현상"이 일어나기 쉬운 위치는 도로의 중앙선 부근이다.

172 보행자의 통행에 관한 설명으로 맞는 것은?

① 보행자는 도로 횡단 시 차의 바로 앞이나 뒤로 신속히 횡단하여야 한다.
② 지체 장애인은 도로 횡단시설이 있는 도로에서 반드시 그곳으로 횡단 하여야 한다.
③ 보행자는 안전표지 등에 의하여 횡단이 금지된 도로에서는 신속하게 도로를 횡단하여야 한다.
④ 보행자는 횡단보도가 설치되어 있지 아니한 도로에서는 가장 짧은 거리로 횡단하여야 한다.

풀이 보행자는 보도와 차도가 구분된 도로에서는 반드시 보도로 통행하여야 한다. 지체장애인은 도로 횡단시설을 이용하지 아니하고 횡단할 수 있다. 단, 안전표지 등에 의하여 횡단이 금지 된 경우에는 횡단할 수 없다.

정답 170. ② 171. ① 172. ④

173 보행자의 보도통행 원칙으로 맞는 것은?

① 보도 내 우측통행
② 보도 내 좌측통행
③ 보도 내 중앙통행
④ 보도 내에서는 어느 곳이든

풀이 보행자는 보도 내에서는 우측통행이 원칙이다.

174 어린이 보호구역 내에 설치된 횡단보도 중 신호기가 설치되지 아니한 횡단보도 앞 (정지선이 설치된 경우에는 그 정지선을 말한다)에서 운전자의 행동으로 맞는 것 2가지는?

① 보행자가 횡단보도를 통행하려고 하는 때에는 보행자의 안전을 확인하고 서행하며 통과한다.
② 보행자가 횡단보도를 통행하려고 하는 때에는 일시정지하여 보행자의 횡단을 보호한다.
③ 보행자의 횡단 여부와 관계없이 서행하며 통행한다.
④ 보행자의 횡단 여부와 관계없이 일시정지한다.

풀이 도로교통법 제27조(보행자의 보호) 제7항 모든 차 또는 노면전차의 운전자는 제12조제1항에 다른 어린이 보호구역 내에 설치된 횡단보도 중 신호기가 설치되지 아니한 횡단보도 앞 (정지선이 설치된 경우에는 그 정지선을 말한다)에서는 보행자의 횡단 여부와 관계없이 일시 정지하여야 한다.

175 도로교통법상 보행자 보호에 대한 설명 중 맞는 2가지는?

① 자전거를 끌고 걸어가는 사람은 보행자에 해당하지 않는다.
② 교통정리를 하고 있지 아니하는 교차로에 먼저 진입한 차량은 보행자에 우선하여 통행할 권한이 있다.
③ 시·도경찰청장은 보행자의 통행을 보호하기 위해 도로에 보행자 전용 도로를 설치할 수 있다.
④ 보행자 전용 도로에는 유모차를 끌고 갈 수 있다.

풀이 자전거를 끌고 걸어가는 사람도 보행자에 해당하고, 교통정리를 하고 있지 아니하는 교차로에 먼저 진입한 차량도 보행자에게 양보해야 한다.

정답 173. ① 174. ②, ④ 175. ③, ④

176 보행자의 통행에 대한 설명 중 맞는 것 2가지는?

① 보행자는 차도를 통행하는 경우 항상 차도의 좌측으로 통행해야 한다.
② 보행자는 사회적으로 중요한 행사에 따라 행진 시에는 도로의 중앙으로 통행할 수 있다.
③ 도로횡단시설을 이용할 수 없는 지체장애인은 도로횡단시설을 이용하지 않고 도로를 횡단할 수 있다.
④ 도로횡단시설이 없는 경우 보행자는 안전을 위해 가장 긴 거리로 도로를 횡단하여야 한다.

풀이 도로교통법 제9조 ① 학생의 대열과 그 밖에 보행자의 통행에 지장을 줄 우려가 있다고 인정하여 대통령령으로 정하는 사람이나 행렬(이하 "행렬등"이라 한다)은 제8조제1항 본문에도 불구하고 차도로 통행할 수 있다. 이 경우 행렬등은 차도의 우측으로 통행하여야 한다. 법 제13조 ③ 차마의 운전자는 도로(보도와 차도가 구분된 도로에서는 차도를 말한다)의 중앙(중앙선이 설치되어 있는 경우에는 그 중앙선을 말한다. 이하 같다) 우측 부분을 통행하여야 한다.

177 승용자동차의 운전자가 보도를 횡단하는 방법을 위반한 경우 범칙금은?

① 3만원
② 4만원
③ 5만원
④ 6만원

풀이 통행구분 위반(보도침범, 보도횡단방법 위반) 〈도로교통법시행령 별표 8〉범칙금 6만원

178 다음 중 보행자 보호와 관련된 승용자동차 운전자의 범칙행위에 대한 범칙금액이 다른 것은?

① 신호에 따라 도로를 횡단하는 보행자 횡단 방해
② 보행자 전용도로 통행위반
③ 도로를 통행하고 있는 차에서 밖으로 물건을 던지는 행위
④ 어린이 • 앞을 보지 못하는 사람 등의 보호 위반

풀이 도로교통법 시행규칙 별표8 범칙행위 및 범칙금액(운전자) ①, ②, ④는 6만원이고, ③은 5만원의 범칙금액 부과

정답 176. ②, ③ 177. ④ 178. ③

179 보행자에 대한 운전자의 바람직한 태도는?

① 도로를 무단 횡단하는 보행자는 보호받을 수 없다.
② 자동차 옆을 지나는 보행자에게 신경 쓰지 않아도 된다.
③ 보행자가 자동차를 피해야 한다.
④ 운전자는 보행자를 우선으로 보호해야 한다.

풀이 도로교통법 제27조(보행자의 보호) ⑤ 모든 차의 운전자는 보행자가 제10조제3항에 따라 횡단보도가 설치되어 있지 아니한 도로를 횡단하고 있을 때에는 안전거리를 두고 일시 정지하여 보행자가 간전하게 횡단할 수 있도록 하여야 한다.

180 제2종 소형면허 소지자가 운전할 수 있는 차량은?

① 3톤 미만의 지게차
② 승용자동차
③ 원동기장치자전거
④ 3륜 승용자동차

풀이 도로교통법 제2조 제12호 "횡단보도"란, 보행자가 도로를 횡단할 수 있도록 안전표지로 표시한 도로역 부분을 말한다.

181 다음 중 보행자에 대한 운전자 조치로 잘못된 것은?

① 어린이보호 표지가 있는 곳에서는 어린이가 뛰어 나오는 일이 있으므로 주의해야 한다.
② 보도를 횡단하기 직전에 서행하여 보행자를 보호해야 한다.
③ 무단 횡단하는 보행자도 일단 보호해야 한다.
④ 어린이가 보호자 없이 도로를 횡단 중일 때에는 일시 정지해야 한다.

풀이 도로교통법 제13조 제1항 내지 제2항 보도를 횡단하기 직전에 일시 정지하여 좌측 및 우측 부분 등을 살핀 후 보행자의 통행을 방해하지 아니하도록 횡단하여야 한다.

정답   179. ④   180. ③   181. ②

182 보행자의 도로 횡단방법에 대한 설명으로 잘못된 것은?

① 보행자는 횡단보도가 없는 도로에서 가장 짧은 거리로 횡단해야 한다.

② 보행자는 모든 차의 바로 앞이나 뒤로 횡단하면 안 된다.

③ 무단횡단 방지를 위한 차선분리대가 설치된 곳이라도 넘어서 횡단할 수 있다.

④ 도로공사 등으로 보도의 통행이 금지된 때 차도로 통행할 수 있다.

풀이 도로교통법 제8조(보행자의 통행) ① 보행자는 보도와 차도가 구분된 도로에서는 언제나 보도로 통행하여야 한다. 다만, 차도를 횡단하는 경우, 도로공사 등으로 보도의 통행이 금지된 경우나 그 밖의 부득이한 경우에는 그러하지 아니하다.
도로교통법 제10조(도로의 횡단) ② 보행자는 제1항에 따른 횡단보도, 지하도, 육교나 그 밖의 도로 횡단시설이 설치되어 있는 도로에서는 그 곳으로 횡단하여야 한다. 다만, 지하도나 육교 등의 도로 횡단시설을 이용할 수 없는 지체장애인의 경우에는 다른 교통에 방해가 되지 아니하는 방법으로 도로 횡단시설을 이용하지 아니하고 도로를 횡단할 수 있다. ③ 보행자는 제1항에 따른 횡단보도가 설치되어 있지 아니한 도로에서는 가장 짧은 거리로 횡단하여야 한다. ④ 보행자는 모든 차의 바로 앞이나 뒤로 횡단하여서는 아니 된다. 다만, 횡단보도를 횡단하거나 신호기 또는 경찰공무원등의 신호나 지시에 따라 도로를 횡단하는 경우에는 그러 하지 아니하다.

183 앞을 보지 못하는 사람에 준하는 범위에 해당하지 않는 사람은?

① 어린이 또는 영·유아

② 의족 등을 사용하지 아니하고는 보행을 할 수 없는 사람

③ 신체의 평형기능에 장애가 있는 사람

④ 듣지 못하는 사람

풀이 도로교통법 제8조 법 제11조제2항에 따른 앞을 보지 못하는 사람에 준하는 사람은 다음 각 호의 어느 하나에 해당하는 사람을 말한다. 1. 듣지 못하는 사람 2. 신체의 평형기능에 장애 가 있는 사람 3. 의족 등을 사용하지 아니하고는 보행을 할 수 없는 사람

184 어린이 보호구역 안에서 (   ) ~ (   ) 사이에 신호위반을 한 승용차 운전자에 대해 기존의 벌점을 2배로 부과한다. (   )에 순서대로 맞는 것은?

① 오전 6시, 오후 6시   ② 오전 7시, 오후 7시

③ 오전 8시, 오후 8시   ④ 오전 9시, 오후 9시

풀이 도로교통법 시행규칙 별표 28 주4호 어린이 보호구역 안에서 오전 8시부터 오후 8시 사이에 위반행위를 한 운전자에 대하여 기존의 벌점의 2배에 해당하는 벌점을 부과한다.

정답   182. ③   183. ①   184. ③

185 4.5톤 화물자동차가 오전 10시부터 11시까지 노인보호구역에서 주차위반을 한 경우 과태료는?

① 4만원　　　② 5만원　　　③ 9만원　　　④ 10만원

풀이 도로교통법 시행령 별표7 제3호 법 제32조부터 제34조까지의 규정을 위반하여 정차 도는 주차를 한 차의 고용주 등은, 승합자동차· 등은 2시간 이내일 경우 과태료 9만원이다.

186 다음 중 보행자의 통행방법으로 잘못된 것은?

① 보도에서는 좌측통행을 원칙으로 한다.
② 보행자우선도로에서는 도로의 전 부분을 통행할 수 있다.
③ 보도와 차도가 구분된 도로에서는 언제나 보도로 통행하여야 한다.
④ 보도와 차도가 구분되지 않은 도로 중 중앙선이 있는 도로에서는 길가장자리구역으로 통행하여야 한다.

풀이 도로교통법 제8조(보행자의 통행) 보행자는 보도에서 우측통행을 원칙으로 한다.

187 다음 중 차도를 통행할 수 있는 사람 또는 행렬이 아닌 경우는?

① 도로에서 청소나 보수 등의 작업을 하고 있을 때
② 말·소 등의 큰 동물을 몰고 갈 때
③ 유모차를 끌고 가는 사람
④ 장의(葬儀) 행렬일 때

풀이 〈도로교통법 시행령 제7조(차도를 통행할 수 있는 사람 또는 행렬)〉 법 제9조제1항 전단에서 "대통령령으로 정하는 사람이나 행렬"이란 다음 각 호의 어느 하나에 해당하는 사람이나 행렬을 말한다.
1.말·소 등의 큰 동물을 몰고 가는 사람 2. 사다리, 목재, 그 밖에 보행자의 통행에 지장을 줄 우려가 있는 물건을 운반 중인 사람 3. 도로에서 청소나 보수 등의 작업을 하고 있 는 사람 4. 군부대나 그 밖에 이에 준하는 단체의 행렬 5. 기(旗) 또는 현수막 등을 휴대 한 행렬 6. 장의(葬 儀) 행렬

정답　185. ③　186. ①　187. ②

188 운전자가 진행방향 신호등이 적색일 때 정지선을 초과하여 정지한 경우 처벌 기준은?

① 교차로 통행방법위반 ② 일시정지 위반
③ 신호위반 ④ 서행위반

풀이 신호등이 적색일 때 정지선을 초과하여 정지한 경우 신호위반의 처벌을 받는다.

189 다음 중 앞을 보지 못하는 사람이 장애인보조견을 동반하고 도로를 횡단하는 모습을 발견하였을 때의 올바른 운전 방법은?

① 주·정차 금지 장소인 경우 그대로 진행한다.
② 일시 정지한다.
③ 즉시 정차하여 앞을 보지 못하는 사람이 되돌아가도록 안내한다.
④ 경음기를 울리며 보호한다.

풀이 해설 〈도로교통법 제49조(모든 운전자의 준수사항 등)〉① 모든 차의 운전자는 다음 각 호의 사항을 지켜야 한다.2. 다음 각 목의 어느 하나에 해당하는 경우에는 일시 정지할 것 나. 앞을 보지 못하는 사람이 흰색 지팡이를 가지거나 장애인보조견을 동반하는 등의 조치를 하고 도 로를 횡단하고 있는 경우

190 도로교통법상 모든 차의 운전자는 어린이보호구역 내에 설치된 횡단보도 중 신호기가 설치되지 아니한 횡단보도 앞에서는 보행자의 횡단여부와 관계없이 (   )하여야 한다. (   )안에 맞는 것은?

① 서행
② 일시정지
③ 서행 또는 일시정지
④ 감속주행

풀이 도로교통법 제27조(보행자의 보호) ⑦ 모든 차의 운전자는 어린이보호구역 내에 설치된 횡단보도 중 신호기가 설치되지 아니한 횡단보도 앞에서는 보행자의 횡단여부와 관계없이 일시 정지하여야 한다.

정답 188. ① 189. ② 190. ②

191 무단 횡단하는 보행자 보호에 관한 설명이다. 맞는 것은?

① 교차로 이외의 도로에서는 보행자 보호 의무가 없다.
② 신호를 위반하는 무단횡단 보행자는 보호할 의무가 없다.
③ 무단횡단 보행자도 보호하여야 한다.
④ 일방통행 도로에서는 무단횡단 보행자를 보호할 의무가 없다.

풀이 〈도로교통법 제27조(보행자의 보호)〉 ⑤ 모든 차의 운전자는 보행자가 제10조제3항에 따라 횡단보도가 설치되어 있지 아니한 도로를 횡단하고 있을 때에는 안전거리를 두고 일시 정지 하여 보행자가 안전하게 횡단할 수 있도록 하여야 한다.

192 다음 보행자 중 차도의 통행이 허용되지 않는 사람은?

① 보행보조용 의자차를 타고 가는 사람
② 사회적으로 중요한 행사에 따라 시가를 행진하는 사람
③ 도로에서 청소나 보수 등의 작업을 하고 있는 사람
④ 사다리 등 보행자의 통행에 지장을 줄 우려가 있는 물건을 운반 중인 사람

풀이 〈도로교통법 시행령 제7조(차도를 통행할 수 있는 사람 또는 행렬)〉 법 제9조제1항 전단에 서 "대통령령으로 정하는 사람이나 행렬"이란 다음 각 호의 어느 하나에 해당하는 사람이나 행렬을 말한다.
1. 말·소 등의 큰 동물을 몰고 가는 사람 2. 사다리, 목재, 그 밖에 보행자의 통행에 지장을 줄 우려가 있는 물건을 운반 중인 사람 3. 도로에서 청소나 보수 등의 작업을 하고 있 는 사람 4. 군부대나 그 밖에 이에 준하는 단체의 행렬 5. 기(旗) 또는 현수막 등을 휴대 한 행렬 6. 장의(葬儀) 행렬

193 다음 중 보행등의 녹색등화가 점멸할 때 보행자의 가장 올바른 통행방법은?

① 횡단보도에 진입하지 않은 보행자는 다음 신호 때까지 기다렸다가 보행등의 녹색등화 때 통행하여야 한다.
② 횡단보도 중간에 그냥 서 있는다.
③ 다음 신호를 기다리지 않고 횡단보도를 건넌다.
④ 적색등화로 바뀌기 전에는 언제나 횡단을 시작할 수 있다.

풀이 〈도로교통법 시행규칙 별표2 신호기가 표시하는 신호의 종류 및 신호의 뜻〉 녹색등화의 점멸 : 보행자는 횡단을 시작하여서는 아니 되고, 횡단하고 있는 보행자는 신속하게 횡단을 완 료하거나 그 횡단을 중지하고 보도로 되돌아와야 한다.

정답 191. ③ 192. ① 193. ①

194 다음 중 도로교통법상 보도를 통행하는 보행자에 대한 설명으로 맞는 것은?

① 125시시 미만의 이륜차를 타고 보도를 통행하는 사람은 보행자로 볼 수 있다.

② 자전거를 타고 가는 사람은 보행자로 볼 수 있다.

③ 보행보조용 의자차를 이용하는 사람은 보행자로 볼 수 있다.

④ 49시시 원동기장치자전거를 타고 가는 사람은 보행자로 볼 수 있다.

풀이 도로교통법 제2조(정의)제10호 "보도"(步道)란 연석선, 안전표지나 그와 비슷한 인공구조물로 경계를 표시하여 보행자(유모차와 행정안전부령으로 정하는 보행보조용 의자차를 포함한다. 이하 같다)가 통행할 수 있도록 한 도로의 부분을 말한다.

195 다음 중 도로교통법상 보행자전용도로에 대한 설명으로 맞는 2가지는?

① 통행이 허용된 차마의 운전자는 통행 속도를 보행자의 걸음 속도로 운행하여야 한다.

② 차마의 운전자는 원칙적으로 보행자전용도로를 통행할 수 있다.

③ 경찰서장이 특히 필요하다고 인정하는 경우는 차마의 통행을 허용할 수 없다.

④ 통행이 허용된 차마의 운전자는 보행자를 위험하게 할 때는 일시정지 하여야 한다.

풀이 도로교통법 제28조(보행자전용도로의 설치) ① 시·도경찰청장이나 경찰서장은 보행자의 통행을 보호하기 위하여 특히 필요한 경우에는 도로에 보행자전용도로를 설치할 수 있다. ② 차마의 운전자는 제1항에 따른 보행자전용도로를 통행하여서는 아니 된다. 다만, 시·도경찰청장이나 경찰서장은 특히 필요하다고 인정하는 경우에는 보행자전용도로에 차마의 통행을 허용할 수 있다. ③ 제2항 단서에 따라 보행자전용도로의 통행이 허용된 차마의 운전자는 보행자를 위험하게 하거나 보행자의 통행을 방해하지 아니하도록 차마를 보행자의 걸음 속도로 운행하거나 일시정지하여야 한다.

정답 194. ③ 195. ①, ④

제4편 보험설계사

OX경제연구소

보험용어 해설

생명보험사 vs 손해보험사

보험사는 크게 두 가지로 나뉜다.
생명보험은 사망 또는 생존을 다루는 보험이며, 손해보험은 재산적 손실을 다루는 보험이다.

생명사와 손보사는 공통 보험(제3보험)

1) 제3보험이란?
    생명사와 손해보험사가 공통으로 판매하는 보험 상해, 질병, 간병 보험을 말한다.
    ① 상해보험 - 우연하고 급격한 외래의 사고로 인한 상해의 치료 등에 소요되는 비용을 보상
    ② 질병보험(보장성보험) - 질병에 걸리거나 질병으로 인해 발생되는 입원, 수술, 통원 등을 보장
    ③ 간병 보험- 상해, 질병으로 인한 활동 불능 등 타인의 간병을 필요로 하는 상태

2) (제3보험) - 상해, 질병, 간병
    ① 유튜브_삼성생명 파란 창
    ② 나는 무슨 보험을 가지고 있을까?
    ③ 보험 가입을 하기 전 집에 있는 증권을 전부 열어보길 바란다.
    내가 가지고 있는 보험의 항목, 보험료가 얼마인지 언제 가입했는지를 알아야 한다.
    보험도 새로운 질병이 만들어지고 의료기술이 달라지기 때문에 매년 새로운 특약들이 나오게 된다.

그리고 중복되는 보험은 해지하고 싶어요!라고 하시는 분들이 계시는데, 실비를 제외한 모든 보험은 중복 보상이 가능하다.
예를 들면, A 생명사와 B 손보사에 뇌혈관이 중복으로 들어갔는데 내가 I6C 코드를 받았다면 양쪽 보험사에서 각각 보험금이 지급되는 거다.
그래서 중복으로 받을 수 있지만 나는 월 보험료가 부담돼서 줄이고 싶다면 각 보험사에 뇌혈관 보험료를 확인하고 비싼 곳을 빼고 저렴한 곳은 가져가면 된다.
(중복 이여도 약관 확인도 해주셔야 합니다. 보장 범위가 다를 수 있어요!)

보험은 전체 보험을 해지하지 달고 특약만 뺄 수 있으니 비교하고 리모델링을 하는것이 좋다.
해지를 하면 누가 손해 보는지 아는가? 바로 소비자 본인이다.

보험은 꼭 비교를 한 후에 리모델링을 하는 것이지 해지하고 가입하는 게 아니다.
내가 혈압약, 당뇨약을 먹고 있다면 일반 보험보다 비싼 간편 보험으로 가입해야 하는데 기존 보험을 해지하고 가입한다면 손해는 100% 본인이 되는 거다.

보험용어 제대로 알기

보험 증권을 펼쳐 봤을 때 3대 질환(암, 뇌, 심) 진단금과 보장 기간/납입 완료 시점을 먼저 확인. 하지만 여기서 의문이 들 거다. 3대 진단금 설정은 어떻게 해야 될까?

1. 3대 질병에 진단금은 개인 연봉의 10%~15%를 계산해서 설정하는 게 좋다.
예시) 연봉 3천만 원
암, 뇌, 심 각각 - 3천만 원~5천 사이 (여유가 된다면 암은 1억까지도 준비하길 권장)

2. 납입 완료와 만기(보장 기간) 용어를 정확히 알아야 한다.
납입 완료는 내가 보험료 납입 완료가 되는 걸 말한다.
만기는 내가 가입한 보험의 기간을 말한다.
예시) 20년 납/100세 만기
20년 동안 납입하고 100세까지 보장을 받는 거다.
혹시 가지고 있는 보험이 80세 만기라면 100세 만기의 보험으로 바꿔줘야 한다.
오랫동안 함께한 애완동물을 키우시는 분들은 잘 느낄 거라 생각하는데 늙을수록 병원비에 투자하는 비용은 노후자금의 80% 정도를 쓴다고 생각해야 한다.

3. 갱신형/비갱신형
갱신형- 가입 기간 중 일정 기간이 지나면 금액이 변동
비갱신형- 가입 기간 내내 동일한 금액
갱신형의 단점은 내가 납부하는 기간까지만 보장을 해주는 거다.

4. 해지환급금 종류
- 무해지 환급형- 중도 해지 시 환급금 없음
- 저해지환급형 - 중도 해약 시 약간의 환급금 있음(없을 수도 있음)
- 만기환급형- 보험 기간 만료 시 무사고일 경우 납입 보험료의 반액을 보험 계약자에게 환급

5. 보험료 순위
- 무해지 > 저해지 > 만기환급 순으로 비싸짐 특약은 어떤 걸 넣어야 될까?

* 수술 특약 *
(수술특약은 보험사마다 이름이 조금씩 달라요!)
- 신수술(1종~ 7종에 수술 종류)
- 종 수술(1종~5종에 수술 종류)
- 뇌심 질환 수술 특약

* 항암 특약 *
표적항암치료(비급여 항암 치료제)
항암치료 특약들은 대부분 비갱신보다 갱신형으로 저렴하게 가져가는 걸 추천한다.
갱신비가 많이 오를까 봐 걱정될까 봐 비갱신으로 하는 분들이 있는데 표적항암을 제외하곤 3원 5원 이렇다.
실비처럼 갱신 기간이 짧지 않으니 갱신형으로 추천!

* 뇌혈관 / 심혈관 *
뇌혈관, 심혈관 질환을 포괄적으로 보장하는 특약이다.
- 뇌혈관 질환 진단코드 [I60~I69까지]
- 심혈관 질환 진단코드 [I20~I25까지]

[출처] 보험 설계사가 알려주는 보험 가입 꿀팁 (feat. 보험사 차이, 보험용어)|작성자 꼬마이므

갱신형 vs 비갱신형

갱신형은 보험에 가입하고 정해진 납입 기간 동안 내가 내야 할 보험료가 오를 수 있는 방식을 말합니다.
반대로 비갱신형은 내가 내야 할 보험료가 가입 당시에 결정된 금액에서 오르지 않는 방식입니다.
일단, 심리적으로 비갱신형이 좋을 것 같다는 생각이 드시죠? 맞습니다. 비갱신형은 내가 계약할 당시의 보험료에서 1원도 오르지 않기 때문에 상대적으로 부담이 적게 느껴집니다. 하지만, 보통 비갱신형 보험상품은 내가 받을 보험금도 똑같이 오르지 않는 특징이 있습니다.

https://blog.naver.com/paran0608/223003876992

보험료 vs 보험금

© epicantus, 출처 Unsplash

보험료는 내가 보험회사에 매달 내야 할 돈을 말합니다.
보험금은 내가 사고를 당하거나 질병에 걸렸을 때 보험회사로부터 지급받는 돈을 말합니다.
이때, 보험료는 세 가지 항목이 더해져서 정해집니다.
위험보험료와 저축보험료, 부가보험료로 구성됩니다.

위험보험료는 말 그대로 내가 해당 질병에 걸릴 확률과 보험회사가 지급해야 할 보험금을 계산해서 책정됩니다.
저축보험료는 저축성보험에서 많이 책정됩니다.
적금 상품에 매달 저축하는 것과 비슷합니다.
부가보험료는 일종이 운영비입니다.
보험회사에서 신 계약비, 유지비, 수금 비 명목으로 떼어가는 돈이라고 생각하시면 됩니다.

보장성 보험 vs 저축성 보험

© porkbellysteve, 출처 Unsplash

- 보장성 보험은 보험계약이 만기가 되었을 때 돌려받는 환급금이 내가 낸 보험료에 비해서 적거나 없는 상품을 말합니다.

- 저축성보험은 보험계약이 만기가 되었을 때 돌려받는 환급금이 내가 낸 보험료보다 많도록 설계된 보험을 말합니다.

1) 보장성 보험 예시

© imandrewpons, 출처 Unsplash

보장성보험의 대표적인 상품으로는 자동차보험을 들 수 있습니다, 자동차보험은 대한민국에 등록된 모든 차량에 대해서 의무적으로 가입해야 하는 보험입니다. 게다가 매년 서로 가입해야 하는 갱신형 보험이자 순수 보장성 보험입니다.

자동차보험은 사고가 발생했을 때 수리비와 치료비를 미리 대비하기 위한 목적이기 때문에 저축의 성격이 거의 없습니다. 단순히 차주의 운전 경력과 사고이력, 보험나기 등을 통해서 사고 확률과 자동차의 가격을 계산해서 손해율을 구합니다. 손해율을 기초로 하여 보험료가 결정됩니다.

2) 저축성 보험 예시

© RitaE, 출처 Pixabay

저축성 보험의 대표적인 보험상품은 연금보험을 들 수 있습니다. 연금보험은 가입자가 오랜 시간 꾸준히 보험료를 내다가 연금수령 나이가 되면 살아있는 동안 계속해서 매달 연금으로 보험금을 수령하는 목적으로 만들어진 보험입니다.

따라서 내가 내는 보험료보다 더 많은 돈을 받을 것이 아니라면 보험에 가입해야 할 이유가 없습니다.

그럴 거면 차라리 은행에 적금을 가입하여 적금 이자를 받을 수 있습니다.

그래서 대표적인 저축성 보험인 연금보험은 저축보험료가 높습니다. 대신, 보험사는 고객으로부터 받은 보험료를 투자하여 수익을 내야 하고, 나중에 연금 수령이 개시되면 보험사는 고객이 낸 보험료보다 더 많은 보험금을 연금으로 매달 또는 매년 나눠서 지급하게 됩니다.

손해율

© totalshape, 출처 Unsplash

손해율은 보장성보험 상품에서 사용되는 개념입니다.
보험회사가 고객에게 지급한 보험금을 고객이 낸 보험료로 나와서 구한 비율을 말합니다.
예시를 보시면 이해하실 것입니다.

ex) 고객이 질병에 걸려서 병원 입원비와 치료비로 보험사가 고객에게 150만 원을 지급했다고 해보겠습니다. 그때에 고객이 보험사에게 낸 보험료의 총합이 100만 원이라고 한다면, 손해율은 150%가 되는 것입니다.

손해율이 높다는 것의 의미
만약 보험사의 손해율이 높다면 아래 3가지에 속하는 것입니다.
- 다른 보험사에 비해서 보험료를 싸게 받는 보험사입니다.
- 사고 발생 가능성이 높은 보험계약을 많이 받은 보험사입니다.
- 피해자와 피해자가 입원한 병원, 차량 정비사 등에 지급한 보상금이 많은 보험사입니다.

즉, 손해율이 높은 보험사는 고객에게는 유리한 보험사라고 볼 수 있습니다. 반대로 보험사의 주주들에게는 좋지 않은 상황이라고 볼 수 있습니다.

무조건 손해율이 높은 것이 좋은 것은 아닙니다.
해당 보험사의 손해율이 높은 경우에는 갱신형 보험상품의 보험료가 계속해서 높은 비율로 오릅니다. 또한 손해율은 전체 고객을 대상으로 측정되는 만큼 내가 내는 보험료가 다른 곳으로 쉽게 빠져나가고 있다는 것이기도 합니다.

금리연동형 vs 금리확정형

© alexandermils, 출처 Unsplash

저축성 보험의 경우 내가 낸 보험료보다 더 많은 보험금을 받는 것이 목적입니다. 따라서 보험사는 얼마만큼을 불려서 돌려줄지 알려줄 의무가 있습니다. 그럴 때는 보통 시중 기준금리를 기준으로 수익률이 정해집니다.
가입하는 시점의 기준금리를 기반으로 고정된 이율을 보장하는 상품을 금리확정형 상품이라고 합니다.
이와 반대로 기준금리가 변동되면 내가 가입한 상품의 수익률도 변하는 상품을 금리연동형 상품이라고 합니다.

어떤 상품이 유리할까요?

그건 상황에 따라서 조금씩 다릅니다.

- 금리연동형 상품이 유리한 경우
보통 금리연동형 상품이 유리한 경우는 기준금리가 낮고 앞으로 금리가 오를 가능성이 높다고 판단될 때입니다.
예를 들면 기준금리가 0%~1% 정도 일 때입니다.
어차피 보험사에서 제공하는 저축성보험은 최소 10년 이상 장기상품이기 때문에 저금리 상황에서는 금리연동형 상품에 가입하는 것이 유리합니다.

- 금리고정형 상품이 유리한 경우
금리확정형 상품이 유리한 경우는 기준금리가 높은 상황입니다. 요즘처럼 기준금리가 3.5% 가까이 높은 수준일 때는 금리고정형 상품에 가입하는 것이 유리합니다. 물론 기준금리가 이것보다 더 높아질 가능성도 있지만, 계속 높은 기준금리가 유지되면 경제 위기가 올 수도 있습니다. 따라서 다시 금리는 낮아지는 방향으로 흐를 가능성이 높습니다.

- 최저보증이율

© polarmermaid, 출처 Unsplash

최저보증이율은 보험사에서 보증하는 최저이율입니다.
예를 들어서 지금처럼 기준금리가 3.5%인 상황에서 최저보증이율 4%인 상품에 가입한다고 해보겠습니다.
그러면 보험사는 나중에 기준금리가 낮게 내려가더라도 4% 이율을 보장해 줘야 합니다.
보험사는 고객에게 가입을 유도하기 위해서 최저보증이율을 제시합니다. 그래야 고객들이 금리고정형 상품에만 몰리는 것을 방지할 수 있기 때문입니다.

그렇다고 고금리 시대에 무조건 금리고정형 상품이 유리한 것은 아닙니다. 애초에 금리 연동형 상품이 금리고정형 상품보다 이율이 높기 때문입니다. 그 이유는 보험사에서도 금리 연동형 상품은 변화하는 시장 상황 속에서 일정한 수익률을 올리는데 부담이 적기 때문입니다.

해약환급금 vs 만기환급금

© stevepb, 출처 Pixabay

저축성 보험은 해약환급금과 만기환급금 개념을 꼭 알아야 합니다.
해약환급금은 해당 보험계약을 중도에 해지하게 되면 보험사로부터 고객이 돌려받을 수 있는 총 금액을 말합니다. 만기환급금은 말 그대로 해당 보험 계약이 만기가 되었을 때 돌려받는 금액입니다.

- 중도 해약환급금

특히나 해약환급금이 중요할 수도 있습니다.
만기환급금은 보통 최저보증이율이 있기 때문에 대략적으로 얼마를 돌려받을지 알 수 있고, 손해를 보는 경우는 없습니다.
그렇지만 해약환급금은 보험사에서 부가보험료를 높게 책정하기 때문에 내가 낸 보험료보다 턱없이 낮은 경우가 많습니다.
이유는 보험사에서 제공하는 저축성보험은 장기상품이 많아서 7~8년 정도는 지나야 수익이 +가 되기 시작합니다. 그리고 최소 10년 이상 유지해야 조금 만족할 만한 수익률이 나오는 특징이 있다는 점을 참고하시길 바랍니다.

환급률

© kellysikkema, 출처 Unsplash

환급률은 위에서 이야기한 만기환급금과 해약환급금에서 중요한 개념입니다.
내가 환급받는 시점에서 받게 될 총 보험금을 내가 낸 총 보험료로 나눠서 구한 비율입니다.
예를 들어서 내가 돌려받는 보험금이 1,500만 원인데 내가 낸 보험료가 1,000만 원이라면 환급률은 150%가 됩니다.
반대로, 내가 낸 보험료가 1,000만 원인데 내가 돌려받는 보험금이 800만 원이라면 환급률은 80%가 되는 것입니다. 저축성 보험에 가입한지 7~8년 이내에 해지를 하게 되면 돌려받는 환급률이 100%를 넘지 못하는 특징이 있을 수 있습니다. 이점을 유의하셔야 합니다.
그래서 보험사별로 해지 환급률은 계약 유지 연차별로 제공되므로 미리 확인을 하시고 가입하셔야 합니다.

보험나이

© ispywithmylittleeye, 출처 Unsplash

보험나이는 보험회사에서 가입하는 고객의 나이를 계산하는 방식을 말합니다. 2023년부터는 우리나라도 만 나이를 기준으로 개정이 됩니다. 그 이전에는 일률적으로 해가 바뀌는 것을 기준으로 나이를 세어 왔기 때문에 12월생인 경우 최대 12개월 가까이 나이의 편차가 발생했습니다.
- 보험나이를 태어난 날을 기준으로 합니다.
태어난 날을 기준으로 기전 6개월에서 이후 6개월까지를 해당 연령으로 정의합니다.
- 보험나이가 중요한 이유
같은 보험이더라도 피보험자의 나이에 따라서 보험료가 차이가 납니다. 그 이유는 나이가 많아질수록 질병의 발병률이 높아지고 치료 비용도 더 많이 발생하기 때문입니다.
- 알기쉬운 예로 만 30세까지만 가입이 가능한 어린이보험 같은 경우,
실제로 만 30세라고 하더라도 상령일이 지나서 보험나이로 만 31세가 되면 가입이 불가능하게 됩니다.
보험에서는 모든 나이를 보험나이로 계산하므로 이런 점을 유의하셔야 합니다.

보험계약자 vs 피보험자 vs 보험수익자

이 용어들이 많이 헷갈립니다. 보험약관을 보면 계약자, 피보험자, 보험수익자와 같은 용어들이 많이 나옵니다.

- 보험계약자 : 줄여서 계약자라고 부릅니다. 해당 보험의 보험료를 내는 사람을 말합니다. 일반적으로 자기 자신이 계약자인 경우가 많습니다. 하지만 어린아이나 노인, 장애인인 경우에는 보호자를 통해서 보험에 가입이 됩니다. 그 보호자가 보험료를 내기 때문에 구분이 확실해야 합니다.
- 피보험자 : 해당 보험이 필요한 사람. 즉 보험 혜택을 받는 사람을 말합니다. 만약 사고를 당하면 보험금이 지급되는 보험이라고 할 때, 해당 사고를 당하는 대상이 피보험자입니다.
- 보험수익자 : 해당 보험이 만기가 되거나 중도에 해약하는 경우에 환급금을 받아 가는 사람 또는 피보험자의 사고에 대한 사고 보험금을 수령하는 사람을 말합니다. 보통은 피보험자가 수익자로 설정됩니다.

보험료를 내는 계약자가 수익자 일 것 같지만 그렇지 않습니다.
그러나 피보험자가 사망하는 경우에는 보통 계약자가 상속인이 되는 경우가 많습니다. 이런 경우에 한해서 피보험자와 보험 수익자가 서로 달라지고 계약자가 보험수익자가 됩니다. 일반적으로는 피보험자가 수익자입니다.

보험기간 vs 납입기간

© CoolPubilcDomains, 출처 OGQ

보험기간은 해당 보험에서 정한 보상을 받을 수 있는 기간을 말합니다.
납입기간은 해당 보험 상품에 매달 내야 하는 보험료를 내는 기간을 말합니다.
예를 들어서 30세가입 80세 단기 10년 납 보험이라고 하면 납입 기간은 10년이고 보험기간은 총 50년이 됩니다.

보상금 vs 배상금

© neonbrand, 출처 Unsplash

이 용어도 매우 헷갈립니다.
특히 자동차보험에서 이 용어가 많이 나옵니다.
보상금은 내가 돈을 받는 것입니다. 사고가 발생했는데, 내가 사고를 당해서 상대방 보험사나 내가 가입한 보험사로부터 보험금을 받는 금액을 말합니다.
배상금은 다른 사람을 다치게 하거나 그 사람의 재물에 금전적인 손해를 입히게 되는 경우에 내가 가입한 보험사에서 그 피해를 대신 갚아 주는 돈입니다.

예를 들어서 자동차보험에서 대인과 대물 항목은 피해 배상금을 지급하는 항목들로 이루어져 있습니다.
무보험 차상해, 자기신체손해, 자동차 상해, 자기 차량 손해 등의 항목은 내가 받은 피해나 내 차에 발생한 피해에 대해서 보상금을 받는 항목들로 되어 있습니다.

[출처] 보험설계사가 알려주는 보험용어|작성자 하루안의행운

생명보험 및 제3보험 설계사 등록자격시험 예상문제

01 유형

■ 〈공통〉 다음 문제에서 맞는 것은 ○표, 틀린 것은 ×표를 답안지에 표기하시오.

(1문제당 3점)

1. 언더라이팅의 의의 및 효과는 보험계약자의 역선택 방지에 있다.

(O, X)

2. 장해보험금은 보험기간 중 진단 확정된 질병 또는 재해로 장해분류표에서 정한 각 장해지급률에 해당하는 장해상태가 되었을 때 지급한다.

(O, X)

3. 보험중개사는 보험대리점과는 달리 영업보증금을 금융위원회에 예탁해야 한다.

(O, X)

4. 본사와 지점, 그리고 설계사가 제작한 인쇄물은 광고심의 대상에 해당되므로 광고심의위원회 심의를 신청해야 한다.

(O, X)

5. 2019년 4월부터 제9회 경험생명표를 표준위험률로 사용하고 있다.

(O, X)

■ 〈공통〉 다음문제의 (　) 안에 가장 적합한 것 하나만 골라 그 번호를 표기하시오.

(1문제당 3점)

6. 다음 중 생명보험의 역사에 대해 틀리게 설명한 것은?
① BC 3세기경의 에라노이(Eranoi)는 일종의 상호부제조합였다.
② 19세기 독일은 근대적인 생명보험기반을 확립하였다.
③ 영국은 1870년에 생명보험주식회사법을 제정하였다.

01 유형

7. 다음 중 생명보험계약의 성립에 관한 설명으로 틀린 것은?
① 보험계약의 성립은 보험계약자의 청약과 보험회사의 승낙으로 이루어진다.
② 보험계약자가 아무리 고액의 청약을 하더라도 회사의 요구조건에 맞지 않을시에 거절이 된다.
③ 보험계약 계약 시에 계약자는 수익자가 될 수 있지만 피보험자는 될 수 없다.

8. 다음 중 보험금이 지급되는 경우에 해당하는 것은?
① 피보험자가 자유로운 의사결정을 할 수 없는 상태에서 자신을 해친 경우
② 보험계약자가 고의로 피보험자를 해친 경우
③ 계약의 보장개시일로부터 2년 이내 자살한 경우

9. 다음 중 생명보험의 역사에 대한 설명으로 틀린 것은?
① 세계 최초 근대적인 생명보험회사는 영국의 에퀴타블 생명보험회사이다.
② 우리나라는 1960년대 단체보험에서 1970년대 개인보험 위주로 보험산업이 발전하였다.
③ 2000년대 온라인 보험슈퍼마켓과 보험다모아로 고객의 선택이 넓어졌다.

10. 다음 중 보험업법상 보험모집을 할 수 있는 자는?
① 보험회사의 감사
② 보험회사의 사외이사
③ 보험회사 직원

11. 다음 중 보험범죄신고를 할 수 있는 '보험범죄 신고센터'가 설치되어 있는 기관이 아닌 것은?
① 보험회사
② 예금보험공사
③ 금융감독원

12. 상속이 개시되는 시점에서 순금융재산이 8억원인 경우 금융재산 상속공제액으로 맞는 것은?
① 2천만원   ② 1억 6천만원
③ 3억원   ④ 8억원

13. 다음 중 금융소득에 대한 과세방법에 대한 설명으로 바르지 않은 것은?
   ① 금융소득은 크게 비과세되는 소득과 원천징수 등으로 분리과세하여 납세의무를 종결하는 소득 그리고 종합소득에 포함하여 과세되는 소득으로 나눌 수 있다.
   ② 종합과세 기준금액에 미달하는 금융소득과 당연분리과세 금융소득에 대하여는 14%(지방소득세 별도)의 원천징수세율로 분리과세하고 납세의무를 종결한다.
   ③ 금융소득이 종합과세 기준금액을 초과할 경우 전체 금융소득을 종합과세한다.

14. 다음 중 통신수단을 이용한 모집관련 준수사항에 대한 설명으로 틀린 것은?
   ① 통신수단을 이용하여 보험을 모집하는 자는 보험의 모집을 할 수 있는 자이어야 한다.
   ② 다른 사람의 평온한 생활을 침해하는 방법으로 모집하여서는 안된다.
   ③ 청약철회 시 청약자가 직접 방문하도록 요청하여야 한다.

15. 다음 상황에서 진단보험계약의 보장개시일로 맞는 것은?

   - 청약일 : 9월 2일
   - 제1회 보험료 납입일 : 9월 3일
   - 건강진단일 : 9월 4일
   - 승낙일 : 9월 5일

   ① 9월 3일
   ② 9월 4일
   ③ 9월 5일

16. 다음 중 금융기관 보험대리점의 모집방법으로 바른 것은?
   ① 금융기관 점포에서의 판매
   ② 방문판매
   ③ TM

17. 다음 중 근로소득자와 보험설계사의 소득, 세액공제 비교에 대한 설명으로 맞은 것은?
① 개인사업자에게 고용된 직원이 근로소득자일 경우 보장성보험 세액공제가 가능하다.
② 근로소득자는 기본공제를 받을 수 있지만 보험설계사는 기본공제를 받을 수 없다.
③ 근로소득자는 연금계좌세액공제를 받을 수 있지만 보험설계사는 받을 수 없다.

18. 다음 중 생명보험의 표준체에 대한 설명으로 맞는 것은?
① 우리나라 보험회사의 언더라이팅은 표준체 중심이다.
② 표준체보다 위험이 높은 경우 우량체라고 한다.
③ 표준미달체의 경우에는 보험료의 할인 혜택이 있다.

19. 다음 중 수지상등의 원칙에 대한 설명으로 맞는 것은?
① 보험가입자 개인으로 볼 때 납입한 보험료와 지급받는 보험금이 동일하게 된다.
② 현금흐름방식으로 보험료를 산출할 때 수지상등의 원칙은 적용될 수 없다.
③ 생명보험의 순보험료는 수지상등의 원칙에 의해 계산된다.

20. 다음 중 보험범죄의 개념에 대해서 틀리게 설명된 것은?
① 보험범죄란 지급받을 수 없는 보험금을 수령하려는 목적으로 행동하는 일체의 불법행위를 말한다.
② 보험의 특성인 사행계약성 때문에 일부 개인의 재산적 이득을 위한 수단으로 악용되기도 한다.
③ 보험범죄는 민사상 손해배상책임이 있고 형사상 사기죄는 성립되지 않는다.

21. 다음 중 생명보험계약의 특성에 대한 설명으로 맞는 것은?
① 보험계약의 불요식계약성으로 인하여 보험계약자별 보험약관을 따로 따로 작성하는 것이 불가능하다.
② 표준약관에서는 고지의무를 위반한 경우 보험회사가 계약을 취소할 수 있도록 규정하고 있다.
③ 계약자의 고지의무는 선의계약성을 확보하기 위한 것이다.
④ 계약당사자 중 보험회사의 보험금 지급의무만 발생하는 편무계약이다.

22. 다음 중 변액보험의 상품구조에 대한 설명으로 틀린 것은?
① 투입된 보험료를 주식 등의 유가증권 등에 투자하여 그 실적을 적립한다.
② 변액보험의 사망보험금은 최초에 계약한 기본보험계약의 기본 보험금과 특별계정에서 운용되어 투자실적에 따라 변동하는 변동보험금으로 구성된다.
③ 특별계정의 운용실적에 따라 개별 계약자별로 배분된 금액을 계약자적립금이라고 한다.
④ 변액연금보험의 경우 특별계정의 투자운용결과 연금개시시점의 계약자적립금이 기납입보험료보다 적은 경우, 계약자적립금을 연금적립금으로 최저보장한다.

23. 다음 중 생명보험상품의 상품개발원칙 및 과정에 대한 설명으로 틀린 것은?
① 보험회사는 대수의 법칙, 수지상 등의 원칙 등을 기초로 보험상품을 개발한다.
② 생명보험상품을 개발·판매할 때에는 보험업법령상 신고사항에 해당하는 경우에는 금융위원회에 신고하여야 한다.
③ 인간의 생명, 재산가치를 보험의 목적으로 한다.
④ 일반적으로 주계약과 특약으로 이루어진다.

24. 다음 중 생명보험계약의 성립과 소멸 등 생명보험 계약관계를 규율하는 근거법률은 무엇인가?
① 예금자보호법
② 공정거래법
③ 상법(보험편)
④ 금융산업의 구조개선에 관한 법률

25. 다음의 빈칸에 들어갈 내용을 순서대로 나열한 것은?

> 유니버설보험은 ( )로부리되고 ( )에서 운용된다는 점, 운용리스크를 보험회사에서 부담한다는 점에서 변액보험과 다르다.

① 공시이율, 특별계정
② 공시이율, 일반계정
③ 적용이율, 특별계정
④ 적용이율, 일반계정

26. 다음 중 보험상품의 분류에 대해 맞게 설명한 것은?
① 자산연계형보험은 특별계정으로 운영되므로 계약자에게 손익이 귀속된다.
② 변액보험은 저축성보험으로 분류된다.
③ 질병, 상해를 보장하는 상품은 생사혼합보험으로 분류된다.
④ 특별계정으로 운영되는 상품은 저축성보험에 해당한다.

27. 다음 중 종신보험에 대해 틀리게 설명한 것은?
① 사망 시 유가족의 경제적 곤궁을 해결해주는 생활보장상품이다.
② 피보험자가 언제, 어떤 경우에 사망하더라도 사망 시 보험금을 지급한다.
③ 종신보험은 대표적인 사망보험에 해당한다.
④ 사망을 중점적으로 보장하는 보험이므로 타 보험상품과는 달리 다양한 특약을 부가할 수 없다는 단점이 있다.

28. 다음 중 어린이보험에 대한 설명으로 틀린 것은?
① 만 15세 미만 질병사망 시 해지환급금을 지급하고 계약은 소멸된다.
② 어린이, 청소년기의 질병, 상해 등을 중점 보장하기 위해 개발되었다.
③ 부모상망 시 학자금, 양육비 등을 지급하는 교육보험 성격이 가미된 상품도 있다.
④ 최근에는 변액보험기능을 추가하는 상품도 있다.

29. 다음 중 연금보험에 대한 설명으로 틀린 것은?
① 종신연금형은 연금지급개시이후 계약을 해지할 수 있다.
② 연금저축은 금융기관간 계약이전이 가능하다.
③ 연금지급방법은 확정연금형, 종신연금형, 상속연금형이 있다.
④ 보험기간은 제1보험기간, 제2보험기간으로 구분된다.

30. 다음 중 퇴직연금제도에 대한 설명으로 틀린 것은?
① 퇴진연금은 일시금 또는 연금으로 지급한다.
② 확정급여형(DB), 확정기여형(DC), 개인퇴직연금(IRP) 등으로 구분한다.
③ 퇴직연금은 보험료수입부터 자산관리까지 특별계정에서 운용하고 있다.
④ 근로자의 퇴직금을 사내에 적립하였다가 근로자 퇴직시 지급한다.

〈제3보험〉

31. 제3보험에 해당하지 않는 보험종목은?
① 상해보험
② 질병보험
③ 간병보험
④ 통합보험

32. 제3보험이 손해보험과 구분되는 내용 중 옳지 않은 것을 고르시오.
① 보험사고는 손해보험의 경우 재산상의 손해가 되지만, 제3보험은 신체의 상해, 질병, 간병이 된다.
② 피보험이익은 원칙적으로 제3보험에는 없지만 손해보험에는 존재한다.
③ 보상방법으로는 손해보험은 실손보상을 원칙으로 하나 제3보험은 정액보상과 실손보상 모 두가 가능하다.
④ 제3보험과 손해보험의 피보험자는 동일하다.

33. 제3보험업을 영위하기 위한 내용으로 옳은 것은?
① 별도의 독립된 제3보험회사를 설립하거나 운영할 수는 없다.
② 생명보험회사 및 손해보험회사로서 해당 보험업의 모든 보험종목에 대하여 허가를 받아야만 한다.
③ 단종보험회사는 제3보험업의 영위가 가능하다.
④ 제3보험업을 겸영하려는 자는 보험종목별로 생명보험협회의 허가를 받아야 한다.

34. 제3보험업을 '제3보험상품의 취급과 관련하여 발생하는 보험의 인수, 보험료 수수 및 보험금 지급 등을 영업으로 하는 것'으로 정의하고 있는 법률은 무엇인가?
① 상법
② 민법
③ 도로교통법
④ 보험업법

35. 다음 빈칸에 들어갈 것으로 적절하게 짝지어진 것은?

> 1,000만원짜리 차에 2,000만원의 보험을 가입할 수 있다면 고의로 보험사고를 유발하여 보험금을 청구하는 경우가 많이 발생하게 될 것이다. 따라서 1,000만원 이상을 보상받도록하는 (   ), (   )은 불가능하다.

① 중복가입, 초과가입
② 비례가입, 초과가입
③ 중복가입, 비례가입
④ 비례가입, 다수가입

36. 상해보험의 가장 중요한 쟁점으로 볼 수 있는 것은?

① 지속가능성
② 연속성
③ 상해인정 여부
④ 통일성

37. 다음의 빈칸에 들어갈 적당한 단어를 순서대로 바르게 짝지은 것은?

> 상해보험의 경우 주보험에는 (a)을 부가할 수 없고, 특약을 통해서만 (b)을 보장할 수 있다. 한편 상해보험에서 보장하지 않는 원인에 의한 사망으로 피보험자가 사망한 경우에는 (c)을 지급하고 보험계약은 소멸하게 된다.

① (a) 상해사망, (b) 일반사망, (c) 해약환급금
② (a) 일반사망, (b) 질병사망, (c) 책임준비금
③ (a) 교통사망, (b) 상해사망, (c) 계약자적립금
④ (a) 일반사망, (b) 질병사망, (c) 해약환급금

38. 상해보험의 경우 직업별위험률이 적용되어 위험직업과 비위험직업간의 상이한 위험률이 적용되는 체계가 시행되고 있는데 이를 무엇이라고 하는가?

① 단체별 위험등급
② 직장별 위험등급
③ 개인별 위험등급
④ 직종별 위험등급

39. 질병보험과 암보험의 가입조건과 보장내용이 다른 것은?

① 연령증가와 보험료 변동의 관계
② 보험기간
③ 면책기간
④ 가입가능연령

40. 노인장기요양보험제도가 시행되는 사회적 배경으로 가장 적절한 것은?

① 저출산
② 고령화
③ 저성장
④ 저금리

생명보험설계사 모의고사 01 유형 정답

1	O	2	O	3	X	4	X	5	O
6	2	7	3	8	1	9	3	10	3
11	2	12	2	13	3	14	3	15	2
16	1	17	1	18	1	19	3	20	3
21	3	22	4	23	3	24	3	25	2
26	1	27	4	28	1	29	1	30	4
31	4	32	4	33	2	34	4	35	1
36	3	37	2	38	4	39	3	40	2

생명보험 및 제3보험 설계사 등록자격시험 예상문제

02 유형

■ 〈공통〉 다음 문제에서 맞는 것은 ○표, 틀린 것은 ×표를 답안지에 표기하시오.

(1문제당 3점)

1. 도덕적 언더라이팅은 청약자가 고의로 위험을 유발하거나 부실고지 등을 통해 보험회사를 의도적으로 속이고자 하는 행위를 사전에 차단하는 것을 목적으로 한다.

(O, X)

2. 보험계약 청약 시 회사가 보험계약자에게 보험약관을 전달하지 아니하거나 약관의 중요한 내용을 설명하지 아니한 경우 보험계약자는 청약일로부터 6개월 이내에 그 계약을 취소할 수 있다.

(O, X)

3. 수시공시란 기업이 경영활동을 통하여 이해관계자들에게 중대한 영향을 미칠 수 있는 중요한 사항을 발생 즉시 공시하는 것이다.

(O, X)

4. 보험설계사로서 해당 과세기간에 신규로 사업을 개시한 자와 직전 과세기간의 수입금액이 7,500만원 미만인 자는 간편장부 대상자이다

(O, X)

5. 금융기관 보험대리점은 인터넷 홈페이지를 이용하여 불특정 다수를 대상으로 보험상품을 안내 또는 설명하여 보험을 모집할 수 있다.

(O, X)

■ 〈공통〉 다음문제의 ( )안에 가장 적합한 것 하나만 골라 그 번호를 표기하시오.

(1문제당 3점)

02 유형

6. 다음 중 생명보험 운용자산현황에 대하여 바르게 설명한 것은?
① 생명보험 운용자산 중 미래의 시세차익과 안정적인 자산 확보를 위해 부동산에 두 번째 많은 투자를 하고 있다.
② 생명보험 운용자산 중 유가증권이 약 60%로 가장 많은 비중을 차지하고 있다.
③ 생명보험 운용자산 중 현금과 예치금이 절반 이상을 차지한다.

7. 다음 중 생명보험계약의 성립에 관한 설명으로 틀린 것은?
① 보험계약의 성립은 보험계약자의 청약과 보험회사의 승낙으로 이루어진다.
② 보험계약자가 아무리 고액의 청약을 하더라도 회사의 요구조건에 맞지않을 시에 거절이 된다.
③ 보험계약 계약 시에 계약자는 수익자가 될 수 있지만 피보험자는 될 수 없다.

8. 다음 중 배당금의 지급방법에 대하여 바르게 설명한 것은?
① 배당금이 발생할 때마다 계약자에게 현금으로 지급하는 방법을 현금지급 방법이라고 한다.
② 계약자가 납입해야 하는 보험료를 배당금으로 대신 납부하는 방법을 보험금 또는 환급금 지급시 가산방법이라고 한다.
③ 계약이 소멸할 때까지 또는 보험계약자로부터 청구가 있을 때까지 배당금을 보험회사에 적 립해 두었다가 보험금 또는 각종 환급금에 대하여 지급하는 방법을 보험료 상계방법이라고 한다.

9. 다음의 보험금 지급시기 비교표에 들어갈 내용으로 맞게 짝지어진 것은?

- 보험금 청구시 구비서류 접수시 : 접수일로부터 (가)영업일 이내
- 지급사유 조사 확인 필요시 : 접수일로부터 (나)영업일 이내
- (나)일내 지급하지 못할 것으로 예상시 : 접수일로부터 (다)영업일 이내

① 가 : 10
② 나 : 30
③ 다 : 30

10. 다음이 설명하는 것은 무엇인가?

> 보험계약자 등은 보험금 지급사유가 발생하거나 주소가 변경된 경우 이를 보험회사에 알려야 할 의무가 있다.

① 보험계약 내용의 교환 의무
② 계약 전 알릴 의무
③ 통지의무

11. 다음 중 보험계약의 변경과 관련된 내용으로 틀리게 설명한 것은?

① 보험회사는 계약자가 1회 보험료를 납입한 때부터 1년 이상 지난 유효한 계약으로써 그 보험종목의 변경을 요청한 때에는 회사의 사업방법서에서 정하는 방법에 따라 변경하여 준다.
② 보험회사는 계약자가 보험가입금액을 감액하고자 할 때에는 그 감액된 부분은 해지된 것으로 보며, 이로 인하여 회사가 지급하여야 할 해지환급금이 있을 때에는 보험료 및 책임준비금 산출 방법서에 따라 해지환급금을 계약자에게 지급한다.
③ 보험계약자와 보험수익자 변경 시에는 보험회사의 승낙이 있어야 가능하다.

12. 다음 중 괄호 안에 들어갈 말로 알맞은 것은?

> 보험금 청구권, 보험료 또는 환급금 반환청구금 및 배당금청구권은 (   )간 행사하지 아니하면 소멸시효가 완성된다.

① 3년
② 2년
③ 1년

13. 다음 중 보장성보험의 소득공제에 대해 맞게 설명한 것은?

① 만기에 환급되는 보험금의 합계액이 납입보험료를 초과하는 보험이 대상이 된다.
② 근로소득이 있는 거주자(일용근로자 포함)가 적용가능하다.
③ 보장성보험의 세액공제는 소득세법에 근거한다.

02 유형

14. 다음 중 연금소득자에 대한 원천징수세율(지방소득세 별도)로 틀린 것은?
① 연금수령일 현재 70세 미만 : 5%
② 연금수령일 현재 70세 이상 80세 미만 : 4%
③ 사망할 때까지 종신으로 연금을 받는 경우 : 3%

15. 다음 중 유배당보험에 대한 설명으로 맞는 것은?
① 현재 보험회사들은 동일한 배당률을 적용하여 배당한다.
② 직전 5개년도 실적을 근거로 장래의 계약자배당을 예시할 수 있다.
③ 무배당상품에 비해 보험료가 비교적 저렴하다.

16. 다음 중 금융기관대리점의 점포별 최대 보험모집 종사 가능 인원은?
① 2명
② 3명
③ 4명

17. 다음 중 보험계약의 청약철회에 대한 설명으로 틀린 것은?
① 보험계약자와 보험회사간 정보의 비대칭성, 보험계약의 장기계약성 등의 이유로 일반적인 상품에 비해 상대적으로 신중한 계약체결이 요구되므로 보험계약에 대해서는 청약철회제도가 인정된다.
② 진단계약, 전문보험계약자의 계약, 보험기간이 1년 미만인 계약은 청약철회가 불가능하다.
③ 일반계약의 경우 보험증권을 받은 날로부터 30일 이내에 청약철회가 가능하다.

18. 다음 중 클레임에 관련된 내용에 해당하지 않는 것은?
① 부당한 보험금 지급을 방지하여 선의의 다수 가입자를 보호하기 위한 것이다.
② 보험계약적부확인 조사도 이 업무에 포함된다.
③ 클레임전문가는 상당한 수준의 의학지식이 요구된다.

19. 다음 중 3층 보장론에 대한 설명으로 맞는 것은?

① 공영보험인 사회보험과 민영보험인 생명보험은 상호보완과 경쟁관계에 있다.
② 사회보장은 개인이 만족할 수 있는 수준까지 국가가 보장해주는 것을 의미한다.
③ 국가 차원에서 대대적으로 사회보장제도를 확충해 가고 있어 보장수준이 개인의 기대에 부합하고 있다.

20. 다음 중 보험회사 결산공시의 공시기간에 대해 바르게 설명한 것은?

① 3년
② 3개월
③ 5년

21. 다음 보험업법상 생명보험상품의 정의로 ( )의 용어를 순서대로 나열하시오.

> 위험보장을 목적으로 사람의 ( ) 또는 사망에 관하여 ( ) 및 그 밖의 급여를 지급할 것을 약속하고 대가를 수수하는 계약

① 생명, 보험료
② 우연한 사고, 보험금
③ 생존, 약정한 금전
④ 질병 및 상해, 약정한 금전

22. 다음 중 특별계정으로 운용되는 생명보험 상품에 해당하지 않는 것은?

① 자산연계형보험
② 세제적격 연금저축보험
③ 퇴직연금
④ 교육보험

23. 다음 중 보험료 부담이 되지 않는 제도성 특약에 해당하는 것은 무엇인가?

① 실손의료비 특약
② 연금전환특약
③ 재해사망특약
④ 정기특약

24. 다음 중 일반적인 연금보험에 대한 설명으로 틀린 것은?
① 위험보장기간에 사망할 경우 책임준비금을 지급한다.
② 퇴직금 등을 일시에 납입하고 바로 연금을 수령 할 수 있는 일시납즉시연금이 판매되고 있다.
③ 위험보장기간과 연금지급기간이 중복되는 기간이 발생한다.
④ 노후의 생활자금을 마련하기 위한 상품이다.

25. 다음 중 갱신형보험과 비갱신형보험의 차이점을 가장 잘 설명한 것은 무엇인가?
① 저축성보험상품 적용 여부
② 적립금 운용방식에 따른 계정의 분리 여부
③ 갱신, 비갱신 여부를 적립금의 운용실적에 따라 결정
④ 일정기간 경과한 후 보험료 재산정 여부

26. 다음 중 보장성보험과 저축성보험에 대한 설명으로 틀린 것은?
① 보장성보험은 기준연령에서 생존시 지급되는 보험금의 합계액이 이미 납입한 보험료를 초 과하는 보험을 말한다.
② 재해나 질병, 간병상태 발생 시 고액의 급부를 보장하는 제3보험상품도 보장성보험에 해당 한다.
③ 저축성보험이란 보장성보험을 제외한 보험을 말한다.
④ 자산연계형보험 및 변액연금 등이 저축성보험의 대표적인 예이다.

27. 다음 중 보험상품의 분류에 대해 틀리게 설명한 것은?
① 생존보험이란 피보험자(보험대상자)가 보험기간이 끝날 때까지 생존했을 때에만 보험금이 지급되는 보험을 말한다.
② 개인보험은 피보험자(보험대상자)를 개인으로 한정하여 체결하는 보험이다.
③ 생존보험, 사망보험, 생사혼합보험은 보험가입의 주목적에 따른 분류이다.
④ 배당보험과 무배당보험은 보험가입시점에 어떤 상품을 선택했는가에 따라서 배당여부가 결 정된다.

28. 다음 중 변액보험에 대한 설명으로 틀린 것은?

① 변액보험은 법적으로 보험업법과 자본시장과 금융투자업에 관한 법률의 적용을 모두 받게 된다.

② 변액보험은 일반상품과 달리 수익성보다는 안정성을 중시하여 운용한다.

③ 저축성 변액보험의 경우에는 사망보험금을 기납입보험료와 비교하여 더 큰 금액을 지급하도록 하고 있다.

④ 변액유니버설보험의 보험기간은 종신이다.

29. 다음 중 생명보험계약의 특성에 해당하지 않는 것은?

① 유상계약성

② 요식계약성

③ 부합계약성

④ 선의계약성

30. 다음 중 유니버설보험에 대한 설명으로 틀린 것은?

① 보험료 추가납입이 가능하다.

② 중도인출이 가능하다.

③ 특별계정에서 운용된다.

④ 기본보험금에 공시이율로 부리되어 추가 적립된 금액을 보험금으로 지급한다.

〈제3보험〉

31. 다음 중 제3보험의 정의로 틀린 것은?

① 정액보상적 특성과 실손보상적 특성을 동시에 갖는다.

② 생명보험이나 손해보험 중 어느 한 분야에 속했다고 보기 어려운 보험을 말한다.

③ 생명뿐만 아니라 각종 질병의 치료, 질병으로 인한 소득상실까지 보상한다.

④ 제3보험은 생명보험사, 손해보험사와 겸영이 불가능하다.

02 유형

32. 다음 중 제3보험의 모집자격에 대한 설명으로 맞는 것은?

① 보험회사를 통하여 금융위원회로부터 등록 업무를 위탁받은 보험협회에 등록하여야 한다.
② 제3보험 모집에 관한 연수과정을 이수한 사람도 제3보험 관계업무에 3년 이상 종사를 한 경력이 있어야 한다.
③ 생명보험과 제3보험을 모집하고자 하는 경우는 손해보험협회에 등록하여야 한다.
④ 제3보험과 손해보험을 모집할 때는 생명보험협회나 손해보험협회 중 한 군데에 등록을 해야 한다.

33. 다음 제3보험의 질병사망특약 부가요건에 대한 설명 중 (　)안에 들어갈 말로 맞게 짝 지어진 것은?

구 분	생명보험	손해보험
보험기간	(가)	80세까지
보험금액	제한없음	(나)

① 가, 제한없음　　나, 1억원
② 가, 60세　　　　나, 2억원
③ 가, 60세　　　　나, 2억원
④ 가, 제한없음　　나, 2억원

34. 다음 중 간병보험에 대해 맞게 설명한 것은?

① 활동불능 또는 의식불명에 도달하여 간병을 요하는 상태에 이르렀을 때 간병비를 보장해주는 상품이다.
② 간병보험의 대상이 되는 간병상태는 일정기간의 단기 간병상태를 말한다.
③ 한달이든 1년이든 간병이 요구되는 상태를 간병상태라고 한다.
④ 장해 또는 질병으로 인하여 장시간 입원비를 보장해주는 상품이다.

35. 다음은 어떤 보험상품에 대한 설명인가?

> 질병에 걸리거나, 질병으로 인한 입원, 수술 등의 위험을 주로 보장하는 보험을 말한다.

① 상해보험
② 화재보험
③ 간병보험
④ 질병보험

36. 다음 중 상해보험의 기준이 되는 요소가 아닌 것은?

① 급격성
② 외래성
③ 일회성
④ 우연성

37. 다음 중 상해보험의 주요 보장내용으로 맞지 않는 것은?

① 재해수술비 : 피보험자가 재해분류표상에서 정하는 재해를 직접적인 원인으로 수술을 받았을 때
② 재해사망보험금 : 피보험자가 재해를 직접적인 원인으로 사망하였을 경우
③ 만기환급금 : 보험기간이 끝날 때 피보험자가 생존 시
④ 입원급여금 : 3일 이상 입원 시 지급

38. 다음 중 질병보험에 대해 틀리게 설명한 것은?

① 질병으로 인한 입원, 수술 등의 위험을 주로 보장한다.
② 사망은 특약으로 보장된다.
③ 직업별위험률이 적용되어 위험직업과 비위험 직업 간에 상이한 위험률이 적용된다.
④ 상해와 달리 외래성이 인정되지 않는다.

39. 다음 중 일반적인 암보험에 대한 설명으로 맞는 것은?

① 암보험은 주계약, 특약 형태 모두 판매되고 있다.
② 암보험은 보험계약일 다음날부터 보장이 개시된다.
③ 암사망에 대한 보장은 주보험으로 가능하다.
④ 제자리암의 경우 암 관련 보험금의 100%가 지급된다.

40. 다음은 질병보험과 암보험에 대한 비교 설명이다. 틀린 것은?

① 질병보험의 보험기간은 대부분 10년 이상이지만, 암보험은 5년 이상이다.
② 질병보험과 암보험 모두 가입가능 연령은 만 15세 이상이다.
③ 질병보험과 암보험 모두 고연령의 가입은 제한될 수 있다.
④ 질병보험은 면책기간이 없으나 암보험은 면책기간이 설정되어 있다.

생명보험설계사 모의고사 02 유형 정답

1	O	2	X	3	O	4	O	5	O
6	2	7	2	8	1	9	3	10	3
11	3	12	1	13	3	14	3	15	2
16	1	17	3	18	2	19	1	20	1
21	3	22	4	23	2	24	3	25	4
26	1	27	3	28	2	29	2	30	3
31	4	32	1	33	4	34	1	35	4
36	3	37	4	38	3	39	1	40	1

생명보험 및 제3보험 설계사 등록자격시험 예상문제

■ 〈공통〉 다음 문제에서 맞는 것은 ○표, 틀린 것은 ×표를 답안지에 표기하시오.

(1문제당 3점)

1. 생명보험은 상부상조 정신을 바탕으로 사망 등 불의의 사고로 인한 경제적 손실을 보전하기 위한 준비제도이다.

(O, X)

2. 보험계약자가 청약철회를 한 이후에 발생한 보험사고에 대해서는 보험회사가 보험료를 보험계약자에게 반환하기 전이면 보장을 하지 않는다.

(O, X)

3. 예금자 보호법에서 정하는 보장금액의 최대한도는 1가구당 원금과 이자를 합하여 최대 5,000만원이다.

(O, X)

4. 어떠한 경우라도 고객이 보험료를 유용하거나 보관해서는 안되지만 일일수금 등과 같이 고객의 편의를 위한 수금 방식은 허용된다.

(O, X)

5. 개인정보보호법에 따르면 주민등록번호는 법령에서 구체적으로 처리를 허용하지 않더라도 고객의 동의를 받으면 사용할 수 있다.

(O, X)

■ 〈공통〉 다음문제의 ( )안에 가장 적합한 것 하나만 골라 그 번호를 표기하시오.

(1문제당 3점)

03 유형

6. 다음 중 사회보험과 민영보험의 설명으로 틀린 것은?
① 민영보험의 급여는 계약에 의해 결정된다.
② 사회보험의 운영취지는 사회적 형평성에 있다.
③ 사회보험의 의견합치는 목적 및 결과에 대한 이해당사자간 의견일치에 있다.

7. 다음 중 (   )에 들어갈 내용으로 맞는 것은?

| (   ) = 1년간의 사망자 수 ÷ 연초의 생존자 수 |

① 생존율
② 사망률
③ 이자율

8. 다음 중 생명보험계약의 정의 및 관련법에 대한 설명으로 올바르지 않은 것은?
① 보험회사의 공동행위와 관련하여 '독점규제 및 공정거래에 관한 법률' 적용을 받는다.
② 상법은 생명보험표준약관보다 보험계약자의 권리를 확대하고 있다.
③ 생명보험계약관계를 규율하는 근거법률은 상법이다.

9. 다음과 같은 사례의 경우 보장개시일은 언제인가?

- 청약 : 2020년 12월 4일
- 제1회 보험료 납입일 : 2020년 12월 7일
- 보험증권 수령 : 2020년 12월 26일

① 2020년 12월 4일
② 2020년 12월 7일
③ 2020년 12월 26일

10. 다음 중 보험계약자에게 설명해야 할 약관의 중요한 사항에서 제외되는 보험약관의 내용으로 틀린 것은?
① 보험계약의 해지 사유
② 일부면책조항 등 이미 널리 보험계약자에게 알려져 있는 내용
③ 보험계약 거래에 있어 일반적이고 공통된 것이어서 고객이 충분히 예상할 수 있는 내용

11. 다음 중 부당한 계약전환으로 인한 보험계약 부활에 대한 설명으로 틀린 것은?

① 보험중개사가 행한 부당한 보험계약의 전환은 계약자의 부활 신청으로 소멸되었던 계약의 효력을 회복시킬 수 있다.

② 보험계약 부활을 위해서는 기존 보험계약의 소멸로 인한 보험계약자가 수령한 해지환급금을 반환하여야 한다.

③ 부당한 보험계약의 전환으로 인한 부활은 기존 보험계약의 소멸과 새로운 보험계약의 체결이 동일한 보험회사를 대상으로 이루어진 경우에만 적용된다.

12. 다음 중 보험설계사가 될 수 있는 자는?

① 보험업법에 따라 벌금 이상의 형을 선고받고 집행이 끝난지 2년이 지나지아니한 자

② 과거에 생명보험 공정질서 유지에 관한 협정을 위반하여 승환계약을 체결한 자

③ 보험료, 대출금 또는 보험금을 다른 용도에 유용한 후 3년이 지나지 아니한 자

13. 보험회사는 소속 보험설계사가 되고자 하는 자를 어디에 등록해야 하는 것이 원칙인가?

① 기획재정부

② 금융위원회

③ 금융감독원

14. 다음 중 민법상 상속순위에 대한 설명으로 틀린 것은?

① 제2순위는 피상속인의 형제·자매이다.

② 제1순위는 피상속인의 직계비속이다.

③ 피상속인의 배우자는 직계비속이 있을 경우 직계비속과 공동상속인이 된다.

15. 다음 중 보험계약의 체결과 관련된 사항으로 맞는 것은?

① 보험회사가 청약일로부터 30일 이내에 승낙여부를 결정하지 않은 계약은 자동무효 처리된다.

② 보험계약 승낙을 거절한 경우 보험회사는 환급금을 계약자에게 돌려준다.

③ 보험회사는 보험계약의 청약을 승낙한 때에는 보험증권을 계약자에게 교부한다.

03 유형

16. 다음 중 사회보장제도 중 사회서비스에 대한 설명으로 맞는 것은?
① 장애인복지
② 기초생활보장
③ 국민건강보험

17. 다음 중 보험대리점 및 보험중개사의 영업보증금에 대한 설명으로 맞는 것은?
① 보험대리점은 생명보험협회에 영업보증금을 예탁해야 한다.
② 영업보증금은 1억원(법인보험대리점의 경우 3억원)의 범위에서 보험회사와 대리점이 협의하여 금액을 정할 수 있다.
③ 은행 등 금융기관보험대리점의 경우 영업보증금은 영업 개시 후 1개월 이내에 예탁해야 한다.

18. 다음 중 보험계약 체결 권유 시 설명 내용이 아닌 것은?
① 주계약 및 특약별로 보장하는 사망, 질병, 상해 등 주요 위험 및 보험금 설명
② 보험의 모집에 종사하는 자가 보험회사를 위하여 보험계약의 체결을 대리할 수 있는지 여부 설명
③ 지급한도, 면책사항, 감액지급 사항 등 보험금 지급제한 조건

19. 다음 중 금융분쟁조정위원회를 운영하고 있는 기관은?
① 경찰청
② 금융위원회
③ 금융감독원

20. 다음의 보험계약자 보호에 대한 설명으로 틀린 것은?
① 보장금액 1인당 최고 5천만원은 동일한 금융기관 내에서 예금자 1인이 보호받을 수 있는 총금액이다.
② 금융감독원은 분쟁조정 신청 후 30일 이내에 합의가 이루어지지 않는 경우에는 지체없이 조정위원회에 회부해야 한다.
③ 홈쇼핑 판매방송에 대한 광고심의는 주로 사전심의 방식을 채택하고 있다.

21. 다음 중 생명보험 상품에 대한 설명으로 맞는 것은?
① 갱신형 상품은 일부 질병보험과 간병보험에 적용되고 있다.
② 실손보험은 단독보험으로 가입할 수 없다.
③ 갱신형 상품의 갱신여부는 갱신 시점에 보험회사가 결정한다.
④ 비갱신형 상품은 안정적인 보험계약 운영을 위하여 도입되었다.

22. 다음 중 ( )안에 들어갈 내용이 순서대로 바르게 짝지어진 것은?

> 생존보험이란 피보험자가 보험기간이 끝날 때까지 (   )했을 때에만 보험이 지급되고, 사망보험은 보험기간 중 (   )했을 때에는 보험금이 지급되지 않고 보험료도 환급되지 않는 것이 칙이다.

① 생존, 사망
② 생존, 생존
③ 사망, 생존
④ 사망, 사망

23. 다음 중 장애인전용보험에 대한 설명으로 틀린 것은?
① 장애인을 보험수익자로 하는 보험계약의 보험금은 연간 4천만원 한도 내에서 증여세를 비과세한다.
② 장애인전용 생명보험은 사업비율과 고정이율을 적용하여 보험료가 상대적으로 낮다.
③ 장애인전용보험이라고 해서 보험회사의 심사절차가 생략되는 것은 아니다.
④ 암보장형 장애인전용 생명보험상품의 경우 암 발생과 인과관계에 있는 질병을 알았거나 휴유증이 남아 있는 경우가 아니라면 가입이 가능하다.

24. 다음 중 퇴직연금제도를 확정급여형제도(DB)와 확정기여형제도(DC)로 구분하는 기준으로 맞는 것은?
① 퇴직급여(보험금)의 사전 확정여부
② 추가가입 가능여부
③ 일시금 수령 가능여부
④ 가입 사업장의 규모

25. 다음 중 퇴직연금에 대한 설명으로 틀린 것은?
① 근로자 퇴직 시 연금 또는 일시금으로 수령할 수 있다.
② 퇴직금을 외부의 금융기관에 적립하여야 한다.
③ 근로자의 노후소득보장과 생활안정을 위해 도입되었다.
④ 투자실적에 따라 보험금이 변동되고 일반계정에서 운용된다.

26. 다음 중 생명보험상품의 특징으로 맞는 것은?
① 예측 가능한 보험사고를 보장하는 단기효용성 상품이다.
② 특약을 저축성보험으로만 개발할 수 있다.
③ 유형의 상품으로 상품설명서, 보험약관 등이 제공된다.
④ 계약체결 후에도 계약의 지속적인 유지관리가 필요한 상품이다.

27. 다음 중 생존기간에 적립금의 이자만 지급하는 연금의 지급방식은?
① 종신연금형
② 혼합연금형
③ 확정연금형
④ 상속연금형

28. 다음 중 교육보험에 대한 설명으로 틀린 것은?
① 생사혼합보험에 해당하고 보장성보험으로 분류된다.
② 자녀의 교육기간 동안 자녀의 교육자금을 보장한다.
③ 부모 사망시 양육자금 및 교육자금을 지급한다.
④ 각종 인성프로그램, 진학상담서비스를 추가한 상품도 판매되며 판매량이 증가하고 있다.

29. 다음 중 정액보험과 실손의료보험에 대한 설명으로 틀린 것은?
① 정액보험은 지급되는 보험의 액수가 보험계약 때 확정되어 있다.
② 실손의료보험의 경우 상품운용상 손해액 전부를 지급하지 않고 일부는 본인이 부담하도록 하고 있다.
③ 대부분의 생명보험상품과 손해보험상품은 정액보험에 해당된다.
④ 실손의료보험은 2018년 4월부터 단독형상품으로 판매되고 있다.

30. 다음 중 변액보험 공시에 대한 설명으로 틀린 것은?
① 가입이후에도 계약의 변동내용을 확인할 수 있도록 다양한 공시방법을 통해 계약자에게 정 보를 제공하고 있다.
② 변액보험 운용설명서 및 보험계약 관리내용은 생명보험회사 인터넷 홈페이지를 통해서도 확인할 수 있다.
③ 가입 이후에는 분기별 1회 이상 변액보험운용설명서를 통보하여 계약자가 가입한 변액보험의 내용을 확인할 수 있도록 하고 있다.
④ 계약자는 보험회사의 홈페이지에서 본인인증절차를 거친 후 변액보험 특별계정 운용현황을 확인할 수 있다.

〈제3보험〉

31. 생명보험, 손해보험과 제3보험의 특징에 대한 설명으로 가장 적절한 것은?
① 제3보험은 보장성보험에 해당하며 보장내용에 따라 상해보험, 질병보험, 간병보험으로 분류할 수 있다.
② 원칙적으로 생명보험은 정액보상과 실손보상을 함께 한다.
③ 손해보험의 피보험자는 보험사고의 대상이다.
④ 제3보험의 보험기간은 단기이다.

32. 다음 중에서 틀린 내용은 무엇인가?

> 피보험이익은 손해의 보상을 약속하는 (a) 손해보험에서는 필수적인 요소이나, 생명보험의 경우에는 사람의 생명이나 (b) 신체를 금전적으로 평가할 수 있으므로, (c) 피보험이익이 존재하지 않는다고 보고 있으며, 다만 (d) 실손보전이 가능한 제3보험의 경우에는 피보험이익을 인정하고 있다.

① (a)
② (b)
③ (c)
④ (d)

33. 제3보험상품의 특징을 옳게 기술한 것이 아닌 것은?

① 제3보험상품은 보장성보험과 저축성 보험의 기능을 함께 가지고 있다.
② 제3보험상품은 정액보상 및 실손보상이 모두 가능하다.
③ 제3보험상품의 주보험에는 질병사망 보장이 없다.
④ 상해보험에는 질병사망에 대한 보장이 없지만 특약으로 보장이 가능하다.

34. 상해보험의 의의에 관한 설명으로서 옳다고 볼 수 없는 것은?

① 상해보험은 사람의 신체에 입은 상해에 대하여 치료에 소요되는 비용에 관하여 금전 및 그 밖의 급여를 지급할 것을 약속한 보험이다.
② 상해보험은 계약자와 보험사 간의 다툼의 여지가 생명보험보다 크다고 볼 수 있다.
③ 상해보험은 외부로부터의 돌발적인 사고로 인한 상해만이 보험사고로 간주되므로 상해인정 여부가 매우 중요한 쟁점이 된다.
④ 상해보험이 요건 중에는 급격성, 지속성, 통일성, 외래성, 우연성이 있다.

35. 상해보험의 보험사고의 핵심적인 요건에 대해 틀린 설명을 고르시오.

① 원인 또는 결과의 발생이 예견되지 않는 상태를 말한다.
② 상해의 발생 원인이 피보험자 자신의 신체에 내재되어 있는 것을 말한다.
③ 자해행위, 자살, 싸움 등으로 인한 상해는 보험사고가 이에 해당되지 않는다.
④ 상해를 발생시키는 사고가 완만하거나 연속적이 되어서는 안된다.

36. 질병보험의 가입조건 중 일반적이라고 볼 수 없는 것은 무엇인가?

① 연령이 증가하면 보험료는 높아진다.
② 일반사망보장에 대한 급부는 없으나 일반사망특약을 부가하면 보장이 가능하다.
③ 가입가능 연령은 만 30세 이상이면 누구나 가능하다.
④ 보험기간은 대부분 10년 이상이다.

37. 다음 중 제3보험에 대한 설명으로 맞는 것은?

① 상해보험의 경우 나이별 위험등급 체계가 시행되고 있다.

② 노화로 인한 요통은 질병에 해당된다.

③ 암보험은 질병보험과는 달리 연령이 증가함에 따라 보험료의 변동은 없다.

④ 실손의료보험은 특약으로 부가되어 판매되며 주계약으로는 판매할 수 없다.

38. 다음 중 실손의료보험에 대한 설명으로 맞는 것은?

① 손해보험에서만 판매되는 보험이다.

② 실손의료보험의 경우 대부분 실제 손해액의 전부를 지급한다. 80-90%

③ 보험업법의 실손보상원칙에 따라 보험금을 지급한다.

④ 기본형 + 특약 1,2,3으로 구성되며 특약은 추가로 선택하여 가입할 수 있다.

39. 다음 중 간병보험에서 정의하는 스스로 할 수 없는 일상생활장해상태에 해당되지 않는 것은?

① 식사하기

② 말하기

③ 목욕하기

④ 옷입기

40. 다음 중 보험계약의 목적을 금전으로 환산할 수 있는 가치를 의미하는 것은 무엇인가?

① 보험차익

② 보험급부

③ 보험료

④ 피보험이익

생명보험설계사 모의고사 03 유형 정답

1	O	2	O	3	X	4	X	5	X
6	3	7	2	8	2	9	2	10	1
11	1	12	2	13	2	14	1	15	3
16	1	17	2	18	2	19	3	20	3
21	1	22	2	23	2	24	1	25	4
26	4	27	4	28	4	29	3	30	3
31	1	32	2	33	1	34	4	35	2
36	3	37	2	38	4	39	2	40	4

생명보험 및 제3보험 설계사 등록자격시험 예상문제

04 유형

■ 〈공통〉 다음 문제에서 맞는 것은 ○표, 틀린 것은 ×표를 답안지에 표기하시오.

(1문제당 3점)

1. 로마 제정시대에 조직된 콜레기아(Collegia Tenuiorum)는 오늘날의 생명보험과 유사한 제도이다.

(O, X)

2. 보험계약은 사행계약성을 지니고 있다.

(O, X)

3. 보험기간 중 사망하거나 합산장해 지급률이 70% 이상인 경우 사망보험금을 지급한다.

(O, X)

4. 라이프 사이클(Life-cycle)은 크게 가장이 한 가정의 경제적 책임을 지는 경제활동기간과 정년퇴직 등으로 인해 경제력이 감퇴된 이후의 노후생활기간으로 구분된다.

(O, X)

5. 바젤협약은 물새의 서식지로 국제적으로 중요한 습지를 보호하기 위해 각국의 협력으로 맺여진 조약이다.

(O, X)

■ 〈공통〉 다음문제의 (　) 안에 가장 적합한 것 하나만 골라 그 번호를 표기하시오.

(1문제당 3점)

04 유형

6. 다음 중 생명보험의 역사에 대해 틀리게 설명한 것은?
① BC 3세기경의 에라노이(Eranoi)는 일종의 상호부조조합였다.
② 19세기 독일은 근대적인 생명보험기반을 확립하였다.
③ 영국은 1870년에 생명보험즈식회사법을 제정하였다.

7. 다음 중 우리나라의 생명표에 대현 설명으로 맞는 것은?
① 경험생명표는 공제조합 가입자의 통계를 포함하지 않는다.
② 1997년 4월부터 회사별 경험사망률 사용이 인정되었다.
③ 경험생명표는 특정 지역 인구통계에 의한 사망사항을 나타낸다.

8. 다음 중 ( )에 들어갈 내용으로 맞는 것은?

> ( )은 예정이율로 예측했던 자산운용수익보다 실제 자산운용수익이 더 많이 발생할 경우의 이익을 말한다.

① 보험료차익
② 사업비차익
③ 이자율차익

9. 다음 설명에 해당하는 언더라이팅 대상으로 맞는 것은?

> 피보험자가 적정한 수준의 보장을 받도록 하고 역선택 예방과 함께 과도한 실효를 방지하는 효과를 기대할 수 있다

① 환경적 언더라이팅
② 재정적 언더라이팅
③ 도덕적 언더라이팅

10. 다음 중 보험사기관련 제도의 현황에 대해 맞게 설명한 것은?
① 금융감독원내에 민관합동기구인 보험조사협의회를 구성·운영하고 있다.
② 2008년 상법 개정시 보험사기 정의조항이 신설되었다.
③ 경찰청은 「보험범죄수사협의회」를 운영하고 있다.

11. 다음 중 보험계약의 부활시 신계약 절차를 준용하는 이유에 대해 맞게 설명한 것은?

① 부활시 청약자의 역선택 개연성을 방지하기 위해서이다.
② 보험계약 효력상실에 대한 보험회사의 금전적 보상을 위해서이다.
③ 보험계약자의 부활청약을 억제하기 위해서이다.

12. 다음 중 보험계약의 청약 및 승낙에 대한 설명으로 맞는 것은?

① 건강진단계약의 경우 청약일로부터 45일 이내에 승낙 또는 거절하여야 한다.
② 건강진단을 받지 않는 계약의 경우 청약일로부터 30일 이내에 승낙 또는 거절하여야 한다.
③ 청약에 대하여 일정기간 동안 회사가 승낙 또는 거절의 통지가 없으면 그 청약은 거절된 것으로 본다.

13. 다음 중 (   )안에 들어갈 내용으로 맞는 것은?

> 보험회사는 중도보험금 및 만기보험금을 지급함에 있어 보험금 지급일까지의 기간에 대한 이자를 (   )에 따라 지급한다.

① 보험금 지급시의 적립이율 계산
② 해지환급금 예시표
③ 보험계약대출이율

14. 다음 중 보장성보험의 소득공제에 대해 맞게 설명한 것은?

① 근로소득이 있는 거주자(일용근로자 포함)가 적용가능하다.
② 연간 150만원 한도로 근로소득금액에서 공제한다.
③ 만기에 환급되는 보험금의 합계액이 납입보험료를 초과하지 않는 보험에 적용된다.

15. 다음 중 퇴직보험의 가입요건으로 틀리게 설명한 것은?

① 계약이 해지되는 경우 해지환급금을 근로자 및 회사가 수령해야 한다.
② 근로자의 퇴직을 보험금 지급사유로 해야 한다.
③ 근로자가 직접 일시금 또는 연금을 선택하여 청구할 수 있다.

04 유형

16. 다음 중 보험설계사의 세금에 대해 틀리게 설명한 것은?

① 보험설계사의 소득은 사업소득으로 과세된다.

② 보험회사는 매월 보험설계사에게 수당지급시 3%를 원천징수(주민세 포함시 3.3%)한다.

③ 전년도 수입금액이 8,000만원 미만인 경우 다음연도 1월에 연말정산에 의해 납세의무를 종결한다.

17. 다음 중 표준공제에 대해 맞게 설명한 것은?

① 근로소득이 없는 자의 표준공제액은 연간 60만원(성실사업자는 연간 100만원)이다.

② 근로소득자의 표준공제액은 견 150만원이다.

③ 근로소득이 없는 자는 기부금공제와 표준공제 중 선택하여 공제받을 수 있다.

18. 다음 중 사업소득자의 종합소득공제에 대해 맞게 설명한 것은?

① 보험료공제를 받을 수 있다.

② 주택자금공제를 받을 수 있다.

③ 연금저축소득공제를 받을 수 있다.

19. 다음의 내용은 보험계약의 무엇에 대한 설명인가?

> 보험계약자에 대하여 이미 가입한 보험계약을 부당하게 해지시키고 새로운 보험계약을 청약하게 하거나 권유하는 행위

① 경유계약

② 승환계약

③ 차명계약

20. 다음 중 주거래은행이 부실기업 또는 부실예상기업의 도산을 방지할 목적으로 특별히 해주는 금융지원은?

① 기업금융

② 역외금융

③ 구제금융

■ 〈생명보험〉다음 문제의 물음에 가장 적합한 것 하나만 골라 그 번호를 답안지에 표기하시오. (1문제당 4점)

21. 다음 중 생명보험상품의 특징에 대해 맞게 설명한 것은?
    ① 과거의 발생했던 보험사고에 대한 보상을 주내용으로 한다.
    ② 생명보험 계약은 특별한 양식이 필요없는 불요식계약이다.
    ③ 보험상품 구매에 따른 효과를 바로 느낄 수 있다.
    ④ 계약자의 청약이 있으면 계약이 성립된다.

22. 다음 중 단생보험과 연생보험에 대해 틀리게 설명한 것은?
    ① 보험을 보험계약자 수에 따라 분류한 것이다.
    ② 단생보험은 특정한 1인을 피보험자(보험대상자)로 한다.
    ③ 연생보험은 2인 이상을 피보험자(보험대상자)로 한다.
    ④ 연생보험에서 주된 보장의 대상은 주피보험자(주보험대상자)이다.

23. 다음 중 확정금리형, 금리연동형, 자산연계형, 실적배당형 보험은 보험상품을 어떤 특징에 따라 분류한 것인가?
    ① 보험가입의 주목적
    ② 운용하는 계정을 별도로 분리하는가의 여부
    ③ 보험사업에 따른 이익을 계약자에게 분배하는가 여부
    ④ 장래보험금을 마련하기 위한 준비금의 이자적립방식

24. 다음중 변액종신보험과 종신보험의 공통점이 아닌 것은?
    ① 보험계약의 대상
    ② 건강상태에 따른 보험료할인
    ③ 예금자보호법 적용
    ④ 보험기간

04 유형

25. 다음 중 보험상품의 분류에 대해 맞게 설명한 것은?
① 보험사고시 지급되는 보험금이 보험계약때 확정되어 있는 보험을 정액보험이라고 한다.
② 보험계약자가 리스크를 부담하는 계약은 일반계정에서 운영된다.
③ 단체보험의 보험수익자는 단체 또는 단체의 대표자이다.
④ 개인보험은 보험수익자를 개인으로 한정하여 체결하는 보험이다.

26. 다음 중 장애인 보험가입에 대한 설명으로 틀린 것은?
① 장애인 전용 보험상품은 일반상품에 비해 보험료가 저렴하다
② 생명보험협회는 보험가입 차별 방지를 위한 신고센터를 운영한다.
③ 정당한 사유로 장애인의 보험가입을 거절할 경우, 장애인차별금지법 위반이 아니다.
④ 가입하는 보험종류에 상관없이 비과세혜택을 받을 수 있다

27. 다음 중 보험상품에 대해 틀리게 설명한 것은?
① 변액보험은 보험의 본질적인 위험보장기능을 수행하기 위해 일정수준이상의 사망보험금을 보증하도록 설계하고 있다.
② 변액종신보험은 일반종신보험으로 전환할 수 없다.
③ 교육보험은 부모 사망 시에도 교육자금 및 양육자금이 지급된다.
④ CI보험의 경우, 회사별로 보장하는 CI의 정의가 다를 수 있다.

28. 생명보험의 판매 상품이 아닌 것은?
① 연금보험
② 실손보험
③ CI 보험
④ 유니버셜 보험

29. 다음 중 생명보험상품의 특약에 대해 맞게 설명한 것은?
① 특약도 주계약과 같이 별개의 보험상품이다
② 계약자는 의무부가특약을 선택할 수 있다
③ 우량체할인특약은 보장을 추가하기 위한 특약이다
④ 변액보험의 선택특약도 변액보험의 실적배당률로 부리된다.

30. 다음 중 생명보험회사의 [곰두리보장보험]에 대한 설명으로 맞는 것은?
   ① 1998년 2월부터 판매하였다.
   ② 연간 6천만원을 한도로 증여세가 비과세된다.
   ③ 소득보장형, 사망보장형, 암보장형으로 개발되어 있다.
   ④ 보장성보험 소득공제 혜택과는 별도로 연 300만원의 소득공제혜택을 추가로 받을 수 있다.

■ 〈제 3보험〉다음 문제의 물음에 가장 적합한 것 하나만 골라 그 번호를 답안지에 표기하시오. (1문제당 4점)

31. 다음 중 제3보험에 대해 맞게 설명한 것은?
   ① 신체의 상해, 질병 및 이로 인한 사망을 보장한다.
   ② 질병으로 인한 소득상실의 보장은 생명보험의 성격이다.
   ③ 실손보상상품으로만 설계가 가능하다.
   ④ 생명보험과 손해보험의 성격을 모두 갖고 있다.

32. 다음 중 제3보험의 모집자격에 대해 틀리게 설명한 것은?
   ① 제3보험 설계사 등록업무는 기획재정부로부터 보험협회에 위탁되었다.
   ② 제3보험 관계업무에 1년이상 종사한 경우 제3보험 설계사로 등록이 가능하다.
   ③ 생명보험협회가 실시하는 제3보험 등록자격시험에 통과한 경우 제3보험 설계사로 등록이 가능하다.
   ④ 제3보험만을 모집하고자 하는 경우 생명보험협회와 손해보험협회 중 한군데에 등록하여야 한다.

33. 다음 중 피보험이익에 대해 맞게 설명한 것은?
   ① 보험금에서 납입보험료를 차감한 금액이다.
   ② 금전으로 산정할 수 없다.
   ③ 존재여부는 보험사고후에 확정되어야 한다.
   ④ 손해보험에서는 피보험이익이 존재한다.

34. 다음 중 단기의 거대위험을 보장하는 보험종목으로 볼 수 없는 것은?
① 간병보험
② 화재보험
③ 자동차보험
④ 해상보험

35. 다음 중 생명보험사의 제3보험 질병사망특약의 보험금액 한도는?
① 1억원
② 2억원
③ 3억원
④ 제한이 없다.

36. 다음 중 상해사고의 요건이 아닌 것은?
① 외래성
② 급격성
③ 연속성
④ 우연성

37. 다음 중 상해보험에 대해 맞게 설명한 것은?
① 가입 가능연령은 만 15세 이상이다.
② 보험금 지급 면책기간은 2년이다.
③ 보장개시일은 가입일로부터 90일이 지난 다음날이다.
④ 보장하지 않는 보험사고로 명시되지 않는 한 재해로 인정한다.

38. 다음 중 질병보험에서 질병의 개념에 대해 맞게 설명한 것은?
① 질병은 감염성 질환과 비감염성 질환으로 구분된다.
② 물건을 들다가 허리를 다친 경우 질병으로 인정된다.
③ 노화로 인한 요통의 경우 질병으로 인정되지 않는다.
④ 질병의 경우 외래성이 인정된다.

39. 다음이 설명하는 보험상품의 주요 보장내용을 맞게 설명한 것은?

> 가. 일반적으로 나이에 관계없이 보험료가 동일하다.
> 나. 대부분 상품의 보험기간은 일반적으로 1년 이상이다.

① 암간병비
② 간병급여금
③ 재해장해급여금
④ 특정질병입원급여금

40. 다음 중 우리나라에서 시행되고 있는 장기요양서비스 제공방식은?

① 사회보험 방식
② 재정방식(국가 + 지방자치단체)
③ 본인부담 방식
④ 건강보험 급여의 일종으로 제공하는 방식

생명보험설계사 모의고사 04 유형 정답

1	O	2	O	3	X	4	o	5	X
6	1	7	2	8	3	9	2	10	3
11	1	12	2	13	1	14	3	15	3
16	3	17	1	18	3	19	2	20	3
21	2	22	1	23	4	24	3	25	1
26	4	27	2	28	2	29	3	30	3
31	4	32	1	33	4	34	1	35	4
36	3	37	4	38	1	39	3	40	1

생명보험 및 제3보험 설계사 등록자격시험 예상문제

05 유형

■ 〈공통〉 다음 문제에서 맞는 것은 ○표, 틀린 것은 ×표를 답안지에 표기하시오.

(1문제당 3점)

1. 우리나라의 생명보험은 조선생명보험주식회사의 설립으로 도입되었다.

(O, X)

2. 고의로 보험사고를 일으키는 연성사기(soft fraud)가 증가하고 있다.

(O, X)

3. 부재자의 생사가 5년간 분명하지 아니한 때 법원이 사망한 것으로 인정하는 것을 특별실종이라 한다.

(O, X)

4. 라이프 사이클(Life-cycle)은 크게 가장이 한 가정의 경제적 책임을 지는 경제활동기간과 정년퇴직 등으로 인해 경제력이 감퇴된 이후의 노후생활기간으로 구분된다.

(O, X)

5. 완전고용상태란 자발적인 실업이 없는 상태를 말한다.

(O, X)

■ 〈공통〉 다음문제의 (   )안에 가장 적합한 것 하나만 골라 그 번호를 표기하시오.

(1문제당 3점)

05 유형

6. 다음 중 우리나라의 생명보험 역사에 대한 설명으로 맞는 것은?

① 일제 강점기 동안 우리나라 보험업계는 일본의 생명보험회사보다 경쟁우위에 있었다.

② 1997년 IMF 금융위기이후 수입보험료는 계속적으로 감소하였다.

③ 2003년 보험업법 개정을 통해 방카슈랑스제도가 도입되었다.

7. 다음 중 사망률과 생명표에 대한 설명으로 맞는 것은?

① 연령별 생사와 관련된 통계를 나타낸 표를 생명표 또는 사망표라 한다.

② 수지상등의 원칙에 따라 특정 연령대의 1년간 사망자 수를 산출한 것이 사망률이다.

③ 1976년부터 실제 보험가입자들의 사망통계를 기초로 작성한 경험생명표를 사용하고 있다.

8. 다음 중 잉여금에 대한 설명으로 틀린 것은?

① 매 사업연도말 결산시 발생하는 이익이다.

② 잉여금은 보험상품이 장기상품의 성격과 관계가 있다.

③ 예정기초율은 보험기간 만료전에 변경될 수 있다.

9. 다음 중 배당금의 지급방법에 대해 맞게 설명한 것은?

① 현금지급방법 - 계약자가 납입해야 하는 보험료를 대신 납부하는 방법

② 보험료 상계방법 - 배당금이 발생할 때마다 현금으로 지급하는 방법

③ 적립방법 - 계약이 소멸하거나 보험계약자로부터 청구가 있을 때까지 보험회사에 두었다가 보험금 등에 더하여 지급하는 방법

10. 보험범죄 방지를 위한 정부 및 유관기간의 활동이 아닌 것은?

① 경찰청은 보험범죄수사협의회를 구성하여 운영하고 있다.

② 금감원과 보험협회는 보험범죄 신고센터를 설치하였다.

③ 금감원은 보험심사시스템 구축을 통해 언더라이팅을 강화하였다

11. 다음 중 보험회사가 부당하게 계약전환 행위를 한 경우 소멸 계약의 부활을 청구하고 새로운 보험계약을 취소할 수 있는 기간으로 맞는 것은?
    ① 계약이 소멸한 날로부터 6개월 이내
    ② 계약이 소멸한 날로부터 12개월 이내
    ③ 계약이 소멸한 날로부터 24개월 이내

12. 다음 중 보험증권에 대한 설명으로 맞는 것은?
    ① 보험증권에는 증권번호, 보험종목, 보험계약의 내용 등이 기재되어 있다.
    ② 보험증권은 보험계약 청약일로부터 3개월 이내에 교부하여야 한다.
    ③ 보험증권 분실 시 보험금을 받지 못한다.

13. 다음 중 중도보험금의 경우 지급시기가 되면 지급하여야 할 금액을 계약자 또는 보험수익자에게 알리는데, 보험금에 적용하는 이율은?
    ① 보험금 지급 시 적립 이율계산
    ② 보험계약대출이율
    ③ 예정이율의 50%

14. 다음 중 연금소득 세제에 대해 틀리게 설명한 것은?
    ① 공적연금의 경우 납입액 전액을 공제한다.
    ② 개인연금의 경우 연 400만원 한도에서 소득공제한다.
    ③ 직역연금은 연 400만원 한도에서 소득공제 가능한다.

15. 다음 중 금융소득 과세에 관하여 맞게 설명한 것은?
    ① 이자소득 및 배당소득 과세방법은 분리과세로만 시행한다.
    ② 생계형저축보험의 이자 및 배당소득은 과세한다.
    ③ 4천만원 초과 시 종합과세한다.
    ④ 4천 이하의 경우에는 소득세 15.4%로 원천징수한다.

05 유형

16. 다음 중 보험안내자료 주요기재사항에 해당하는 것은?

① 장래에 있을 이익의 배당 또는 잉여금의 분배에 대한 예상 사항
② 다른 보험회사 상품과 비교한 사항
③ 보험금이 금리에 연동되는 보험상품의 경우 적용금리 및 보험금 변동에 관한 사항

17. 다음은 신개인연금보험(연금저축)에 대해 설명한 것이다. ( )에 들어갈 내용으로 맞는 것은?

> 5년이내 중도해지시 매년 불입한 금액한도의 누계액에 ( )를 곱하여 계산한 금액을 해지가산세로 부과한다.

① 1/100
② 2/100
③ 3/100

18. 다음 중 ( )안에 들어갈 알맞은 금액은?

> 단체보장성보험은 근로자에게 회사가 부담한 보험료 중 연간 ( )만원까지 근로소득세가 비과세되며, 이를 초과하는 금액은 근로소득에 합산하여 과세한다.

① 50
② 70
③ 90

19. 다음은 김보험씨의 2009년도 연금저축보험료 납부내역이다. 연말정산시 소득공제 가능한 금액으로 맞는 것은?

> 가. 개인연금저축에 100만원을 납부(2000.10.12 가입)
> 나. 연금저축에 200만원 납부(2002.2.3 가입)

① 100만원
② 200만원
③ 240만원

20. 다음 중 우리나라의 환율 변동주기는 ?
   ① 매일
   ② 매월
   ③ 매년

■〈생명보험〉다음 문제의 물음에 가장 적합한 것 하나만 골라 그 번호를 답안지에 표기하시오.
(1문제당 4점)

21. 다음은 생명보험상품의 어떤 특성에 대해 설명한 것인가?

> 생명보험 상품은 사망, 연금개시 등 장래 보험사고 발생시점에 효용을 인식하게 된다.

   ① 단기효용성 상품
   ② 미래지향적 상품
   ③ 종합생활설계 상품
   ④ 무형의 상품

22. 다음 중 보험사고 발생시 지급되는 보험급부에 대해 맞게 설명한 것은?
   ① 종신보험 - 보험기간 3년 경과 후 자살 시 기납입보험료 환급하고 계약소멸
   ② 어린이보험 – 만 15세미만 사망시 책임준비금을 지급하고 계약소멸
   ③ CI보험- 치명적인 중대한 질병 발생시 사망보험금 100% 지급하고 계약소멸
   ④ 변액연금보험 - 제1보험기간 사망시 기본보험금과 계약자적립금을 합한 금액을 지급하고 계약소멸.

23. 다음 중 연금저축보험의 성격이 아닌 것은?
   ① 특별계정상품
   ② 저축성보험
   ③ 생사혼합보험
   ④ 배당보험

05 유형

24. 다음 중 퇴직연금에 대해 틀리게 설명한 것은?
① 퇴직급여가 사전에 확정되는 형태는 DB이다.
② 근로자 퇴직 시 연금 또는 일시금을 지급하는 형태이다.
③ 퇴직연금은 근로자의 퇴직금을 외부 금융기관에 적립하여 운용할 수 없다.
④ 퇴직연금은 전 사업장으로 확대되어 시행 중이다.

25. 다음 중 생명보험회사의 「곰두리보장보험」에 대한 설명으로 맞는 것은?
① 소득보장형, 사망보장형, 암보장형으로 개발되어 있다.
② 「곰두리보장보험」이라는 명칭의 장애인전용보험을 1998년2월부터 판매하였다.
③ 연간 6천만원을 한도로 증여세가 비과세된다.
④ 장애인전용 생명보험은 보장내역에 유사한 일반 보험과 보험료가 비슷하다.

26. 다음 중 보험료적립금을 펀드로 운용하여 그 실적을 매일 평가하여 보험금에 반영하는 보험은?
① 확정금리형보험
② 금리연동형보험
③ 일반계정보험
④ 실적배당형보험

27. 다음 중 보장성보험에 대해 맞게 설명한 것은?
① 기준연령에서 사망시 지급되는 보험금의 합계액이 이미 납입한 보험료를 초과하지 아니하는 보험
② 기준연령에서 생존시 지급되는 보험금의 합계액이 이미 납입한 보험료를 초과하는 보험
③ 기준연령에서 사망시 지급되는 보험금의 합계액이 이미 납입한 보험료를 초과하는 보험
④ 기준연령에서 생존시 지급되는 보험금의 합계액이 이미 납입한 보험료를 초과하지 아니하는 보험

28. 다음 중 생명보험 상품에 대한 설명으로 맞는 것은?
① 어린이보험은 원칙적으로 사망을 보장하는 급부설계가 불가능하다.
② 생명보험회사에서 판매하는 일반연금보험은 계약자가 다른 보험회사로의 계약이전을 신청할 수 있다.
③ 계약자는 보험금 지급시점에 배당여부를 결정할 수 있다.
④ 자산연계형 보험은 투자성과가 100% 계약자에게 귀속된다.

29. 다음 중 보장성보험에 대해 맞게 설명한 것은?
① 주보험의 보험사고를 기준으로 보장성보험으로 분류된다.
② 보장성보험은 생존시 지급되는 보험금이 이미 납입한 보험료를 초과하는 보험을 말한다.
③ 제3보험 상품도 보장성보험에 해당한다.
④ 보장성보험은 생존시 급부금이 전혀 없다.

30. 다음 중 ( ) 안에 들어 갈 숫자가 순서대로 맞게 나열한 것은?

> CI보험은 중대한 질병발생시 보험금의 50% 또는 ( )를 선지급 받을 수 있고, 나머지는 사망 시 지급되도록 설계되어 있다.

① 30%
② 70%
③ 80%
④ 90%

■ 〈제3보험〉다음 문제의 물음에 가장 적합한 것 하나만 골라 그 번호를 답안지에 표기하시오. (1문제당 4점)

05 유형

31. 다음 중 ( )에 들어갈 내용으로 맞는 것은?

> 제3보험상품은 약관상 보장하지 않는 원인으로 사망시 ( )을(를) 지급하고 계약이 소멸한다

① 사망보험금
② 기납입보험료
③ 보험가입금액
④ 책임준비금

32. 다음 중 해당되는 보험업이 다른 보험종목은?

① 화재보험
② 해상보험
③ 자동차보험
④ 상해보험

33. 다음 중 피보험이익이 인정될 수 없는 보험은?

① 화재보험
② 연금보험
③ 자동차보험
④ 실손의료보험

34. 다음 중 생명보험에서 사망을 보험사고로 한 계약이 무효가 되는 피보험자(보험대상자)가 아닌 경우는?

① 15세 미만자
② 신용불량자
③ 심신박약자
④ 심신상실자

35. 다음 중 상법상 상해보험과 생명보험의 차이점이 아닌 것은?

① 보험금의 지급방법

② 무효가 되는 계약의 범위

③ 피보험자(보험대상자)

④ 보험사고

36. 다음 중 상해보험의 의의에 대해 맞게 설명한 것은?

① 노후의 안정적인 생활자금 마련을 보장하는 보험이다.

② 건강보험과 종신보험의 장점이 결합된 보험이다.

③ 심신이 지속적으로 장애를 일으키는 상태를 보장하는 보험이다.

④ 우연하고도 급격한 외래의 사고로 인한 상태를 보장하는 보험이다.

37. 다음 중 상해보험의 일반적 가입조건에 대해 맞게 설명한 것은?

① 일반적으로 고연령은 가입할 수 없다.

② 특약을 통해서만 질병사망을 보장할 수 있다.

③ 위험직에 대해서도 가입제한이 없다.

④ 보험기간은 일반적으로 1년 미만이다.

38. 다음 중 우리나라에서 판매되고 있는 간병보험의 상품구조에 따른형태가 아닌것은?

① 종신보장형

② 공적보장형

③ 연금형

④ 정기보장형

39. 다음 중 실손의료보험 상품에 대해 맞게 설명한 것은?

① 공적 건강보험의 부족분을 보완해 준다.

② 생명보험사의 실손의료보험 판매 근거는 상법이다.

③ 현재 생보사는 단체실손의료보험 상품만 판매할 수 있다.

④ 공적건강보험에서 부담하는 의료비도 지급한다.

40. 다음 중 현재 우리나라에서 판매되고 있는 간병보험의 위험률 산출방식으로 맞는 것은?

① 현금흐름제도
② 고정률제도
③ 위험률변동제도
④ 보험료갱신제도

생명보험설계사 모의고사 05 유형 정답

1	X	2	X	3	X	4	o	5	X
6	3	7	1	8	3	9	3	10	3
11	1	12	1	13	1	14	3	15	3
16	3	17	2	18	2	19	3	20	1
21	2	22	4	23	3	24	3	25	1
26	4	27	4	28	1	29	3	30	3
31	4	32	4	33	2	34	2	35	3
36	4	37	2	38	2	39	1	40	3

생명보험 및 제3보험 설계사 등록자격시험 예상문제

06 유형

■ 〈공통〉 다음 문제에서 맞는 것은 ○표, 틀린 것은 ×표를 답안지에 표기하시오.

(1문제당 3점)

1. 생명보험회사는 1960년대에 국민저축기관으로 지정되었다.

(O, X)

2. 암환자가 진단받은 사실을 숨기고 보험가입을 한 경우 보험범죄라 볼 수 없다.

(O, X)

3. 보험회사는 중도보험금은 지급시기 도래일 10일 이전에, 만기보험금은 15일 이전에 보험계약자에게 알려야 한다.

(O, X)

4. 전 생애주기에 걸쳐 소득을 이전하는 재무설계는 평생소비만족을 극대화 시키는데 반드시 필요하지는 않다.

(O, X)

5. 프레임 레이트(prime rate)는 은행이 일류 우량기업에 적용하는 최우대 대출금리를 말한다.

(O, X)

■ 〈공통〉 다음문제의 (　)안에 가장 적합한 것 하나만 골라 그 번호를 표기하시오.

(1문제당 3점)

06 유형

6. 다음 중 우리나라 생명보험업계의 영업실적에 대해 맞게 설명한 것은?
 ① FY2011년 생명보험업계는 FY2001년 이후 10년 동안 연속흑자를 기록하였다.
 ② 2012년 3월말 현재 총 자산은 전년대비 하락하였다.
 ③ FY2011년 보장성보험은 전체 수입보험료의 24.0%를 점유함으로써 생명보험업계의 주력상품으로 자리매김 하였다.

7. 다음은 보험계약자에 대한 설명으로 맞는 것은?
 ① 2인 이상은 보험계약자가 될 수 없다.
 ② 보험금 청구권을 지정 받은 사람이다.
 ③ 18세인 자도 친권자의 동의를 받으면 보험계약자가 될 수 있다.

8. 다음 중 계약자 배당의 성격에 대한 설명으로 맞는 것은?
 ① 무배당 보험계약과 관계가 있다.
 ② 사후가격의 성격을 가진다.
 ③ 주식의 배당과 본질적으로 유사한 성격을 가진다.

9. 다음 중 언더라이팅의 의의 및 효과에 대하여 틀리게 설명한 것은?
 ① 역선택 방지보다는 보험사고 발생에 따른 조사에 더 중점을 두고 있다.
 ② 위험률차익 관리를 통하여 보험회사 경영의 안정성을 확보할 수 있다.
 ③ 계약자 간의 공정성 유지 및 선의의 계약자를 보호한다.

10. 다음 중 보험범죄 근절을 위한 보험협회의 업무에 대해 틀리게 설명한 것은?
 ① 홍보활동을 통한 소비자의 보험범죄에 대한 인식전환
 ② 보험범죄 방지교육을 통한 전문인력 양성
 ③ 보험범죄수사를 통한 보험범죄자 처벌 및 재산압류

11. 다음 중 보험계약의 전환시 알려야 할 중요사항이 아닌 것은?
 ① 예정 이자율
 ② 부활제도
 ③ 보험회사의 면책사유

12. 다음 중 보험계약의 효력에 대한 설명으로 맞는 것은?
   ① 보험회사가 계약의 청약을 승낙한 경우에는 제1회 보험료를 받은 때부터 보장이 개시된다.
   ② 현행약관은 보장개시일을 보험계약 승낙일로 본다.
   ③ 건강진단 계약의 경우 건강진단일로부터 15일 이후에 보장이 개시된다.

13. 다음 중 보험금 지급시기가 잘못된 것은?
   ① 보험금 청구시 구비서류 접수시 : 접수일로부터 5영업일 이내
   ② 지급사유 조사·확인 필요시 : 접수일로부터 10영업일 이내
   ③ 10일 이내 지급하지 못할 것으로 예상시 : 접수일로부터 30영업일 이내

14. 다음 중 종합소득과세 대상 소득이 아닌 것은?
   ① 부동산임대소득
   ② 퇴직소득
   ③ 근로소득

15. 다음 중 금융재산 상속공제에 대해 틀리게 설명한 것은?
   ① 상속개시일 현재 순금융재산에 대해 최고 2억원까지 상속 공제해 준다.
   ② 순금융재산이란 금융재산에서 금융채무를 차감한 가액이다.
   ③ 순금융재산이 3억원인 경우 2억원을 상속공제한다.

16. 다음 중 비과세되는 이자·배당소득이 아닌 것은?
   ① 공익신탁의 이익
   ② 녹색예금, 채권에서 발생하는 이자소득
   ③ 사회기반시설채권의 이자소득

17. 다음 중 상속순위가 잘못 연결 된 것은?
   ① 제1순위: 피상속인의 직계비속
   ② 제2순위: 피상속인의 직계존속
   ③ 제3순위: 피상속인의 방계혈족

18. 다음 중 항목별공제에 대해 맞게 설명한 것은?
    ① 노인장기요양보험료는 전액공제된다.
    ② 의료비의 경우 총급여액의 5% 초과액을 공제한다.
    ③ 교육비의 경우 대학생 1명당 700만원 한도로 공제된다.

19. 다음 중 보험설계사가 지양해야 할 판매행위가 아닌 것은?
    ① 특정 분야에 대해 자격있는 전문가에게 문의하는 행위
    ② 고객과 공동으로 보험에 가입하고 이익의 일부를 수수료로 받는 행위
    ③ 제3자로부터 고객을 소개받았을 때 소개비를 주는 행위

20. 다음 중 우리나라 국가재정의 회계연도는?
    ① 1월1일 ~ 12월31일
    ② 3월1일 ~ 다음해 2월28일
    ③ 6월1일 ~ 다음해 5월31일

■ 〈생명보험〉다음 문제의 물음에 가장 적합한 것 하나만 골라 그 번호를 답안지에 표기하시오.
(1문제당 4점)

21. 다음 중 생명보험계약체결의 특징에 대한 설명으로 맞는 것은?
    ① 계약자의 청약과 보험회사의 승낙으로 계약이 성립한다.
    ② 별도의 심사절차 등을 거치지 않는 불요식낙성계약이다.
    ③ 개인별로 각각의 보험계약내용 및 청약서를 만들어 사용한다.
    ④ 보험가입증서가 교부됨으로써 계약의 성립이 확정된다.

22. 다음 중 특별계정 운용 보험상품에 대해 틀리게 설명한 것은?
    ① 특정한 보험계약의 손익을 구분하기 위하여 자산을 별도로 분리하는 것을 말한다.
    ② 보험계약자간 형평성 및 보험경영의 투명성을 제고하기 위한 제도적 장치이다.
    ③ 실적배당형 특별계정과 원리금보장형 특별계정으로 구분할 수 있다.
    ④ 특별계정에서 운용되는 상품은 예금자보호법에 따른 보호를 받지 못한다.

23. 다음 중 장래보험금을 마련하기 위한 준비금의 이자를 적립하는 방식에 따른 분류가 아닌 것은?
    ① 확정금리형 보험
    ② 금리연동형 보험
    ③ 자산연계형 보험
    ④ 특별계정 보험

24. 다음 중 변액보험의 공시방법에 대해 틀리게 설명한 것은?
    ① 변액보험의 청약시 「변액보험 운용설명서」를 제공한다.
    ② 펀드설정일로부터 계산된 특별계정 전체의 수익률을 홈페이지에 펀드별로 공시 한다.
    ③ 변액보험 가입이후 반기별로 「보험계약정보」를 계약자에게 통보한다.
    ④ 보험회사 홈페이지를 통해서 변액보험 특별계정 운용현황을 제공한다.

25. 다음 중 보험상품에 대해 틀리게 설명한 것은?
    ① 변액보험은 보험의 본질적인 위험보장기능을 수행하기 위해 일정수준이상의 사망보험금을 보증하도록 설계하고 있다.
    ② 변액종신보험은 일반종신보험으로 전환할 수 없다.
    ③ 교육보험은 부모 사망시에도 교육자금 및 양육자금이 지급된다.
    ④ CI보험의 경우, 회사별로 보장하는 CI의 정의가 다를 수 있다.

26. 생명보험 표준약관에서 보험 약관의 교부 및 설명의무를 위반할 경우 보험계약이 성립한 날로부터 몇 개월 이내에 그 계약을 취소할 수 있는가?
    ① 1개월
    ② 3개월
    ③ 6개월
    ④ 12개월

27. 계약의 성립요건으로 특별한 형식이나 절차를 요구하지 않는 계약을 어떤 계약이라 하는가?
    ① 불요식 계약
    ② 사행 계약성
    ③ 선의 계약성
    ④ 낙성 계약성

06 유형

28. 생명 보험 상품의 특징과 관련이 없는 것은?
① 무형의 상품
② 다양한 설계가 가능한 상품
③ 계약 후 관리가 필요한 상품
④ 과거 지향적 상품

29. 생명보험의 판매 상품이 아닌 것은?
① 연금보험
② 실손보험
③ CI 보험
④ 유니버셜 보험

30. 장애인의 보험가입 기준 및 절차와 관련이 없는 것은?
① 보험회사는 장애인이라는 이유만으로 보험가입을 차별 할 수 없다.
② 장애인은 비장애인과 다른 방법으로 보험상품에 가입한다.
③ 장애인의 인수 거절을 방지하기 위하여 2005년 8월에 장애인 보험계약 인수를 위한 모범 기준을 마련 하였다.
④ 정당한 사유 없이 장애인의 청약을 거절 할 경우 3년이하의 징역 또는 3천만원 이하의 벌금형을 받는다.

■ 〈제 3보험〉다음 문제의 물음에 가장 적합한 것 하나만 골라 그 번호를 답안지에 표기하시오. (1문제당 4점)

31. 다음 중 보험의 구분 및 특성에 대해 틀리게 설명한 것은?
① 생명보험은 사람의 생존 또는 사망에 대해 보장한다.
② 손해보험은 피보험이익이 존재한다.
③ 질병보험은 사람의 생존을 보장하는 생명보험의 영역이다.
④ 제3보험은 실손보상급부에서 중복보험이 존재한다.

32. 제3보험상품을 모집하고자 하는 자는 보험회사를 통하여 _____로부터 등록업무를 위탁받은 보험협회에 등록해야 한다. 빈 칸에 들어갈 알맞은 말은?
   ① 금융감독원
   ② 기획재정부
   ③ 금융위원회
   ④ 한국은행

33. 다음 중 제3보험상품에서 비례보상을 할 수 있는 경우는?
   ① 생명보험회사가 제3보험상품의 약관상 실손보상을 명시한 경우
   ② 손해보험회사가 제3보험상품의 약관상 정액보상을 명시한 경우
   ③ 생명보험회사 및 손해보험회사가 제3보험상품의 약관상 정액보상을 명시한 경우
   ④ 제3보험상품에서 초과보험,중복보험의 개념이 성립되는 경우

34. 다음 중 현재가치가 1,000만원인 자동차의 피보험이익은 얼마인가?
   ① 10만원
   ② 100만원
   ③ 1,000만원
   ④ 2,000만원

35. 다음 중 제3보험의 질병사망특약 부가요건이 틀린 것은?
   ① 보험기간 : 생명보험 - 제한없음
   ② 보험기간 : 손해보험 - 80세까지
   ③ 보험금액 : 생명보험 - 제한없음
   ④ 보험금액 : 손해보험 - 3억원

36. 다음 중 상해보험에 관한 설명으로 맞는 것은?
   ① 신체허약, 질병 등은 상해에 포함되는 보험사고로 보지 않는다.
   ② 자해행위, 싸움으로 인한 상해는 외래성이 있으므로 상해에 해당하는 보험사고로 본다.
   ③ 상해사고가 완만하거나 연속적으로 발생하는 것은 일반적으로 보험사고로 인정한다.
   ④ 상해보험은 재해로 인한 수술비 특약, 입원특약 등을 부가할 수 없다.

06 유형

37. 다음 중 재해분류표에 대해 맞게 설명한 것은?

① 보장대상이 되는 재해만을 명시하고 있다.
② 현재 열거주의 방식으로 재해를 적용하고 있다.
③ 한국표준질병·사인분류상의 분류번호를 사용하고 있다.
④ 과로 및 격심한 운동에 의한 사고는 보장대상이 되는 재해이다.

38. 다음 중 암보험에 대해 틀리게 설명한 것은?

① 3대 주요암 등 특정암만을 집중적으로 보장하는 상품도 있다.
② 일반적으로 암진단급여금은 1회만 보장된다.
③ 일반적으로 주계약을 통해서만 암사망 보장을 받을 수 있다.
④ 상피내암(0기 암)의 경우 암관련 보험금의 20%~40%를 지급한다.

39. 실손의료보험의 주요 보장내용이다. 다음 ( ) 안에 들어갈 내용으로 알맞지 않은 것은?

> 입원의 경우 최고 (가)만원이내, 통원의 경우 일당 최고 (나)만원 이내에서 보상하고, 외래는 연간 (다)회까지, 약제비는 건당(라)회까지 보상한다.

① 가. 5000
② 나. 30
③ 다. 180
④ 라. 120

40. 다음 중 간병보험의 종류가 다른 하나는?

① 65세 이상의 노인 및 65세 미만으로 노인성 질병을 가진 국민을 대상으로 한다.
② 요양급여제공을 위해 심신의 기능상태에 따라 장기요양 인정점수를 산정한다.
③ 등급에 따라 신청인은 노인요양시설 등과 계약을 체결하여 요양서비스를 제공받고 그 비용에 대해 지원 받을 수 있다.
④ 보험금 지급방식에 따라 정액보상형과 실손보상형으로 구분된다.

생명보험설계사 모의고사 06 유형 정답

1	O	2	X	3	X	4	X	5	O
6	1	7	3	8	2	9	1	10	3
11	2	12	1	13	1	14	2	15	3
16	3	17	3	18	2	19	1	20	1
21	1	22	4	23	4	24	3	25	2
26	2	27	1	28	4	29	2	30	2
31	3	32	3	33	1	34	3	35	4
36	1	37	3	38	3	39	4	40	4

생명보험 및 제3보험 설계사 등록자격시험 예상문제

■ 〈공통〉 다음 문제에서 맞는 것은 ○표, 틀린 것은 ×표를 답안지에 표기하시오.

(1문제당 3점)

1. 우리나라는 2011년 3월기준 총 23개의 생명보험회사가 영업을 하고 있다.

(O, X)

2. 보험금을 노리고 살인을 저질렀다면 사기죄와 경합범이 된다.

(O, X)

3. 보험료는 보험료 산출기초가 되는 예정사망률이 1년 단위로 측정되기 때문에 매년 1회 납입하는 것이 원칙이다.

(O, X)

4. 인생의 5대 생활 자금은 가정의 생활자금, 긴급예비자금, 주택자금, 노후생활자금, 상속자금이다.

(O, X)

5. 패럴림픽(Paralympic)은 신체장애인 올림픽으로 2년마다 개최된다.

(O, X)

■ 〈공통〉 다음문제의 ( )안에 가장 적합한 것 하나만 골라 그 번호를 표기하시오.

(1문제당 3점)

6. 다음 중 평균수명 연장에 따라 예상되는 상황으로 맞는 것은?
   ① 공적보장기능의 강화
   ② 출산율 상승으로 인한 노동 인구의 증가
   ③ 노후생활자금 준비를 위한 생명보험 수요증가

7. 다음 중 보험계약 관계자끼리 맞게 묶은 것은?

① 보험계약자, 보험회사, 피보험자(보험대상자), 보험설계사

② 보험계약자, 피보험자(보험대상자), 보험수익자, 보험회사

③ 보험계약자, 보험수익자, 피보험자(보험대상자), 보험중개인

8. 다음 중 계약자 배당기준 산정에 대한 설명으로 맞는 것은?

① 각 계약마다 이원별로 배당기준을 산정하고 있다.

② 지급대상은 최소 13개월 이상 유지된 유효한 보험계약이다.

③ 계약자 보호를 위해 모든회사가 동일한 배당률을 적용하고 있다.

9. 다음과 같은 사례의 경우 중점적으로 실시해야 할 언더라이팅의 대상은?

- 직업은 헬기조종사이고, 취미는 패러글라이딩과 암벽등반
- 할아버지와 삼촌이 위암으로 사망

① 환경적 언더라이팅, 신체적 언더라이팅

② 재정적 언더라이팅, 신체적 언더라이팅

③ 도덕적 언더라이팅, 재정적 언더라이팅

10. 인생의 5대 생활자금중 자금의 계산법이 틀린 것은?

① 가족의 생활자금= 월간생활비*0.7*12개월*(막내의 대학졸업시 연령-막내의 현재연령)

② 부부의 노후생활자금=월간생활비*0.7*12개월*남편정년시 남편의 평균여명

③ 주택자금= 주택구입 및 확장시 필요자금의 미래가치

11. 다음 중 부당한 계약전환으로 인한 부활에 대한 설명으로 맞는 것을 모두 고른 것은?

가. 부당한 보험계약의 전환으로 인한 부활은 기존 보험계약의 소멸과 새로운 보험계약의 체결이 동일한 보험회사를 대상으로 하여 이루어진 경우에만 적용된다.

나. 보험회사는 부활 청구를 받은 날부터 30일 이내에 승낙 또는 거절의 통지를 하여야 한다.

다. 보험중개사가 행한 부당한 보험계약의 전환도 부활제도가 적용된다.

① 가, 나
② 나, 다
③ 가, 다

12. 다음 중 보험계약의 청약철회 제도에 대해 맞게 설명한 것은?
① 전화·우편 등 통신수단을 이용하여 청약을 한 경우에도 청약철회가 가능하다.
② 청약철회 가능 기간은 보험상품의 종류에 따라 다르다.
③ 보험계약자와 수익자가 다를 경우 수익자도 청약철회를 할 수 있다.

13. 다음 중 근로소득자인 김생명씨의 소득공제액은 얼마인가?

> 가. 보장성보험에 가입하여 연간 150만원을 납부하였다.
> 나. 연금저축(신개인연금보험)에 가입하여 연간 240만원을 납부하였다.

① 150만원
② 340만원
③ 390만원

14. 다음 중 민법상의 상속순위에 대해 틀리게 설명한 것은?
① 제1순위는 피상속인의 직계비속(자녀, 손자)이다.
② 제4순위는 피상속인의 4촌이내의 방계혈족이다.
③ 태아의 상속순위에 관하여는 출생한 것으로 보지 않는다.

15. 다음 중 연금소득에 대한 과세방법으로 맞게 설명한 것은?
① 퇴직연금은 매월 연금을 지급할 때 지급기관에서 간이세액표에 의해 원천징수한다.
② 공적연금의 경우 연금수령자가 다음해 5월에 종합소득세 신고를 해야 한다.
③ 총 연금액이 연 600만원 이하인 경우에는 분리과세를 선택할 수 있다.

16. 다음 중 보험회사 결산공시에 대해 틀리게 설명한 것은?
   ① 공시일로부터 5년간 공시하여야 한다.
   ② 매 사업년도 결산일로부터 3월 이내에 공시하여야 한다.
   ③ 회사의 인터넷 홈페이지에도 공시하여야 한다.

17. 보험업법에서는 과장,허위광고를 통한, 소비자 피해방지를 위해 필수안내사항을 규정하고 있다. 틀리게 설명한 것은?
   ① 계약 체결 전 상품설명서 및 약관을 읽어볼 것을 권유하는 내용
   ② 기존계약 해지 후 다른 계약을 체결해도 기존계약과 보장내용이 같다는 내용
   ③ 변액보험과 관련, 자산운용의 성과에 따른 보험금 변동사항과 예금자 보호법의 적용 범위

18. 다음 중 보험인 윤리강령에 포함되지 않은 항목은?
   ① 공공성
   ② 성실 봉사
   ③ 영업력 극대화

19. 다음 중 보험설계사의 책임이 맞게 짝지워진 것은?
   ① 고객에 대한 책임 - 보험료 수령
   ② 보험회사에 대한 책임 - 회사 및 상품 소개
   ③ 보험설계사 자신에 대한 책임 - 부당한 계약전환 금지

20. 다음 중 경쟁자가 없는 시장의 새로운 소비자를 가리키는 말은?
   ① 체리피커
   ② 블루슈머
   ③ 트윈슈머

■〈생명보험〉다음 문제의 물음에 가장 적합한 것 하나만 골라 그 번호를 답안지에 표기하시오.

(1문제당 4점)

21. 다음 중 생명보험상품의 특징이 아닌 것은?

① 무형의 상품
② 장기효용성 상품
③ 정형화된 요식이 필요한 상품
④ 미래지향적 상품

22. 다음 중 생명보험상품의 특약에 대해 맞게 설명한 것은?

① 특약도 주계약과 같이 별개의 보험상품이다.
② 우량체할인특약의 경우 별도의 보험료 납입이 필요하다.
③ 변액보험의 선택특약도 변액보험의 실적배당률로 부리된다.
④ 계약자는 의무부가특약을 선택할 수 있다.

23. 다음 중 생존보험에 대해 맞게 설명한 것은?

① 사망시 저렴한 보험료로 고액의 보장을 받을 수 있다.
② 생존보험은 특별계정으로 운영할 수 없다.
③ 교육보험, 연금보험 및 보장성보험을 제외한 보험이다.
④ 일정 시점에서 피보험자의 생존을 보험금 지급사유로 한다.

24. 다음 중 유니버설 보험에 대해 틀리게 설명한 것은?

① 보험료 추가납입, 보험금 중도인출이 가능하다.
② 기본보험금에 공시이율이 부리되어 추가적립된 금액을 보험금으로 지급한다.
③ 공시이율에 따라 특별계정에서 운용되지만, 운용리스크를 보험회사가 부담한다.
④ 최근에는 유니버설보험의 보험료 추가납입, 보험금 중도인출기능이 다양한 상품에 도입되고 있다.

25. 다음 중 생존기간에 적립금의 이자만 지급하는 연금의 지급방법은?

① 확정연금형
② 종신연금형
③ 혼합연금형
④ 상속연금형

26. 변액보험 공시와 관련한 설명 중 틀린 것은? 2
① 변액보험 공시실에는 변액보험 전반에 대한 내용을 확인할 수 있다.
② 변액보험 가입한 고객에게는 반기별 1회 이상 보험계약 관리 내용을 통보하도록 되어 있다.
③ 변액보험 운용설명서 및 보험계약관리내용은 각 생명보험회사 인터넷 홈페이지를 통해 확인할 수 있다.
④ 홈페이지에 펀드별로 공시된 수익률은 개별계약자에게 실제 적용되는 수익률은 아니다.

27. 퇴직보험 및 퇴직연금에 대한 설명으로 틀린 것은?
① 퇴직보험은 현재는 가입이 중단된 상태이다.
② 퇴직연금제도는 퇴직급여가 사전에 확정된 확정기여형 제도, 운용수익에 따라 퇴직급여가 변동되는 확정급여형 제도, 퇴직하거나 이직할 때 퇴직금을 자기명의계좌로 개설하는 개인퇴직계좌로 나뉜다.
③ 퇴직연금 제도의 도입 초기에는 5인 이상 근로자를 사업장을 대상으로 하였다.
④ 퇴직연금 제도는 현재 근로자의 인원과 상관없이 모든 사업자에서 시행 중이다.

28. 생명보험의 특성으로 틀린것은?
① 유상,쌍무계약
② 요식,낙성계약
③ 사행계약
④ 선의계약

29. 생명보험표준약관에서 확대된 보험계약자의 권리중 괄호안에 해당되는 숫자는?

> 상법에서는 보험회사가 보험약관의 교부,설명의무를 위반할 경우 보험계약자는 보험계약이 성립된 날부터 ( )개월 이내에 그 계약을 취소할수 있는 것으로 규정하고 있으나, 생명보험 표준약관에서는 청약일부터 ( )개월 이내로 확대

① 3.1 ② 3.2
③ 1.3 ④ 2.5

07 유형

30. 생명보험계약과 손해보험계약의 일반적인 차이점으로 틀린것은?
 ① 보장대상 사람의 생존, 사망 재산상의 손해
 ② 보상원칙 실손보상 정액보상
 ③ 보험기간 장기 단기
 ④ 취급회사 생명보험회사 손해보험회사

■ 〈제 3보험〉다음 문제의 물음에 가장 적합한 것 하나만 골라 그 번호를 답안지에 표기하시오. (1문제당 4점)

31. 다음 중 제3보험의 정의에 대해 틀리게 설명한 것은?
 ① 생·손보 고유영역을 제외한 영역이다.
 ② 화재보험은 제3보험 중 상해보험에 속한다.
 ③ 질병보험은 질병으로 인한 입원, 수술, 통원 등을 보장한다.
 ④ 상해보험은 우연하고도 급격한 외래의 사고를 보장한다.

32. 다음 중 제3보험의 특성에 대해 틀리게 설명한 것은?
 ① 보험기간 - 장기
 ② 중복보험 - 실손보상급부에는 존재
 ③ 피보험자(보험대상자) - 보험사고의 대상
 ④ 피보험이익 - 필수 요소

33. 다음 중 상법 및 보험업법에 대한 설명으로 맞는 것은?
 ① 보험업법은 보험업을 인보험과 손해보험으로 구분한다.
 ② 상법에서 상해보험은 인보험의 내용을 모두 준용한다.
 ③ 현재 생명보험회사가 제3보험업을 영위하기 위해서는 별도의 허가를 받아야 한다.
 ④ 생명보험회사가 별도의 허가를 받더라도 손해보험업을 영위할 수 없다.

34. 다음은 보험업법상 제3보험업의 정의이다. ( )안에 들어갈 말을 순서대로 맞게 나열한 것은?

> 사람의 질병·상해 또는 이로 인한 (　　)에 관하여 약정한 급여를 제공하거나
> (　　)의 보상을 약속하고 금전을 수수하는 것을 업으로 행하는 것

① 간병, 채권
② 치료, 손해
③ 장해, 손실
④ 간병, 손해

35. 다음 중 생명보험 및 손해보험에서 보장하는 위험의 특성을 맞게 연결한 것은?

① 생명보험- 장기, 정액보상
② 생명보험- 단기, 실손보상
③ 손해보험- 장기, 실손보상
④ 손해보험- 단기, 정액보상

36. 다음 중 상해보험의 특징에 대해 틀리게 설명한 것은?

① 보장내용에 따라 일반재해보장, 교통사고보장, 레포츠사고보장 등이 있다.
② 만기환급금의 유무에 따라 순수보장형과 만기환급형이 있다.
③ 생존과 사망을 기준으로 생존보험과 사망보험이 있다.
④ 각종 선택 특약의 부가로 재래로 인한 수술,입원,생활보조금의 지급등 추가보장이 가능하다.

37. 다음이 설명하는 것은 상해사고의 요건 중 어느 것에 해당하는가?

> 가. 결과의 발생을 피할 수 없는 정도의 상태
> 나. 완만하거나 연속적으로 발생하는 것은 보험사고에서 제외

① 외래성
② 급격성
③ 고의성
④ 우연성

38. 다음 중 장기간병보험에 대해 맞게 설명한 것은?
① 위험률 고정제도가 적용되고 있다.
② 현재 우리나라 생명보험사는 실손보상형 상품만을 판매하고 있다.
③ 현재 우리나라는 공적 장기간병보험 제도를 시행하지 않고 있다
④ 일정기간 이상의 장기간병상태를 보장대상으로 한다.

39. 다음 중 생명보험사의 실손의료보험의 주요 보장내용이 아닌 것은?
① 입원치료비
② 처방조제비
③ 건강생활비
④ 통원치료비

40. 다음 중 간병보험의 일반적 가입조건으로 맞게 설명한 것은?
① 가입가능 연령은 일반적으로 10세 이후이다.
② 대부분 상품의 보험기간은 20년이다.
③ 피보험자(보험대상자)의 사망이나 간병연금수령 종료시 계약은 소멸된다.
④ 일상생활장해상태에 대한 면책기간은 2년 이다.

생명보험설계사 모의고사 07 유형 정답

1	X	2	O	3	O	4	X	5	X
6	3	7	2	8	1	9	1	10	3
11	1	12	1	13	2	14	3	15	3
16	1	17	2	18	3	19	3	20	3
21	3	22	1	23	4	24	3	25	4
26	2	27	2	28	2	29	1	30	2
31	2	32	4	33	4	34	4	35	1
36	3	37	2	38	4	39	3	40	3

생명보험 및 제3보험 설계사 등록자격시험 예상문제

■ 〈공통〉 다음 문제에서 맞는 것은 ○표, 틀린 것은 ×표를 답안지에 표기하시오.

(1문제당 3점)

1. FY2011 생명보험업계는 글로벌 금융위기에 따른 국내 경기침체 등 경영여건의 악화로 당기 순이익 적자를 기록하였다.

(O, X)

2. 일가족 및 지인들을 동원한 조직적 보험사기는 줄어들고 있다.

(O, X)

3. 보험계약자는 보험금 지급사유가 발생한 경우 이를 보험회사에 알려야 할 의무가 있다.

(O, X)

4. 인생의 5대 생활 자금은 가정의 생활자금, 긴급예비자금, 주택자금, 노후생활자금, 상속자금이다.

(O, X)

5. DTI(Debt to Income)는 주택을 사려는 사람이 주택담보대출을 받을 때 미래에 돈을 얼마나 잘 갚을 수 있는지를 소득으로 따져 대출한도를 점검하는 제도이다.

(O, X)

■ 〈공통〉 다음문제의 (　)안에 가장 적합한 것 하나만 골라 그 번호를 표기하시오.

(1문제당 3점)

6. 다음 중 평균수명 연장에 따라 예상되는 상황으로 맞는 것은?
   ① 공적보장기능의 강화
   ② 출산율 상승으로 인한 노동 인구의 증가
   ③ 노후생활자금 준비를 위한 생명보험 수요증가

7. 다음 중 생명보험의 피보험자(보험대상자)에 대한 설명으로 틀린 것은?

① 보험계약자 자신이 피보험자(보험대상자)가 될 수 있다.

② 서면동의를 받은 제3자도 피보험자(보험대상자)가 될 수 있다.

③ 피보험자(보험대상자)수는 1인이상 될 수 없다.

8. 다음 중 계약자 배당에 대한 설명으로 맞는 것은?

① 연금보험은 직전 3개년도의 실적을 근거로 장래 계약자 배당을 예시할 수 있다.

② 배당액은 잉여금이 발생한 3대 이원을 평균하여 산정한다.

③ 2002년부터 선적립 후배당 체계를 적용하고 있다.

9. 다음 중 언더라이팅에 대한 설명으로 맞는 것은?

① 우리나라 보험회사의 언더라이팅은 표준체 인수가 중심이 된다.

② 표준체보다 위험이 낮은 경우를 표준미달체라고 한다.

③ 표준미달체에 대한 계약은 보험료를 삭감하여 인수하기도 한다.

10. 다음 중 경성사기에 해당하는 행위는?

① 고혈압을 숨기고 보험에 가입한 행위

② 차량에 불을 지르고 화재사고로 위장하여 보험금을 수령한 행위

③ 감기를 폐렴으로 속이고 입원을 통해 보험금을 수령한 행위

11. 다음은 보험종목의 변경에 대한 설명이다. (   )안에 들어갈 내용을 맞게 연결한 것은?

> 보험회사는 계약자가 (가)를 납입한 때부터 (나) 이상 경과된 유효한 계약으로써 그 보험종목의 변경을 요청한 때에는 회사의 (다)에서 정하는 방법에 따라 변경하여 준다.

① 가. 제1회 보험료   나. 1년   다. 사업방법서

② 가. 제1회 보험료   나. 6개월   다. 보험약관

③ 가. 제2회 보험료   나. 1년   다. 상품공시

08 유형

12. 다음과 같은 사례의 경우 보장개시일은 언제인가?

- 청 약 : 2010년 2월 1일
- 제1회 보험료 납입일 : 2010년 2월 3일
- 보험증권 수령 : 2010년 2월 25일

① 2010년 2월 1일
② 2010년 2월 3일
③ 2010년 2월 25일

13. 다음 중 신개인연금보험(연금저축)에 대해 틀리게 설명한 것은?

① 연간 400만원까지 소득공제가 가능하다.
② 납입만료 후 연금으로 수령 시 연금소득공제를 차감한 금액을 타 소득금액과 합산하여 종합과세한다.
③ 5년이내 중도해지 시에도 해지가산세가 부과되지 않는다.

14. 다음 중 장애인 등을 수익자로 하는 보험계약의 보험금에 대한 증여세 비과세 금액은 얼마인가?

① 연간 3,000만원
② 연간 4,000만원
③ 연간 5,000만원

15. 다음 중 근로소득자인 김보험씨의 2012년도 과세표준이 1,000만원인 경우 적용될 세율은?

① 6%
② 8%
③ 15%

16. 다음 보기의 소득공제 중 맞게 설명한 것은?

① 소기업·소상공인 공제부금은 연 400만원 한도로 소득공제 된다.
② 개인연금저축의 경우 불입금액 전액이 소득공제 된다.
③ 장기주식형저축 소득공제는 2009년 12월 31일 이전 가입자로서 불입금액(분기당 300만원 한도)에 대해 1년차 20%, 2년차 10%, 3년차 5%가 공제된다.

17. 다음 연금세제에 대한 설명 중 맞는 것은?
   ① 국민연금은 납입액 전액을 연금보험료로 공제하며 일시금 수령 시 연금소득으로 과세한다.
   ② 퇴직연금은 연 400만원 한도로 연금저축과 퇴직연금의 납입액을 합산하여 소득공제된다.
   ③ 연금소득은 종합과세함을 원칙으로 하되 총 연금액이 연 600만원 초과인 경우에는 분리과세를 선택할 수 있다.

18. 다음 중 생명보험회사 경영강령에서 포함하고 있는 내용이 아닌 것은?
   ① 보험소비자와 사회에 대한 책임구현
   ② 건전한 보험문화 확산과 국민복지 증진
   ③ 생명보험회사의 세계화 추진

19. 다음 중 거래관계가 없는 고객에게 광고성 정보를 보내는 것을 규제하는 법률은?
   ① 공공기관의 개인정보보호에 관한 법률
   ② 신용정보의 이용 및 보호에 관한 법률
   ③ 정보통신망법(정보통신망 이용촉진 및 정보보호 등에 관한 법률)

20. 다음 중 한반도 에너지 개발기구는 ?
   ① KEDO
   ② KFA
   ③ IAEA

■〈생명보험〉다음 문제의 물음에 가장 적합한 것 하나만 골라 그 번호를 답안지에 표기하시오.

(1문제당 4점)

21. 다음 중 생명보험상품의 상품개발과정에 대한 설명으로 틀린 것은?
① 특약도 상품개발 시 주계약과 동일한 개발절차를 거친다.
② 보험회사는 보험상품을 개발하여 판매 시 기초서류를 작성하여야 한다.
③ 보험회사는 대수의 법칙, 수지상등의 원칙 등을 기초로 보험상품을 개발한다.
④ 생명보험상품을 개발·판매할 때에는 판매 전에 금융감독원에 신고해야 한다.

22. 다음 중 가입자의 편의를 위한 생명보험상품의 제도성 특약이 아닌 것은?
① 우량체 할인특약
② 정기특약
③ 연금전환특약
④ 선지급서비스특약

23. 다음 중 장애인의 보험가입에 대해 틀리게 설명한 것은?
① 장애인은 비장애인과 구별하여 별도의 심사과정을 거쳐 보험에 가입한다.
② 정당한 사유 없이 장애인의 보험가입을 거절할 경우 장애인차별금지법에 따라 처벌된다.
③ 생명보험협회는 보험가입 차별방지를 위한 신고센터를 운용하고 있다.
④ 생명보험 및 손해보험에서 장애인전용상품이 판매되고 있다.

24. 다음 중 보험종류별로 보험사고가 잘못 연결된 것은?
① 연금보험 - 연금개시시점의 피보험자의 생존
② 종신보험 - 피보험자의 사망
③ 제3보험 - 신체의 질병이나 상해
④ 교육보험 - 피보험자의 사망

25. 다음 중 연금보험에 대한 설명으로 틀린 것은?
   ① 일반적으로 연금지급개시 전의 위험보장기간과 연금지급기간으로 구분된다.
   ② 위험보장기간에 피보험자 사망 시 책임준비금을 지급하고 계약은 소멸한다.
   ③ 종신연금형이나 종신연금형을 포함한 혼합연금형의 경우, 연금지급 개시 이후에도 계약을 해지할 수 있다.
   ④ 가입 시 상품에 따라 소득공제 및 비과세 등 다양한 세제혜택이 있다.

26. 다음 중 연금보험에 대한 설명으로 틀린 것은?
   ① 일반적으로 연금지급개시전의 위험보장기간과 연금지급기간으로 구분된다.
   ② 위험보장기간에 피보험자 사망시 책임준비금을 지급하고 계약은 소멸한다.
   ③ 종신연금형의 경우 연금지급 개시 이후에도 계약을 해지할 수 있다.
   ④ 가입 시 상품에 따라 소득공제 및 비과세 등 다양한 세제혜택이 있다.

27. 다음 중 확정금리형, 금리연동형, 자산연계형, 실적배당형 보험은 보험상품의 어떤 특징에 따라 분류한 것인가?
   ① 보험가입의 주목적
   ② 보험사업에 따른 이익을 계약자에게 분배하는가 여부
   ③ 운용하는 계정을 별도로 분리하는가의 여부
   ④ 장래 보험금을 마련하기 위한 준비금의 이자적립방식

28. 다음 중 부등호의 방향으로 맞는 것은?

   - 보장성 보험 : 피보험자가 기준연령에서 생존시 지급되는 보험금 (   ) 기납입보험료
   - 저축성 보험 : 피보험자가 기준연령에서 생존시 지급되는 보험금 (   ) 기납입보험료

   ① ≤, 〉
   ② 〈, ≥
   ③ 〉, 〈
   ④ ≤, 〈

08 유형

29. 다음 중 유니버셜 보험에 대해 틀리게 설명한 것은?
① 보험료 추가납입, 보험금 중도인출이 가능하다.
② 기본보험금에 공시이율이 부리되어 추가적립된 금액을 보험금으로 지급한다.
③ 공시이율에 따라 특별계정에서 운용되지만, 운용리스크를 보험회사가 부담한다.
④ 최근에는 유니버셜 보험의 보험료 추가납입, 보험금 중도인출기능이 다양한 상품에 도입되고 있다.

30. 다음 중 생명보험상품의 특징에 맞게 설명한 것은?
① 과거의 발생했던 보험사고에 대한 보상을 주내용으로 한다.
② 생명보험 계약은 특별한 양식이 필요없는 불요식계약이다.
③ 보험상품 구매에 따른 효과를 바로 느낄 수 있다.
④ 계약자의 청약이 있으면 계약이 성립된다.

■ 〈제 3보험〉다음 문제의 물음에 가장 적합한 것 하나만 골라 그 번호를 답안지에 표기하시오. (1문제당 4점)

31. 다음 중 제3보험의 법률적 지위에 대해 틀리게 설명한 것은?
① 상법상 일부조항을 제외하고 대부분 인보험을 준용한다.
② 보험업법상 생명보험업에 정의되어 있다.
③ 생명보험업의 전 종목을 허가를 받은 경우 제3보험을 영위할 수 있다.
④ 보험업법은 보험업을 생명보험업, 손해보험업 두 가지로 구분하고 있다.

32. 다음이 설명하는 보험종목은?

> 상해·질병으로 인한 활동불능 또는 인식불능 등 타인의 수발을 필요로 하는 상태 등을 보장하는 보험

① 질병보험
② 상해보험
③ 간병보험
④ 생명보험

33. 다음 중 피보험이익에 대해 틀리게 설명한 것은?

① 손해보험에서 피보험이익은 필수적인 요소이다.

② 피보험이익은 금전으로 산정할 수 있어야 한다.

③ 생명보험에서도 피보험이익의 일부를 인정한다.

④ 손해보험은 피보험이익을 최고한도로 계약을 체결한다.

34. 다음 중 장기의 정액보상을 보장하는 보험종목으로 볼 수 없는 것은?

① 연금보험

② 종신보험

③ 정기보험

④ 자동차보험

35. 다음 중 제3보험의 상법상 지위에 대해 맞게 설명한 것은?

① 인보험의 일부로 질병보험과 간병보험을 규정하고 있다.

② 상해보험은 15세미만자의 사망을 보험사고로 할 경우 무효이다.

③ 상해보험에 관하여는 조항 중 일부를 제외하고 손해보험에 관한 규정을 준용한다.

④ 상해보험계약의 보험자는 신체의 상해에 관한 보험사고가 생길 경우 보험금액 기타의 급여를 할 책임이 있다.

36. 다음이 설명하는 것은 상해사고의 요건 중 어느 것에 해당하는가?

> 가. 보험사고의 원인 또는 결과의 발생을 예견할 수 없는 상태
> 나. 보험사고의 핵심적인 요건
> 다. 피보험자(보험대상자)의 의사에 기인하지 않음

① 외래성

② 급격성

③ 연속성

④ 우연성

37. 다음은 상해보험에 대한 설명이다. (   )안에 알맞은 것은?

> 상해보험에서 보장하지 않는 원인으로 피보험자(보험대상자)가 사망한 경우 (   )을(를) 지급하고 보험계약이 소멸된다.

② 일반사망보험금
③ 이미 납입한 보험료
④ 사망시점 해지환급금

38. 다음 중 간병보험의 수발필요상태에 해당하는 것을 맞게 설명한 것은?

① 중증재해상태, 일상생활장해상태
② 일상생활장해상태, 중증치매상태
③ 중증치매상태, 암말기진단상태
④ 암말기진단상태, 중증재해상태

39. 다음 중 생명보험 실손의료보험의 가입절차에 대해 틀리게 설명한 것은?

① 실손보험 중복체크를 위해 고객정보활용동의서를 받아야 한다.
② 보험계약 체결 후 실손보험 중복가입 여부를 반드시 확인해야 한다.
③ 설계사는 일정절차를 거쳐 생명보험협회 사이트에 접속하여 고객의 중복가입 여부를 확인할 수 있다.
④ 중복가입 확인결과 기가입 고객이면 추가가입이 필요 없음을 안내한다.

40. 다음 중 해당하는 내용의 숫자의 크기가 가장 작은 것은?

① 암보장 면책기간
② 간병보험의 일상생활장해상태로 인한 보장개시일
③ 간병보험의 일반적 가입 가능연령
④ 2009년 10월 이후 생명보험사에서 판매되는 실손의료보험 상품의 입원 자기부담한도

생명보험설계사 모의고사 08 유형 정답

1	X	2	X	3	O	4	O	5	O
6	3	7	3	8	3	9	1	10	2
11	1	12	2	13	3	14	2	15	1
16	3	17	2	18	3	19	3	20	1
21	4	22	2	23	1	24	4	25	3
26	3	27	3	28	1	29	3	30	2
31	2	32	3	33	3	34	4	35	4
36	4	37	1	38	2	39	2	40	3

제5편 요양보호사

OX경제연구소

요양보호사 용어 해설

1. 응급처치

① 응급처치
응급상황에서 행해지는 기도의 확보, 심장박동의 회복, 기타 생명의 위험이나 증상 악화 방지를 위해 긴급히 수행되며 의료진의 진료를 받을 때까지 회복 가능성이 확인될 때까지 도움
- 목적 : 즉각적이고 임시적인 처치로서 인명구조, 고통 경감, 상처나 질병의 악화 방지, 심리적 안정 도모

② 돕는 방법
응급처치 교육을 가장 많이 받은 사람의 지시에 따름, 긴급을 요하는 대상자 순으로 처치함, 대상자를 가급적 옮기지 않음, 손상을 입힌 화학약품, 잘못 먹은 음식과 구토물도 병원으로 가져감

③ 질식
- 질식 : 폐에 산소가 공급되지 않는 상황
- 증상 : 구역질, 호흡곤란, 청색증, 목을 조르는 듯한 자세, 기침을 하며 괴로운 얼굴 표정을 함, 숨을 쉴 때 목에서 이상한 소리가 들림, 가슴 부위의 공기의 흐름이 적거나 없음
- 의식이 있는 경우 : 스스로 기침을 하게 함, 하임리히법을 시행함
- 의식이 없는 경우 : 119에 신고하고 즉시 심폐소생술을 실시하면서 입안에 이물이 있는지 확인하고 제거함

④ **경련**
  - 증상 : 몸이 뻣뻣해지고 호흡곤란 및 의식변화, 침을 흘리거나 괄약근이 이완되어 대소변이 새어 나올 수 있음, 뇌전증(경련과 발작 증상이 되풀이됨, 유전, 외상, 뇌종양이 원인), 열사병(체온 상승, 어지러움과 피로를 느끼다가 갑자기 의식을 잃고 쓰러짐) 등 대상자 머리 아래 부드러운 것을 대주고, 편하게 호흡하게 함
    • 얼굴을 옆으로 돌리거나 돌려 눕혀 기도를 유지함
    • 입에 손수건 등 이물질을 넣으면 안 됨
    • 대상자를 꽉 붙잡거나 억지로 발작을 멈추게 하려고 하면 안 됨
    • 조용히 기다리고 대상자를 주의 깊게 관찰함
    • 경련성 질환이 없던 대상자가 경련을 일으키거나 5분 이상 발작이 지속되면 즉시 119에 신고하고 보고함

⑤ **화상**
열, 화학물질, 전기에 의해 발생함, 부식성 물질을 삼켰을 때 식도나 위도 손상될 수 있음, 뜨거운 연기로 인해 기도에 화상을 입을 수 있음
  - 1차 관찰 : 기도확보, 열손상, 흡입손상 확인, 호흡곤란이 있는 경우 병원으로 바로 이송
  - 2차 관찰 : 의식과 반응 수준 평가, 신체 주요 부위 화상 확인
  - 1도 화상 : 부위가 빨갛게 변하며 만지면 아픔, 며칠 내에 피부가 아물고 손상된 껍질은 벗겨짐
  - 2도 화상 : 맑은 액체가 들어 있는 커다란 물집이 많이 생김
  - 3도 화상 : 표피와 진피, 지방층도 파괴되며 때로는 근육까지 손상됨
    • 화상 입은 즉시 15분 이상 찬물(5~12℃)에 담가 화상면의 확대와 염증을 억제, 통증을 줄임, 부위를 깨끗한 물수건으로 감싸 세균의 감염을 예방함
    • 흐르는 수돗물을 직접 대지 않음
    • 벗기기 힘든 의복은 잘라내고 장신구는 최대한 빨리 뺌
    • 간장, 기름, 된장, 핸드크림, 치약 등은 상처를 악화시키므로 절대 바르지 않음
    • 부위를 만지거나 물집을 터뜨리면 안 됨

• 얼굴이나 입술에 화상을 입었을 때 즉시 병원 치료를 받아야 함

⑥ 골절
뼈가 부러지거나 금이 간 상태
- 증상 : 신체의 양쪽이 다름, 통증 부위의 부종 및 기능 상실, 움직이지 못함, 부러진 뼈끼리 부딪히는 소리가 남
• 대상자를 절대로 스스로 움직이게 해서는 안 됨
• 손상 부위의 장신구를 제거함
• 담요를 덮어 따뜻하지 함
• 상처 부위에 냉찜질을 함
• 상처나 출혈이 있는 경우 멸균거즈를 이용하여 덮어줌
• 보고 후 병원으로 이송함, 필요시 손상 부위에 부목을 댐

⑦ 출혈
감염성 질환에 감염될 위험이 있으므로 반드시 장갑을 낀 후 만짐
• 장갑을 착용하고 출혈 부위를 노출함
• 출혈 부위에 멸균거즈를 이용하여 직접 압박함
• 멸균거즈 위에 압박붕대를 감음(너무 꽉 조이지 않음)
• 출혈 부위를 심장보다 높게 위치하도록 함

⑧ 약물 오남용 및 중독
- 증상 : 오심과 구토, 복통, 설사, 가슴 두근거림, 흉통, 호흡곤란, 혼돈 상태, 발작, 의식을 잃음
• 대상자가 의식을 잃었을 때 호흡과 맥박을 확인하고 의료진이 도착할 때까지 응급처치를 함
• 대상자가 먹고 남은 물질과 용기를 들고 병원에 감
• 토사물을 모아 두었다가 의료진이 분석할 수 있게 함

- 의식이 없는 대상자에게는 마실 것을 주지 않음
- 복용한 약물의 설명서에 구토를 유도하라는 지시사항이 없을 경우 구토시키지 않음

★ 안전한 약 사용

- 단골 병·의원과 약국을 정해서 다님
- 현재 복용 중인 모든 의약품에 대해 알림
- 정해진 방법에 따라 약을 복용함
- 식후 복용: 위장장애를 줄이고 잊지 않고 규칙적으로 복용
- 식전 복용: 당뇨약, 위장관 운동조절제, 갑상선호르몬제
- 식중 또는 식사 직후 복용: 칼슘제, 철분제
- 약은 물과 함께 복용함(녹차, 커피, 카페인 음료, 우유는 흡수 방해)
- 자몽 주스는 고혈압, 고지혈증의 부작용을 증가시킴
- 철분제는 오렌지주스와 복용
- 약 삼키는 것이 힘들다고 모두 잘라 복용하면 안 됨
- 약 복용을 잊었을 경우 다음 복용시간에 2배 용량을 복용하면 안 됨

2. 심폐소생술

① **목적**

심장마비가 발생했을 때 인공적으로 혈액을 순환시키고 호흡을 돕는 응급치료법, 뇌의 손상을 지연시키고 심장이 마비 상태로부터 회복하기 위함, 4~6분 이상 혈액순환이 되지 않으면 뇌 손상이 옴

② **단계**
 - 반응 확인

현장의 안전 확인(위험한 환경이면 구조자와 대상자 모두 이동함), 대상자의 양쪽 어깨를 가볍게 두드리며 "괜찮으세요?"라고 질문하며 반응을 확인함, 정상적인 호흡과 맥박이 있는 경우 회복 자세를 취하게 하고 의료진이 도착할 때까지 호흡과 맥박을 확인함

- 도움 요청

구조자가 1명일 때-도와줄 사람이 있다면 119에 신고하고 자동심장충격기를 가져다 달라고 요청함, 도와줄 사람이 없다면 잠시 현장을 이탈하고 도움을 요청 후 심폐소생술을 실시함/구조자가 2명일 때-1명은 즉시 심폐소생술을 실시, 1명은 119에 신고 후 자동심장충격기를 가져옴, 119가 올 때까지 심장압박, 인공호흡을 나누어 같이 심폐소생술을 실시함/119에 신고 시 발생 장소, 대상자 수, 상태를 정확히 알려줌

- 가슴 압박

대상자가 반응이 없고 정상 호흡이 없으면 바로 실시함, 가슴뼈(흉골)의 아래쪽 절반 부위에 구조자 한 손의 손꿈치를 놓고 그 위에 다른 한 손으로 깍지를 끼거나 피고 평행하게 겹침, 양팔의 팔꿈치를 곧게 펴서 어깨와 일직선을 이루고 구조자의 어깨와 대상자의 가슴이 수직이 되도록 함, 100~120회/분의 속도로 가슴이 약 5cm 눌릴 수 있게 깊고 강하게 압박함, 압박과 이완의 시간 비율이 50:50이 되도록 하고 손바닥이 가슴에서 떨어지면 안 됨, 칼돌기를 압박하지 않도록 주의함

- 기도 유지

반응이 없는 대상자에게 기도 유지가 필요함, 구조자의 한 손을 대상자의 이마에 올려 놓고 손바닥으로 대상자의 머리를 뒤로 젖힘, 다른 한 손으로 턱 아래 뼈 부분을 머리 쪽으로 당겨 턱을 위로 들어 줌, 턱을 들어올리기 위해 엄지손가락을 사용하지 않음, 대상자의 입이 닫히지 않게 함, 기도유지를 배운 적이 없다면 가슴압박만 시행함

- 인공호흡

구조자는 대상자의 입에 완전히 밀착시켜 공기가 새지 않게 하고 1초에 한 번씩 가슴 팽창이 관찰될 정도로 숨을 두 번 크게 불어 넣음, 과도한 환기가 발생하지 않도록 주

의함, 위가 팽창하지 않도록 주의함, 위 팽창을 최소화하기 위해서 1초에 걸쳐 서서히 가슴이 상승될 정도로만 불어 넣어야 함, 보호기구(얼굴 덮개)를 사용할 수 있음, 첫 번째 가슴이 상승되지 않는다면 머리기울임-턱들어올리기를 다시 정확하게 시행한 다음 두 번째 인공호흡을 시행함

- 가슴 압박 : 인공호흡=30:2 비율 실시
- 구조자 1인 일 때 가슴압박 30번과 인공호흡 2번(10초 이내)을 번갈아 가면서 실시함
- 구조자 2인 이상 일 때 2분마다 또는 5주기(1주기는 가슴압박 30번과 인공호흡 2번)의 심폐소생술 후에 가슴압박 시행자를 교대함

- 회복 자세
  대상자가 반응은 없으나 정상적인 호흡과 효과적인 순환을 보이면 대상자의 몸 앞 쪽으로 한쪽 팔을 바닥에 대고 다른 쪽 팔과 다리를 구부린 채로 대상자를 옆으로 돌려 눕힘

- 가슴압박 소생술 : 가슴압박만 시행하는 심폐소생술, 일반인이 실시함

3. 자동심장충격기 적용

① 자동심장충격기
자동으로 심전도를 분석하여 심실세동(또는 무맥성 심실반맥)을 제거할 수 있는 장비

② 사용법
전원을 켬 → 패드를 붙임 → 심장 리듬 분석 → 모두 물러나고 제세동 실시
- 반응과 정상적인 호흡이 없는 대상자에게만 적용함
- 오른쪽 패드는 오른쪽 빗장뼈 밑에 왼쪽 패드는 왼쪽 중간 겨드랑선에 붙임
- 분석 중이니 물러나라는 음성 지시가 나오면 심폐소생술을 멈추고 대상자에게서 손을 뗌

- 자동심장충격기의 충전은 수 초 이상 소요되므로 가능한 가슴압박을 시행함
- 충전이 완료되어 다시 모두 물러나라는 신호가 나오면 물러나게 하고 버튼을 누름
- 충격이 전달된 즉시 가슴압박을 시작하고 30:2의 비율로 가슴압박과 인공호흡을 반복함
- 자동심장충격기는 2분 간격으로 심장 리듬 분석을 자동 반복함
- 119 구급대가 현장에 도착할 때까지 지속함

※ 요양보호사 자격증 대비 표준교재의 제3장에 대한 용어정리가 끝났습니다.
자격증 대비를 위한 진도는 다 나갔고요.

현재 2주간의 현장실습 기간입니다. 코로나로 인해 교육원에서 대체 실습으로 이루어지고 있습니다. 교육원에서 어떻게 대체 실습을 하고 있는지 나중에 후기로 들려 드릴게요. 문제풀이도 연습해야 되는데 정말 발등에 불 떨어진 것 같지만 의지를 활활 불태워야겠습니다. 수험생분들! 힘내세요. :)

[출처] 요양보호사 자격증 대비 용어정리 제3장 요양보호 각론 Ⅶ. 응급상황 대처|작성자 금손지니

3. 임종 전 단계

① 사전연명의료의향서

말기환자 또는 19세 이상 성인 본인이 스스로 심폐소생술, 혈액 투석, 항암제 투여, 인공호흡기 착용 등 치료 효과 없이 임종과정의 기간만을 연장하는 의학적 시술에 대한 의향을 작성함

- 말기환자 : 담당 의사와 해당 분야의 전문의 한 명으로부터 수개월 이내에 사망할 것

으로 진단받은 환자로 통증 완화를 위한 의료 행위, 영양분 공급, 물 공급, 산소의 단순 공급은 보류하거나 중단할 수 없음
- 사전연명의료의향서 등록기관에 등록해야 효력을 가짐
- 언제든지 내용을 변경 또는 철회 가능
- 등록해도 의료기관에 연동되는 것은 아니므로 가족들에게 이 사실을 알려 본인의 의향을 미리 전달해 두어야 함
- 본인이 직접 작성하지 않은 경우, 본인의 자발적 의사에 따라 작성되지 않은 경우, 등록기관으로부터 설명이 제공되지 않거나 작성자의 확인을 받지 않은 경우, 작성·등록 후 연명의료계획서가 다시 작성된 경우에는 효력을 잃음

4. 임종기 단계

① 임종기
회생 가능성이 없고 치료에도 불구하고 회복되지 않으며 급속도로 증상이 악화되어 사망에 임박한 상태

② 임종 징후
맥박이 약해지고 혈압이 떨어짐, 숨을 가쁘고 깊게 몰아쉬며 가래가 끓다가 점차 숨을 깊고 천천히 쉬게 됨, 손발이 차가워지고 식은땀을 흘림, 피부색이 점차 파랗게 변함, 실금하게 되며 항문이 열림

③ 임종 적응 단계
- 부정 : '아니야, 나는 믿을 수 없어'라는 표현을 함, 충격적으로 반응하며 사실로 받아들이지 않고 다시 회복될 수 있다고 믿고 싶어 함
- 분노 : '나는 아니야. 왜 하필 나야. 왜 지금이야'라는 표현을 함, 자신의 감정을 반항과 분노로 표출, 어디에서나 누구에게나 불만스러운 면을 찾으려고 함, 불평을 하면서 주위로부터 관심을 끌려고 함

- 타협 : '그래도 우리 아이가 시집갈 때까지만 살게 해 주세요'라는 표현을 함, 제3의 길을 선택함, 비이성적인 요구가 줄어들고 삶이 얼마간이라도 연장되길 바람
- 우울 : 더 이상 회복 가능성이 없다고 느끼면서 침울해짐, 자신의 근심과 슬픔을 더 이상 말로 표현하지 않고 조용히 있거나 울기도 함, 감정을 표현하도록 그냥 두어야 함, 손동작이나 접촉이 훨씬 더 필요함, 같이 느끼고 곁에 있어 줄 사람을 필요로 함
- 수용 : '나는 지쳤어'라는 표현을 함, 죽는다는 사실을 체념하고 받아들임, 마지막 정리의 시간

5. 임종 대상자 지원 및 가족에 대한 요양보호

① 신체·정신적 변화에 대한 요양보호
- 호흡 양 : 숨 쉬는 것을 돕기 위해 상체와 머리를 높여 줌, 연하게 가습기를 켜둠
- 체온 : 담요를 덮어서 따뜻하게 해줌, 전기기구는 사용하지 않음
- 수면 : 손을 잡은 채 흔들거나 큰 소리로 말하지 말고 부드럽고 자연스럽게 이야기함
- 정신 기능(혼돈) : 말하기 전 누구라고 밝혀주는 것이 좋음, 부드러우면서도 분명한 어조로 말함
- 배설 기능 : 침상을 청결하게 유지하고 홑이불 밑에 방수포를 깔고 대상자에게 기저귀를 채움
- 배액 기능 : 고개를 옆으로 부드럽게 돌려주어 배액이 잘 되도록 해주고 젖은 헝겊으로 입안을 닦음, 가습기를 켜둠
- 정신 기능(불안정) : 대상자의 이마를 가볍게 문질러 주거나 책을 읽어 줌, 진정시킬 수 있는 음악을 들려주면 차분해지기도 함
- 소화 기능 : 억지로 먹이려고 하지 않음, 얼음조각이나 주스 얼린 것 등을 입에 넣어 주어 입안을 상쾌하도록 함, 글리세린에 적신 솜으로 입안을 닦아주거나 이마에 찬 수건을 얹어줌, 스프레이에 차가운 생수를 담아 조금씩 입안에

뿌려줌
- 신장 기능 : 소변 배출을 목적으로 소변줄 삽입 여부를 결정해야 하며 필요시 의료팀과 연계함

② **심리 변화에 대한 요양보호**
- 불안 및 두려움 : 대상자와 함께 있으면서 곁을 떠나지 않을 것임을 이야기함, 손을 잡아주는 등의 접촉을 통해 편안한 마음으로 임종을 맞도록 도움
- 정서적 고립 : 대상자에게 항상 관심을 갖고 만나고 싶어 하는 사람을 만날 수 있도록 하여 정서적으로 고립되지 않도록 함
- 의사결정 참여 : 대상자가 의사결정에 참여하고 타인을 도울 수 있는 기회를 갖도록 함, 대상자의 자존감을 존중함
- 대상자가 임종하기 원했던 장소나 희망하는 종교의식을 알아봄

③ **임종 시기 별 요양보호**
- 임종이 가까운 대상자 : 침상 머리를 높이고 대상자의 머리를 옆으로 돌려 침 등의 분비물 배출을 용이하게 하여 질식을 예방함, 기저귀를 갈아줌, 청각은 마지막까지 남아 있으므로 평상시와 같이 보고 듣는 것이 가능하다고 생각함
- 임종 후 : 사후 강직(사망 2~4시간 후부터 약 96시간 지속됨)이 시작되기 전에 바른 자세를 취함, 튜브나 장치는 의료인이 제거함, 대상자를 바로 눕히고 베개를 이용하여 어깨를 머리를 올려 혈액 정체로 인한 얼굴색의 변화를 방지하고 입이 벌어지는 것을 예방함, 눈이 감기지 않을 경우 솜이나 거즈를 적셔 양쪽 눈 위에 올려놓음, 의치에 대해 가족에게 확인함, 몸에 묻은 분비물 등을 닦아주고 엉덩이 밑에 패드를 대어 주고 깨끗한 시트로 어깨까지 덮음, 방의 조명을 차분하게 조절함, 가족들이 사적으로 대상자를 만날 수 있게 시간을 줌, 대상자의 소유물을 모아 두고 목록을 만듦

④ 가족에 대한 요양보호
- 가족과 함께 있으면서 도움을 주려고 노력함, 필요한 경우 도움을 요청할 수 있음을 알림
- 가족들과 관계를 형성하면서 함께 있음
- 장례식이나 장지에 가는 일에 참석하지 않음
- 안아 주거나 손을 잡는 등 적절한 신체 접촉을 통해 가족들에게 혼자가 아니라는 느낌을 줌
- "참 잘 했네요.", "좋습니다."라고 하면서 지지함
- "곧 괜찮아질 거예요.", "아무 염려하지 마세요."와 같은 상투적인 말은 하지 않음
- "힘드시지요?", "수고 많으셨어요."와 같이 가족을 공감하고 위로함
- 가족이 자신의 감정을 숨기지 않고 슬픔을 표현하도록 도움
- 중립적 자세를 유지함

- 요양보호사자격증교육
- 요양보호사자격증대비교육
- 요양보호사자격증대비용어정리
- 요양보호각론
- 임종요양보호
- 임종기
- 임종직후
- 임종적응단계
- 신체정신적변화에대한요양보호
- 심리변화에대한요양보호
- 임종시기별요양보호
- 가족에대한요양보호

[출처] 요양보호사 자격증 대비 용어정리 제3장 요양보호 각론 Ⅵ. 임종 요양보호|작성자 금손지니

6. 치매 대상자의 일상생활 지원

① 약물요법
약물을 바꾸거나 용량을 늘렸을 때 특히 이러한 부작용이 나타나는지 면밀히 관찰하고 메모하여 병원에 갈 때 가져가야 함
- 투여약물 종 류: 인지기능개선제(아리셉트, 엑셀론, 레미닐, 에빅사), 정신행동증상 개선제(항정신병 약물-망상, 환각, 공격성, 초조, 수면각성 주기 장애, 항우울제-수면각성 주기 장애, 초조, 공격성, 불안, 우울증상, 항경련제-초조, 공격성, 조증 유사증상, 수면장애)

② 일상생활 돕기 기본 원칙
- 대상자의 생활 자체를 소중히 여기고 환경을 바꾸지 않음
- 정면에서 야단치거나 부정하거나 무시하지 않음
- 대상자에게 맞는 규칙적인 생활을 하게 함
- 낟아 있는 기능을 유지하게 함
- 대상자의 상태에 맞는 요양보호기술을 익혀 제공함
- 항상 안전에 주의함

③ 식사 돕기
- 사발을 사용하여 음식이 덜 흘리게 함
- 색깔이 있는 플라스틱 제품을 사용함
- 양념은 식탁 위에 두지 않음
- 잘 저민 고기, 반숙된 계란, 과일 통조림 등 갈아서 제공함
- 좀 더 걸쭉한 액체 음식을 제공함
- 대상자가 졸려 하거나 초조해하는 경우 식사를 제공하지 않음
- 식사 전 : 음식의 온도를 요양보호사가 미리 확인함, 식탁용 매트를 깔아줌, 앞치마를 입힘, 음식을 잘게 잘라서 부드럽게 조리함

- 식사 중 : 빨대와 플라스틱 덮개가 부착된 컵을 사용함, 손잡이에 고무를 붙인 약간 무거운 숟가락을 줌, 한 가지 음식을 먹고 난 후 다른 음식을 내어 놓음, 숟가락으로 떠먹일 때 한 번에 조금씩 먹이고 음식을 삼킬 때까지 충분히 기다림

- 식사 후: 체중이 감소하면 의료진에게 알리고 그 원인을 파악함, 치매 대상자가 평소 좋아하는 음식이나 걸쭉한 형태의 고열량 액체 음식을 제공함

④ **배설 돕기**
- 대상자의 방을 화장실에서 가까운 곳에 배정함
- 고무줄 바지를 입도록 하고 세탁하기 편하고 빨리 마르는 옷감이 좋음
- 낮에는 가능한 기저귀를 사용하지 않는 것이 좋음
- 대소변을 잘 가렸을 때 칭찬을 해주고 실금한 경우에도 괜찮다고 말함
- 적절한 시기(식사 전, 외출 전)에 화장실 이용을 유도하며 강요하지 않음
- 하루 식사량과 수분 섭취량은 적당량을 유지함
- 배뇨곤란이 있는 경우 야간에 수분 섭취를 제한함
- 부드러운 말로 손동작을 보이면서 뒤처리 방법을 시범 보여 대상자 자신이 행동에 옮기게 함
- 뒤처리 후에 아무 일도 없었던 것처럼 행동함
- 민감하게 반응하지 않고 비난하거나 화를 내지 않음
- 가능한 한 빨리 더러워진 옷을 갈아입힘
- 소변볼 때 배뇨 후 몸을 앞으로 구부리도록 도와주거나 치골상부를 눌러줌
- 요실금이 있을 때 배뇨 훈련을 시행해 봄(초기에는 매 2시간 간격, 점차 시간을 늘려가면서 낮에는 2시간 밤에는 4시간 간격으로 배뇨하게 함)
- 변비의 원인 : 운동, 섬유질 섭취, 수분 섭취 부족, 알루미늄이나 칼슘이 포함된 제산제 또는 진통소염제 복용
- 섬유질이 많은 음식과 하루 1500~2000cc 정도의 충분한 수분을 섭취하여 변비를 예방하도록 함
- 손바닥을 이용하여 배를 가볍게 마사지하여 불편감을 줄임

⑤ 개인위생 돕기
- 목욕 : 대상자에게 목욕을 강요하지 말고 목욕 과정을 단순화함, 일정한 시간에 정해진 방법에 따라 목욕함, 요양보호사가 미리 목욕 물의 온도를 확인함, 욕조 바닥과 욕실 바닥에 미끄럼방지매트를 깔아줌, 대상자를 욕실 내에 혼자 머무르게 하지 않음, 물에 대한 거부반응을 보이는 경우 작은 그릇에 물을 떠서 장난을 하게 함, 욕조 내에 적당량의 물을 받아 둠, 발목 정도 높이의 물을 미리 받은 후 대상자를 욕조에 들어가게 하고 조금씩 채움, 운동실조증이 있는 대상자의 경우 샤워보다 욕조에서 목욕하는 것이 안전함
- 구강위생 : 치약은 삼켜도 상관없는 어린이용을 사용함, 의치는 하루에 6~7시간 정도 제거함, 스스로 양치할 수 있는 대상자가 양치질을 거부할 경우 물치약이나 2% 생리식염수로 적신 거즈를 감은 설압자 또는 일회용 스펀지 브러시에 묻혀 치아와 입안을 닦아 치석 생성을 예방함, 치아가 없는 대상자는 식후에 물이나 차를 마시게 함
- 옷 입기 : 계절에 맞는 옷 제공, 몸에 꼭 끼지 않고 빨래하기 쉬운 옷 제공, 색깔이 요란하지 않고 장식이 없는 옷, 혼자 입도록 격려하고 옆에서 지켜보고 앉아서 입게 함, 옷을 순서대로 입지 못하는 경우 속옷부터 입는 순서대로 옷을 정리해 놓아줌, 옷 입는 것을 거부하면 잠시 기다린 뒤 다시 시도하거나 목욕시간을 이용하여 갈아입힘, 단추를 못 채우는 경우 부착용 접착천으로 여미는 옷을 이용, 앞뒤를 구분하지 못하는 경우 뒤바꿔 입어도 무방한 옷을 이용

⑥ 운동 돕기
- 심장에서 멀고 큰 근육인 팔다리에서 시작하여 천천히 진행함
- 운동량은 점차 늘림
- 산책이 가장 간편하고 효과적인 운동임
- 매일 같은 시간대에 같은 길을 걸으면서 일정한 순서대로 풍경들을 말해줌
- 균형을 잡을 수 있으면 선 자세에서 운동하는 것이 효과적임
- 스스로 운동하도록 유도함

⑦ 안전과 사고예방
- 대상자의 방은 1층이 좋고 가족이나 요양보호사가 잘 관찰할 수 있는 곳에 위치하는 곳이 좋음
- 난간, 출입구 및 난로 주변에 밝은 색 야광 테이프를 붙이는 것이 좋음
- 위험한 물건은 대상자가 발견할 수 없는 곳에 보관함
- 유리문이나 큰 유리창에 눈높이에 맞춰 그림을 붙여 유리라는 것을 알게 함
- 방 안에서 잠그지 못하는 문으로 설치함
- 침대에서 떨어지지 않도록 침대를 벽에 붙여 놓음
- 대상자의 눈높이에 맞추어 화장실 표시를 함
- 화장실 문은 밖에서도 열 수 있는 것으로 설치함
- 목욕탕에 난간이나 손잡이를 설치함
- 온수가 나오는 수도꼭지는 빨간색으로 표시함
- 온수기의 온도를 낮춤
- 노출된 온수 파이프는 절연체로 감쌈
- 세제는 대상자의 눈에 띄지 않는 곳에 보관함
- 거울이나 비치는 물건은 없애거나 덮개를 씌움
- 가스선은 밖에서 잠가둠
- 과일이나 채소 모양의 자석은 대상자가 먹을 수 있으므로 사용하지 않음
- 음식물 쓰레기를 부엌 안에 두지 않음
- 전자레인지는 불이 보이지 않아 가스레인지보다 더 위험할 수도 있음
- 치매 대상자의 문제행동 대처

① 반복적 질문이나 행동
- 치매 대상자의 주의를 환기시킴
- 해가 되지 않으면 무리하게 중단시키지 말고 그냥 놔둠
- 심리적 안정과 자신감을 갖게 도와줌
- 대상자를 다독거리며 안심시켜 주는 것이 중요함
- 억지로 고치려고 하지 않음

- 반복 질문이나 반복 행동에 대한 관심을 다른 곳으로 돌림
- 크게 손뼉을 치는 등 관심을 바꾸는 소음을 냄
- 좋아하는 음식을 주고, 좋아하는 노래를 함께 부름
- 과거의 경험 또는 고향과 관련된 이야기를 나눔
- 콩 고르기, 나물 다듬기, 빨래개기 등 단순하게 할 수 있는 일거리를 제공함

② **음식 섭취 관련 문제행동**
- 화를 내거나 대립하지 않음("조금만 기다리세요."라고 친절하게 얘기함)
- 서두르지 않고 천천히 먹게 함
- 대상자가 좋아하는 대체식품을 이용함
- 도구를 사용하지 못할 경우 손으로 집어먹을 수 있는 식사를 만들어 줌
- 치매 말기에는 음식을 으깨거나 갈아서 걸쭉하게 만들어 줌
- 위험한 물건을 빼앗기지 않으려고 하는 경우 대상자가 좋아하는 다른 간식과 교환함
- 먹고 난 식기를 그대로 두거나 매 식사 후 달력에 표시하게 함
- 과식하거나 배고픔을 호소하는 이유는 시간개념의 상실로 인해 식사한 것을 잊었거나 심리적인 불안감 때문일 수 있음
- 이식증상을 보이는 이유는 음식물인지 아닌지 구별하지 못하기 때문에 입에 넣을 수 있음

③ **수면장애**
- 2~3일간 잠을 자지 않거나 계속 잠을 잠
- 밤에 일어나서 돌아다니다가 낮에 잠을 잠
- 산책과 같은 야외활동을 통해 신선한 공기를 접하며 운동하도록 도움
- 낮에 꾸벅꾸벅 조는 경우 말을 걸어 자극을 줌
- 소음을 최대한 없애고 적정 실내 온도를 유지함
- 오후, 저녁때 커피나 술 같은 음료를 주지 않음
- 잠에서 깨어나 외출하려고 하면 요양보호사가 동행함

④ **배회**
- 아무런 계획도 목적지도 없이 돌아다니는 행위
- 기억력 상실, 시간과 방향감각의 저하로 인한 혼란, 정서적인 불안, 배고픔, 화장실을 찾지 못해 안절부절 못함 등으로 발생함
- 안전한 주변 환경을 조성함
- 신체적 욕구를 우선적으로 해결해 줌
- 단순한 일거리를 주어 배회 증상을 줄임
- 집 안에서 배회할 경우 배회 코스를 만들어 둠
- 신분증을 소지하도록 함
- 현관이나 출입문에 벨을 달아 놓아 대상자가 출입하는 것을 관찰함
- 창문 등 출입이 가능한 모든 곳의 문을 잠금
- 텔레비전이나 라디오를 크게 틀어 놓지 않음
- 집 안을 어둡게 하지 않음
- 낮 시간에 단순한 일거리를 주어 에너지를 소모하게 함
- 집, 청소, 산책, 목욕 등 건설적인 일을 주며 밖에서 쇼핑을 하는 것은 활력제가 되며 수면의 질도 향상됨
- 고향이나 가족에 대한 대화를 나누어 관심을 다른 곳으로 돌림
- 가족과 다과 등을 함께 하는 시간을 가짐

⑤ **의심, 망상, 환각**
- 대상자의 감정을 이해하고 수용함
- 대상자가 보고 들은 것에 대해 아니라고 부정하거나 다투지 않음
- 속말을 하지 않도록 주의함
- 잃어버렸다거나 훔쳐 갔다고 주장하는 물건을 찾은 경우 대상자를 비난하거나 훈계 하지 않음
- 물건을 발견했을 때 아무 일도 아닌 것처럼 행동하는 것이 중요함
- 규칙적으로 시간과 장소를 알려주어 현실감을 유지함
- 대상자가 다른 것에 신경을 쓰도록 계속 관심을 돌림

- 잃어버린 물건에 대한 의심을 부정하거나 설득하지 말고 함께 찾아 봄
- 같은 물건을 준비해 두었다가 잃어버렸다고 주장할 때 대상자가 물건을 찾도록 도와 줌
- 대상자가 물건을 두는 장소를 파악해 놓음
- 도둑망상으로 방 안에만 있기를 고집하면 위험하지 않은 범위 내에서 허용함

⑥ **파괴적 행동**
- 무의미한 사건으로 보이는 것에 대해 자신뿐만 아니라 주위 사람에게 정서적으로 난폭한 반응을 보이는 것
- 울고, 분통을 터뜨리고, 욕설하고, 지나치게 안절부절못하고, 때리거나 물고, 침을 뱉고, 주먹으로 치고, 꼬집는 등의 신체적 폭력
- 특징 : 난폭한 행동이 자주 일어나지 않음, 오래 지속되지 않음, 초기에 분노로 시작하며 에너지가 소모되면 지쳐서 파괴적 행동을 중지함, 질병 초기에 수개월 내에 사라짐
  · 한 번에 한 가지씩 제시하거나 단순한 말로 설명함
  · 이해하지 못한 말은 같은 말로 반복함
  · 진정된 후 왜 그랬는지 질문하거나 이상행동에 대해 상기시키지 않음
  · 불필요한 신체적 구속을 피함
  · 질문하거나 일을 시키는 등의 자극을 주지 말고 조용한 장소에서 쉬게 함
  · 온화하게 이야기하고 대상자가 당황하고 흥분되어 있음을 이해한다는 표현을 함
  · 끊임없이 난폭한 발작을 하지 않는 한 신체적 구속은 사용하지 않음

⑦ **석양증후군**
- 대상자가 해 질 녘에 되면 더욱 혼란해지고 불안정하게 의심 및 우울 증상을 보이는 것
- 낮에는 유순하다가도 저녁 8~9시가 되면 갑자기 침대 밖으로 뛰쳐나오거나 옷을 벗고, 방은 서성이다 문을 덜거덕 거리거나, 바닥을 뒹굴고 침대 위로 뛰어오르는 등의 행동

- 대상자와 함께 충분한 시간을 가짐
- 좋아하는 소일거리를 주거나 낮 시간 동안 움직이거나 활동하게 함
- 신체적 제한은 하지 않음
- 밖으로 데려가 산책함
- 따뜻한 음료수, 등 마사지, 음악듣기
- 텔레비전을 켜놓거나 조명을 밝게 하는 것이 도움이 됨

⑧ 부적절한 성적 행동
- 보통 성 자체에는 관심이 없다는 것을 인식함
- 부적절한 성적 행동 관련 요인을 관찰함
- 때때로 행동교정이 도움이 됨
- 노출증을 감소시키기 위해 벌과 보상을 적절히 사용함
- 복용 중인 약물 때문에 유발될 수 있음을 이해함
- 옷을 벗거나 성기를 노출한 경우 당황하지 말고 옷을 입혀줌
- 부적절한 행동 시 즉각 멈추지 않으면 대상자가 좋아하는 것을 가져간다고 경고함
- 성적으로 관심을 보일 때 공공장소에 가는 것을 삼가고 방문객을 제한함

7. 치매 대상자와의 의사소통

① 의사소통의 기본 원칙
- 대상자의 신체적 상태를 파악함(신체 부위를 짚어가며 구체적으로 질문함)
- 대상자를 존중하는 태도와 관심을 가짐(자존심 상하는 말이나 표현을 하지 않음)
- 이해할 수 있도록 말함(부정하거나 설득하려 하지 말기)
- 속도에 맞춤(천천히 대하고 반응할 때까지 기다림)
- 어린아이 대하듯 하지 않음(존칭어를 사용, 명령하는 투로 말하지 않음, 긍정형 문장을 사용, 할 수 있는 것이 어떤 것인가를 정확히 이야기함)
- 반복적으로 설명함(이해하지 못하면 반복하여 설명함, 네·아니요로 간단히 답할 수 있

도록 질문함)
- 인격적으로 대함
- 간단한 단어 및 이해할 수 있는 표현을 사용함(한 번에 한 가지씩만 질문함, 간단하고 명료한 단어를 사용함, 쉬운 단어와 짧은 문장을 사용함)
- 한 번에 한 가지씩 설명함(식사하세요.양치하세요.외출해요.)
- 가까운 곳에서 얼굴을 마주 보고 말함(1m 이내)
- 항상 현실을 알려줌(이름을 부르고 자신이 누구인지 밝힘)
- 일상적인 어휘를 사용함
- 과거를 회상하게 유도함(옛날에 부르던 노래를 부르거나 옛일을 회상함)
- 손짓, 발짓, 소리를 사용함
- 언어적인 표현 방법과 적절한 비언어적인 표현 방법을 같이 사용함
- 신체적인 접촉을 사용함
- 비언어적인 표현 방법을 관찰함
- 필요하면 글을 써서 의사소통함
- 언어 이외의 다른 신호를 함께 사용함
- 대상자의 행동을 복잡하게 해석하지 않음

② **치매 단계별 의사소통 문제**
- 초기 : 자주 확인하고 설명을 요구함, 대화의 주제가 자주 바뀜, 어휘의 수가 점차적으로 줄어듦, 물건이나 사람의 이름을 부르는 것이 어려움, 시제를 올바르게 사용하는 것을 어려워함
- 중기 : 애매모호한 내용을 이야기함, 일관성이 없어짐, 혼동이 증가함, 대화의 주제가 한정적임, 불특정 다수를 지칭하는 용어의 사용이 증가됨, 어휘의 수가 초기 보다 줄어듦, 명칭 실어증을 보임, 대화 중에 말이 끊기는 횟수가 증가함, 적절한 어구를 사용하지 못하는 경우가 늘어남, 부적절한 명사, 부정확한 시제를 사용하는 경우가 늘어남
- 말기 : 의사소통을 유지하는 데 어려움이 있음, 말이 없어짐, 대화할 때 시선을 맞추는 것을 어려워함, 어휘의 수가 현저하게 적음, 올바른 이름을 사용하는 것이 더욱

어려워짐, 자발적인 언어표현이 감소되어 말수가 크게 줄어듦, 앵무새처럼 상대방의 말을 그대로 따라 함, 발음이 부정확하여 대상자의 말을 이해하기 어려움, 대상자가 다른 사람들이 이야기한 것을 제대로 이해하지 못함

③ **치매 단계별 의사소통 방법**
  - 초기 : 간단하고 직접적인 언어로 구체적으로 표현함, 집중력이 높은 시간대를 파악함, 유사한 의미의 다른 언어를 이야기함, 대상자가 요청하기 전 구체적인 방법과 정보를 제공함, 대상자가 응답할 시간을 충분히 줌, 외래어나 약어로 된 단어는 사용하지 않음, 대화 내용을 요약정리하고 중요한 내용은 반복함, 대상자가 과거의 긍정적인 기억이나 사건을 회상하도록 도움, 대상자의 감정 상쾌를 표현할 수 있도록 도움, 대상자를 돕고자 하는 마음을 표현함
  - 중기 : 눈을 마주치며 이야기함, 대화 주제를 갑자기 바꾸지 않음, 친숙한 물건을 활용함, 의사소통의 내용을 이해하고 있다는 것을 확인시켜 줌, 대상자가 반응할 때까지 기다려 줌, 대상자가 반응하지 않으면 반복하여 질문함, 같은 의미의 다른 용어와 좀 더 단순한 표현을 사용함, 불특정 인칭대명사나 명사보다 대상자의 이름을 사용함, 대상자가 자주 사용하는 단어와 문구를 활용함, 친숙한 활동을 통해 대화를 시도함, 대상자의 방에 있는 물건마다 이름표를 붙임, 대상자의 행동을 개인적인 의미로 받아들이지 않음, 대상자의 말을 반복해서 이야기함, 이용 가능한 모든 단서를 활용함, 격려하고 칭찬함
  - 말기 : 마주 보며 이야기함, 대상자의 이름을 부르면서 이야기를 시작하고 요양보호사 자신의 이름을 말함, 좋아했던 음악을 함께 듣고 책을 읽음, 편안하고 부드러운 모습으로 이야기함, 낮은 톤으로 다정하고 차분하며 천천히 분명하게 말함, 대상자가 응답하지 않더라도 계속해서 이야기함, 모든 것을 듣고 있다고 가정함, 방 안에 아무도 없는 것처럼 이야기하지 않음, 신체적 접촉을 적절히 활용하며 비언어적 메시지를 확인함, 이야기하는 모든 것에 반응함, 대화가 끝난 뒤 항상 마무리 인사를 함

8. 인지자극 훈련

① 인지자극 훈련의 개요
　대상자의 전반적인 인지기능 개선, 우울감을 포함한 정신행동 증상 개선, 일상생활 능력 유지 및 향상, 삶의 질 향상, 가족의 수발 부담 줄임

② 인지기능 수준별 인지자극 훈련
　기억력, 지남력, 판단력, 집중력, 억제력, 계산력, 시공간능력, 언어능력을 사용하게 하는 프로그램이면 어떤 것이라도 인지자극 훈련 프로그램이 될 수 있음
- 인지기능에 문제가 없는 대상자 : 뇌 건강 일기 쓰기, 빈칸 채우기, 물건값 계산하기, 특정 글자 고르기
- 경증 인지기능 장애 대상자: 언어의 유창성과 자발성을 높이기 위한 프로그램, 여러 가지 단어 말하기, 그림과 숫자 짝지어 기억하기, 물건 보며 과거 회상하기, 똑같이 그리기, 점선으로 옮겨 그리기, 손 모양 똑같이 만들기, 선 따라 그리기
- 중증 인지기능 장애 대상자: 흩어진 낱글자로 단어 만들기, 악기 연주하기, 선 따라 그리고 찢기, 똑같이 그리기, 따라 그리기, 이름 맞히기, 똑같은 모양 만들기, 숫자 찾아 체크하기, 인사말 연결하기
- 치매 관련 얘기나 동영상을 보면 마음이 무거워지고 계속 눈물이 납니다. 제가 씩씩해야 저희 엄마도 괜찮겠죠? 치매 가족과 함께 있는 모든 가족분들을 응원합니다.
　　　　[출처] 요양보호사 자격증 대비 용어정리 제3장 요양보호 각론 V. 치매 요양보호|작성자 금손지니

9. 치매 대상자의 일상생활 지원

① 약물요법
　약물을 바꾸거나 용량을 늘렸을 때 특히 이러한 부작용이 나타나는지 면밀히 관찰하고 메모하여 병원에 갈 때 가져가야 함

- 투여약물 종류 : 인지기능개선제(아리셉트, 엑셀론, 레미닐, 에빅사), 정신행동증상 개선제(항정신병 약물-망상, 환각, 공격성, 초조, 수면각성 주기 장애, 항우울제-수면각성 주기 장애, 초조, 공격성, 불안, 우울증상, 항경련제-초조, 공격성, 조증 유사증상, 수면장애)

② **일상생활 돕기 기본 원칙**
- 대상자의 생활 자체를 소중히 여기고 환경을 바꾸지 않음
  - 정면에서 야단치거나 부정하거나 무시하지 않음
  - 대상자에게 맞는 규칙적인 생활을 하게 함
  - 남아 있는 기능을 유지하게 함
  - 대상자의 상태에 맞는 요양보호기술을 익혀 제공함
  - 항상 안전에 주의함

③ **식사 돕기**
- 사발을 사용하여 음식이 덜 흘리게 함
- 색깔이 있는 플라스틱 제품을 사용함
- 양념은 식탁 위에 두지 않음
- 잘 저민 고기, 반숙된 계란, 과일 통조림 등 갈아서 제공함
- 좀 더 걸쭉한 액체 음식을 제공함
- 대상자가 졸려 하거나 초조해하는 경우 식사를 제공하지 않음
  • 식사 전 : 음식의 온도를 요양보호사가 미리 확인함, 식탁용 매트를 깔아줌, 앞치마를 입힘, 음식을 잘게 잘라서 부드럽게 조리함
  • 식사 중 : 빨대와 플라스틱 덮개가 부착된 컵을 사용함, 손잡이에 고무를 붙인 약간 무거운 숟가락을 줌, 한 가지 음식을 먹고 난 후 다른 음식을 내어 놓음, 숟가락으로 떠먹일 때 한 번에 조금씩 먹이고 음식을 삼킬 때까지 충분히 기다림
  • 식사 후 : 체중이 감소하면 의료진에게 알리고 그 원인을 파악함, 치매 대상자가 평소 좋아하는 음식이나 걸쭉한 형태의 고열량 액체 음식을 제공함

④ 배설 돕기
- 대상자의 방을 화장실에서 가까운 곳에 배정함
- 고무줄 바지를 입도록 하고 세탁하기 편하고 빨리 마르는 옷감이 좋음
- 낮에는 가능한 기저귀를 사용하지 않는 것이 좋음
- 대소변을 잘 가렸을 때 칭찬을 해주고 실금한 경우에도 괜찮다고 말함
- 적절한 시기(식사 전, 외출 전)에 화장실 이용을 유도하며 강요하지 않음
- 하루 식사량과 수분 섭취량은 적당량을 유지함
- 배뇨곤란이 있는 경우 야간에 수분 섭취를 제한함
- 부드러운 말로 손동작을 보이면서 뒤처리 방법을 시범 보여 대상자 자신이 행동에 옮기게 함
- 뒤처리 후에 아무 일도 없었던 것처럼 행동함
- 민감하게 반응하지 않고 비난하거나 화를 내지 않음
- 가능한 한 빨리 더러워진 옷을 갈아입힘
- 소변볼 때 배뇨 후 몸을 앞으로 구부리도록 도와주거나 치골상부를 눌러줌
- 요실금이 있을 때 배뇨 훈련을 시행해 봄(초기에는 매 2시간 간격, 점차 시간을 늘려가면서 낮에는 2시간 밤에는 4시간 간격으로 배뇨하게 함)
  • 변비의 원인: 운동, 섬유질 섭취, 수분 섭취 부족, 알루미늄이나 칼슘이 포함된 제산제 또는 진통소염제 복용
  • 섬유질이 많은 음식과 하루 1500~2000cc 정도의 충분한 수분을 섭취하여 변비를 예방하도록 함
  • 손바닥을 이용하여 배를 가볍게 마사지하여 불편감을 줄임

⑤ 개인위생 돕기
- 목욕: 대상자에게 목욕을 강요하지 말고 목욕 과정을 단순화함, 일정한 시간에 정해진 방법에 따라 목욕함, 요양보호사가 미리 목욕 물의 온도를 확인함, 욕조 바닥과 욕실 바닥에 미끄럼방지매트를 깔아줌, 대상자를 욕실 내에 혼자 머무르게 하지 않음, 물에 대한 거부반응을 보이는 경우 작은 그릇에 물을 떠서 장난을 하게

함, 욕조 내에 적당량의 물을 받아 둠, 발목 정도 높이의 물을 미리 받은 후 대상자를 욕조에 들어가게 하고 조금씩 채움, 운동실조증이 있는 대상자의 경우 샤워보다 욕조에서 목욕하는 것이 안전함
- 구강위생 : 치약은 삼켜도 상관없는 어린이용을 사용함, 의치는 하루에 6~7시간 정도 제거함, 스스로 양치할 수 있는 대상자가 양치질을 거부할 경우 물치약이나 2% 생리식염수로 적신 거즈를 감은 설압자 또는 일회용 스펀지 브러시에 묻혀 치아와 입안을 닦아 치석 생성을 예방함, 치아가 없는 대상자는 식후에 물이나 차를 마시게 함
- 옷 입기 : 계절에 맞는 옷 제공, 몸에 꼭 끼지 않고 빨래하기 쉬운 옷 제공, 색깔이 요란하지 않고 장식이 없는 옷, 혼자 입도록 격려하고 옆에서 지켜보고 앉아서 입게 함, 옷을 순서대로 입지 못하는 경우 속옷부터 입는 순서대로 옷을 정리해 놓아줌, 옷 입는 것을 거부하면 잠시 기다린 뒤 다시 시도하거나 목욕시간을 이용하여 갈아입힘, 단추를 못 채우는 경우 부착용 접착천으로 여미는 옷을 이용, 앞뒤를 구분하지 못하는 경우 뒤바꿔 입어도 무방한 옷을 이용

⑥ **운동 돕기**
- 심장에서 멀고 큰 근육인 팔다리에서 시작하여 천천히 진행함
- 운동량은 점차 늘림
- 산책이 가장 간편하고 효과적인 운동임
- 매일 같은 시간대에 같은 길을 걸으면서 일정한 순서대로 풍경들을 말해줌
- 균형을 잡을 수 있으면 선 자세에서 운동하는 것이 효과적임
- 스스로 운동하도록 유도함

⑦ **안전과 사고예방**
- 대상자의 방은 1층이 좋고 가족이나 요양보호사가 잘 관찰할 수 있는 곳에 위치하는 곳이 좋음
- 난간, 출입구 및 난로 주변에 밝은 색 야광 테이프를 붙이는 것이 좋음
- 위험한 물건은 대상자가 발견할 수 없는 곳에 보관함
- 유리문이나 큰 유리창에 눈높이에 맞춰 그림을 붙여 유리라는 것을 알게 함

- 방 안에서 잠그지 못하는 문으로 설치함
- 침대에서 떨어지지 않도록 침대를 벽에 붙여 놓음
- 대상자의 눈높이에 맞추어 화장실 표시를 함
- 화장실 문은 밖에서도 열 수 있는 것으로 설치함
- 목욕탕에 난간이나 손잡이를 설치함
- 온수가 나오는 수도꼭지는 빨간색으로 표시함
- 온수기의 온도를 낮춤
- 노출된 온수 파이프는 절연체로 감쌈
- 세제는 대상자의 눈에 띄지 않는 곳에 보관함
- 거울이나 비치는 물건은 없애거나 덮개를 씌움
- 가스선은 밖에서 잠가둠
- 과일이나 채소 모양의 자석은 대상자가 먹을 수 있으므로 사용하지 않음
- 음식물 쓰레기를 부엌 안에 두지 않음
- 전자레인지는 불이 보이지 않아 가스레인지보다 더 위험할 수도 있음
- 치매 대상자의 문제행동 대처

① **반복적 질문이나 행동**
- 치매 대상자의 주의를 환기시킴
- 해가 되지 않으면 무리하게 중단시키지 말고 그냥 놔둠
- 심리적 안정과 자신감을 갖게 도와줌
- 대상자를 다독거리며 안심시켜 주는 것이 중요함
- 억지로 고치려고 하지 않음
- 반복 질문이나 반복 행동에 대한 관심을 다른 곳으로 돌림
- 크게 손뼉을 치는 등 관심을 바꾸는 소음을 냄
- 좋아하는 음식을 주고, 좋아하는 노래를 함께 부름
- 과거의 경험 또는 고향과 관련된 이야기를 나눔
- 콩 고르기, 나물 다듬기, 빨래개기 등 단순하게 할 수 있는 일거리를 제공함

② **음식 섭취 관련 문제행동**
  - 화를 내거나 대립하지 않음("즈금만 기다리세요."라고 친절하게 얘기함)
  - 서두르지 않고 천천히 먹게 함
  - 대상자가 좋아하는 대체식품을 이용함
  - 도구를 사용하지 못할 경우 손으로 집어먹을 수 있는 식사를 만들어 줌
  - 치매 말기에는 음식을 으깨거나 갈아서 걸쭉하게 만들어 줌
  - 위험한 물건을 빼앗기지 않으려고 하는 경우 대상자가 좋아하는 다른 간식과 교환함
  - 먹고 난 식기를 그대로 두거나 매 식사 후 달력에 표시하게 함
  - 과식하거나 배고픔을 호소하는 이유는 시간개념의 상실로 인해 식사한 것을 잊었거나 심리적인 불안감 때문일 수 있음
  - 이식증상을 보이는 이유는 음식물인지 아닌지 구별하지 못하기 때문에 입에 넣을 수 있음

③ **수면장애**
  - 2~3일간 잠을 자지 않거나 계속 잠을 잠
  - 밤에 일어나서 돌아다니다가 낮에 잠을 잠
  - 산책과 같은 야외활동을 통해 신선한 공기를 접하며 운동하도록 도움
  - 낮에 꾸벅꾸벅 조는 경우 말을 걸어 자극을 줌
  - 소음을 최대한 없애고 적정 실내 온도를 유지함
  - 오후, 저녁때 커피나 술 같은 음료를 주지 않음
  - 잠에서 깨어나 외출하려고 하면 요양보호사가 동행함

④ **배회**
  - 아무런 계획도 목적지도 없이 돌아다니는 행위
  - 기억력 상실, 시간과 방향감각의 저하로 인한 혼란, 정서적인 불안, 배고픔, 화장실을 찾지 못해 안절부절 못함 등으로 발생함
  - 안전한 주변 환경을 조성함
  - 신체적 욕구를 우선적으로 해결해 줌
  - 단순한 일거리를 주어 배회 증상을 줄임

- 집 안에서 배회할 경우 배회 코스를 만들어 둠
- 신분증을 소지하도록 함
- 현관이나 출입문에 벨을 달아 놓아 대상자가 출입하는 것을 관찰함
- 창문 등 출입이 가능한 모든 곳의 문을 잠금
- 텔레비전이나 라디오를 크게 틀어 놓지 않음
- 집 안을 어둡게 하지 않음
- 낮 시간에 단순한 일거리를 주어 에너지를 소모하게 함
- 집, 청소, 산책, 목욕 등 건설적인 일을 주며 밖에서 쇼핑을 하는 것은 활력제가 되며 수면의 질도 향상됨
- 고향이나 가족에 대한 대화를 나누어 관심을 다른 곳으로 돌림
- 가족과 다과 등을 함께 하는 시간을 가짐

⑤ **의심, 망상, 환각**
- 대상자의 감정을 이해하고 수용함
- 대상자가 보고 들은 것에 대해 아니라고 부정하거나 다투지 않음
- 귓속말을 하지 않도록 주의함
- 잃어버렸다거나 훔쳐 갔다고 주장하는 물건을 찾은 경우 대상자를 비난하거나 훈계하지 않음
- 물건을 발견했을 때 아무 일도 아닌 것처럼 행동하는 것이 중요함
- 규칙적으로 시간과 장소를 알려주어 현실감을 유지함
- 대상자가 다른 것에 신경을 쓰도록 계속 관심을 돌림
- 잃어버린 물건에 대한 의심을 부정하거나 설득하지 말고 함께 찾아 봄
- 같은 물건을 준비해 두었다가 잃어버렸다고 주장할 때 대상자가 물건을 찾도록 도와 줌
- 대상자가 물건을 두는 장소를 파악해 놓음
- 도둑망상으로 방 안에만 있기를 고집하면 위험하지 않은 범위 내에서 허용함

⑥ **파괴적 행동**
- 무의미한 사건으로 보이는 것에 대해 자신뿐만 아니라 주위 사람에게 정서적으로 난폭한 반응을 보이는 것
- 울고, 분통을 터뜨리고, 욕설하고, 지나치게 안절부절못하고, 때리거나 물고, 침을 뱉고, 주먹으로 치고, 꼬집는 등의 신체적 폭력
- 특징 : 난폭한 행동이 자주 일어나지 않음, 오래 지속되지 않음, 초기에 분노로 시작하며 에너지가 소모되면 지쳐서 파괴적 행동을 중지함, 질병 초기에 수개월 내에 사라짐
  - 한 번에 한 가지씩 제시하거나 단순한 말로 설명함
  - 이해하지 못한 말은 같은 말로 반복함
  - 진정된 후 왜 그랬는지 질문하거나 이상행동에 대해 상기시키지 않음
  - 불필요한 신체적 구속을 피함
  - 질문하거나 일을 시키는 등의 자극을 주지 말고 조용한 장소에서 쉬게 함
  - 온화하게 이야기하고 대상자가 당황하고 흥분되어 있음을 이해한다는 표현을 함
  - 끊임없이 난폭한 발작을 하지 않는 한 신체적 구속은 사용하지 않음

⑦ **석양증후군**
- 대상자가 해 질 녘에 되면 더욱 혼란해지고 불안정하게 의심 및 우울 증상을 보이는 것
- 낮에는 유순하다가도 저녁 8~9시가 되면 갑자기 침대 밖으로 뛰쳐나오거나 옷을 벗고, 방을 서성이다 문을 덜거덕 거리거나, 바닥을 뒹굴고 침대 위로 뛰어오르는 등의 행동
- 대상자와 함께 충분한 시간을 가짐-
- 좋아하는 소일거리를 주거나 늦 시간 동안 움직이거나 활동하게 함
- 신체적 제한은 하지 않음
- 밖으로 데려가 산책함
- 따뜻한 음료수, 등 마사지, 음악듣기
- 텔레비전을 켜놓거나 조명을 밝게 하는 것이 도움이 됨

⑧ **부적절한 성적 행동**
- 보통 성 자체에는 관심이 없다는 것을 인식함
- 부적절한 성적 행동 관련 요인을 관찰함
- 때때로 행동교정이 도움이 됨
- 노출증을 감소시키기 위해 벌과 보상을 적절히 사용함
- 복용 중인 약물 때문에 유발될 수 있음을 이해함
- 옷을 벗거나 성기를 노출한 경우 당황하지 말고 옷을 입혀줌
- 부적절한 행동 시 즉각 멈추지 않으면 대상자가 좋아하는 것을 가져간다고 경고함
- 성적으로 관심을 보일 때 공공장소에 가는 것을 삼가고 방문객을 제한함

10. 치매 대상자와의 의사소통

① **의사소통의 기본 원칙**
- 대상자의 신체적 상태를 파악함(신체 부위를 짚어가며 구체적으로 질문함)
- 대상자를 존중하는 태도와 관심을 가짐(자존심 상하는 말이나 표현을 하지 않음)
- 이해할 수 있도록 말함(부정하거나 설득하려 하지 말기)
- 속도에 맞춤(천천히 대하고 반응할 때까지 기다림)
- 어린아이 대하듯 하지 않음(존칭어를 사용, 명령하는 투로 말하지 않음, 긍정형 문장을 사용, 할 수 있는 것이 어떤 것인가를 정확히 이야기함)
- 반복적으로 설명함(이해하지 못하면 반복하여 설명함, 네·아니요로 간단히 답할 수 있도록 질문함)
- 인격적으로 대함
- 간단한 단어 및 이해할 수 있는 표현을 사용함(한 번에 한 가지씩만 질문함, 간단하고 명료한 단어를 사용함, 쉬운 단어와 짧은 문장을 사용함)
- 한 번에 한 가지씩 설명함(식사하세요.양치하세요.외출해요.)
- 가까운 곳에서 얼굴을 마주 보고 말함(1m 이내)
- 항상 현실을 알려줌(이름을 부르고 자신이 누구인지 밝힘)
- 일상적인 어휘를 사용함

- 과거를 회상하게 유도함(옛날에 부르던 노래를 부르거나 옛일을 회상함)
- 손짓, 발짓, 소리를 사용함
- 언어적인 표현 방법과 적절한 비언어적인 표현 방법을 같이 사용함
- 신체적인 접촉을 사용함
- 비언어적인 표현 방법을 관찰함
- 필요하면 글을 써서 의사소통함
- 언어 이외의 다른 신호를 함께 사용함
- 대상자의 행동을 복잡하게 해석하지 않음

② **치매 단계별 의사소통 문제**
- 초기 : 자주 확인하고 설명을 요구함, 대화의 주제가 자주 바뀜, 어휘의 수가 점차적으로 줄어듦, 물건이나 사람의 이름을 부르는 것이 어려움, 시제를 올바르게 사용하는 것을 어려워함
- 중기 : 애매모호한 내용을 이야기함, 일관성이 없어짐, 혼동이 증가함, 대화의 주제가 한정적임, 불특정 다수를 지칭하는 용어의 사용이 증가됨, 어휘의 수가 초기 보다 줄어듦, 명칭 실어증을 보임, 대화 중에 말이 끊기는 횟수가 증가함, 적절한 어구를 사용하지 못하는 경우가 늘어남, 부적절한 명사, 부정확한 시제를 사용하는 경우가 늘어남
- 말기 : 의사소통을 유지하는 데 어려움이 있음, 말이 없어짐, 대화할 때 시선을 맞추는 것을 어려워함, 어휘의 수가 현저하게 적음, 올바른 이름을 사용하는 것이 더욱 어려워짐, 자발적인 언어 표현이 감소되어 말수가 크게 줄어듦, 앵무새처럼 상대방의 말을 그대로 따라 함, 발음이 부정확하여 대상자의 말을 이해하기 어려움, 대상자가 다른 사람들이 이야기한 것을 제대로 이해하지 못함

③ **치매 단계별 의사소통 방법**
- 초기: 간단하고 직접적인 언어로 구체적으로 표현함, 집중력이 높은 시간대를 파악함, 유사한 의미의 다른 언어를 이야기함, 대상자가 요청하기 전 구체적인 방법과

정보를 제공함, 대상자가 응답할 시간을 충분히 줌, 외래어나 약어로 된 단어는 사용하지 않음, 대화 내용을 요약정리하고 중요한 내용은 반복함, 대상자가 과거의 긍정적인 기억이나 사건을 회상하도록 도움, 대상자의 감정 상태를 표현할 수 있도록 도움, 대상자를 돕고자 하는 마음을 표현함

- 중기 : 눈을 마주치며 이야기함, 대화 주제를 갑자기 바꾸지 않음, 친숙한 물건을 활용함, 의사소통의 내용을 이해하고 있다는 것을 확인시켜 줌, 대상자가 반응할 때까지 기다려 줌, 대상자가 반응하지 않으면 반복하여 질문함, 같은 의미의 다른 용어와 좀 더 단순한 표현을 사용함, 불특정 인칭대명사나 명사보다 대상자의 이름을 사용함, 대상자가 자주 사용하는 단어와 문구를 활용함, 친숙한 활동을 통해 대화를 시도함, 대상자의 방에 있는 물건마다 이름표를 붙임, 대상자의 행동을 개인적인 의미로 받아들이지 않음, 대상자의 말을 반복해서 이야기함, 이용 가능한 모든 단서를 활용함, 격려하고 칭찬함

- 말기 : 마주 보며 이야기함, 대상자의 이름을 부르면서 이야기를 시작하고 요양보호사 자신의 이름을 말함, 좋아했던 음악을 함께 듣고 책을 읽음, 편안하고 부드러운 모습으로 이야기함, 낮은 톤으로 다정하고 차분하며 천천히 분명하게 말함, 대상자가 응답하지 않더라도 계속해서 이야기함, 모든 것을 듣고 있다고 가정함, 방 안에 아무도 없는 것처럼 이야기하지 않음, 신체적 접촉을 적절히 활용하며 비언어적 메시지를 확인함, 이야기하는 모든 것에 반응함, 대화가 끝난 뒤 항상 마무리 인사를 함

11. 인지자극 훈련

① 인지자극 훈련의 개요
대상자의 전반적인 인지기능 개선, 우울감을 포함한 정신행동 증상 개선, 일상생활 능력 유지 및 향상, 삶의 질 향상, 가족의 수발 부담 줄임

② 인지기능 수준별 인지자극 훈련
- 기억력, 지남력, 판단력, 집중력, 억제력, 계산력, 시공간능력, 언어능력을 사용하지 하는 프로그램이면 어떤 것이라도 인지자극 훈련 프로그램이 될 수 있음
- 인지기능에 문제가 없는 대상자: 뇌 건강 일기 쓰기, 빈칸 채우기, 물건값 계산하기, 특정 글자 고르기
- 경증 인지기능 장애 대상자: 언어의 유창성과 자발성을 높이기 위한 프로그램, 여러 가지 단어 말하기, 그림과 숫자 짝지어 기억하기, 물건 보며 과거 회상하기, 똑같이 그리기, 점선으로 옮겨 그리기, 손 모양 똑같이 만들기, 선 따라 그리기
- 중증 인지기능 장애 대상자: 흩어진 낱글자로 단어 만들기, 악기 연주하기, 선 따라 그리고 찢기, 똑같이 그리기, 따라 그리기, 이름 맞히기, 똑같은 모양 만들기, 숫자 찾아 체크하기, 인사말 연결하기

치매 관련 얘기나 동영상을 보면 마음이 무거워지고 계속 눈물이 납니다. 제가 씩씩해야 저희 엄마도 괜찮겠죠? 치매 가족과 함께 있는 모든 가족분들을 응원합니다.

[출처] 요양보호사 자격증 대비 용어정리 제3장 요양보호 각론 V. 치매 요양보호|작성자 금슨지니

요양보호사 자격시험 예상문제

■ 각 문제에서 가장 적합한 답을 하나만 고르시오.

요양보호론(필기시험)

1. 다음과 같은 노년기의 특성은?

   - 환경이 새롭게 변화하는 것을 두려워함
   - 나이가 들면서 자신에게 익숙한 습관을 고수함

   ① 의존성의 증가
   ② 경직성의 증가
   ③ 사회성의 증가
   ④ 우울감의 증가
   ⑤ 과거 회상의 증가

2. **건강한 노화를 위한 방법으로 옳은 것은?**
   ① 여가활동을 점차 줄인다.
   ② 뇌에 자극을 주는 활동을 한다.
   ③ 체면을 위해 애정 표현은 삼간다.
   ④ 프라이버시를 위해 대인관계를 자제한다.
   ⑤ 체력증진을 위해 매시간 고강도 운동을 한다.

3. **노인장기요양보험제도의 목적은?**
   ① 직업능력 개발을 통한 고용 촉진
   ② 최저생활 보장을 통한 자활의욕 고취
   ③ 안정적 노후를 위한 소득보장체계 마련
   ④ 업무상 재해 보상을 통한 사회복귀 지원
   ⑤ 일상생활이 어려운 노인의 가사 및 신체활동 지원

❶유형

4. 노인장기요양인정 신청 및 판정 절차에 대한 설명으로 옳은 것은?
   ① 최종 등급 판정은 장기요양기관에서 한다.
   ② 방문조사는 교육을 이수한 장기요양기관 직원이 한다.
   ③ 지자체는 장기요양인정서를 국민건강보험공단에 제출한다.
   ④ 결핵으로 신체활동이 어려운 60세 남자는 급여 대상자이다.
   ⑤ 표준장기요양이용계획서는 국민건강보험공단이 수급자에게 제공한다.

5. 장기요양급여 중 시설급여에 해당하는 것은?
   ① 단기보호
   ② 복지용구
   ③ 가족요양비
   ④ 주·야간보호
   ⑤ 노인요양공동생활가정

6. 요양보호사가 관찰자 역할을 수행한 것은?
   ① 대상자의 입장에서 편들어 준다.
   ② 기관장에게 대상자 정보를 전달한다.
   ③ 지식과 기술로 대상자의 불편함을 경감한다.
   ④ 대상자의 맥박, 호흡 및 심리적 변화를 살핀다.
   ⑤ 대상자가 능력을 최대한 발휘하도록 지지한다.

7. 노인장기요양보험 표준서비스 중 정서지원서비스를 제공한 것은?
   ① 목욕을 도왔다.
   ② 외출 시 동행하였다.
   ③ 생활상담을 해 주었다.
   ④ 체위를 변경해 주었다.
   ⑤ 화장실 이용을 도왔다.

8. 다음 사례는 시설대상자의 권리 중 어떤 것에 위배 되는가?

> 대 상 자 : 매트리스가 푹 꺼져서 허리도 아프고, 잠도 안 와.
> 요양보호사 : 어쩔 수 없어요. 여기는 모두 같은 매트리스를 사용하고 계시니 그냥 쓰세요.

① 신체구속을 받지 않을 권리
② 사생활과 비밀보장에 관한 권리
③ 차별 및 노인학대를 받지 않을 권리
④ 안락하고 안전한 생활환경을 제공받을 권리
⑤ 자신의 재산과 소유물을 스스로 관리할 권리

9. 다음 내용에 해당하는 노인학대 유형은?

> • 물건을 파손하는 행위로 위협함
> • 집 밖으로 나가지 못하게 통제함

① 방임
② 유기
③ 신체적 학대
④ 정서적 학대
⑤ 경제적 학대

10. 다음 상황에서 요양보호사의 대처로 옳은 것은?

> 목욕시킬 때마다 대상자가 요양보호사의 엉덩이를 만져서 심한 성적 불쾌감을 느꼈다.

① 피해사실을 혼자만 알고 있는다.
② 성적행동을 못 하도록 단호하게 말한다.
③ 노인이 되면 그럴 수 있다고 넘어간다.
④ 기분이 나쁘다며 감정적으로 대응한다.
⑤ 동료 요양보호사와 대상자를 서로 바꾼다.

❶유형

11. 다음 중 언어적 성희롱에 해당하는 행위는?

① 뒤에서 껴안는다.
② 가슴부위를 만진다.
③ 음란한 사진을 보여 준다.
④ 자신의 성기를 보여 준다.
⑤ 과거 성관계 사실을 묻는다.

12. 요양보호사의 직업윤리로 옳은 것은?

① 자신이 믿는 종교를 갖도록 강요한다.
② 서비스에 대한 물질적 보상을 요구한다.
③ 업무효율을 위해 권위적인 태도를 유지한다.
④ 요양보호사와 대상자가 대등한 관계임을 인식한다.
⑤ 예의 바른 태도는 거리감을 유발하므로 자제한다.

13. 대상자 가족이 정해진 요양보호 시간 외에 추가 서비스를 요청할 때 대처방법은?

① 기관장에게 보고한다.
② 다른 기관에 연계한다.
③ 고민해 보겠다고 말한다.
④ 친한 동료에게 부탁한다.
⑤ 가족의 요구를 들어준다.

14. 요양보호사가 직업윤리를 준수한 사례는?

① 제공해야 할 서비스 내용을 사전에 확인한다.
② 대상자의 미미한 변동사항은 보고를 생략한다.
③ 서비스를 제공하고 며칠 후에 한꺼번에 기록한다.
④ 업무 외 장소에서 대상자에 관한 이야기를 나눈다.
⑤ 요양보호사의 주관적 판단에 따라 업무를 수행 한다.

15. 요양보호사가 지켜야 하는 행동 규범은?

① 좋은 복지 용구는 직접 판매한다.
② 기관장의 지시는 선택하여 따른다.
③ 대상자의 사적 정보를 외부기관과 공유한다.
④ 급한 경우 보고 없이 근무지를 비울 수 있다.
⑤ 서비스 제공과 관련된 기술을 지속적으로 습득 한다.

16. 요양보호사가 업무를 수행할 때 근골격계 질환 발생 위험이 적은 경우는?

① 무거운 물건을 드는 경우
② 불편한 자세로 작업하는 경우
③ 반복적으로 같은 동작을 하는 경우
④ 어두운 조명에서 야간 작업을 하는 경우
⑤ 미끄럽지 않고 편평한 바닥에서 작업하는 경우

17. 옴에 감염된 대상자를 돕는 방법으로 옳은 것은?

① 공용 혈압계를 사용한다.
② 맨손으로 가려운 곳을 긁어 준다.
③ 증상이 있는 부위에만 약을 바른다.
④ 대상자가 사용한 침구류를 다른 대상자의 물품과 함께 세탁한다.
⑤ 대상자와 접촉한 사람은 증상 유무와 상관없이 함께 동시에 치료한다.

18. 노인성 질환의 특성은?

① 경과가 짧다.
② 원인이 명확하다.
③ 초기 진단이 용이하다.
④ 합병증이 동반되기 쉽다.
⑤ 정상적인 노화과정과 구분하기 쉽다.

❶유형

19. 대상자에게 변비를 일으킬 수 있는 요인으로 옳은 것은?

① 수분 섭취 증가

② 신체 활동 증가

③ 복부 근력 강화

④ 마약성 진통제 복용

⑤ 규칙적인 배변습관

20. 노화에 따른 호흡기계 변화로 옳은 것은?

① 폐활량 증가

② 기침반사 증가

③ 섬모운동 감소

④ 코점막의 건조함 감소

⑤ 기관지 내 분비물 감소

21. 복압성 요실금이 있는 대상자를 돕는 방법으로 옳은 것은?

① 비만관리를 한다.

② 웃음요법을 권장한다.

③ 매일 줄넘기를 시킨다.

④ 수분 섭취를 제한한다.

⑤ 식이섬유소가 적은 음식을 제공한다.

22. 수정체가 혼탁해져 빛이 들어가지 못하고 사물이 뿌옇게 보이게 되는 질환은?

① 결막염

② 녹내장

③ 백내장

④ 망막염

⑤ 안구건조증

23. 뇌졸중에 대한 설명으로 옳은 것은?

① 도파민의 부족으로 발생한다.

② 좌뇌가 손상되면 좌측마비가 발생한다.

③ 측두엽이 손상되면 술 취한 사람처럼 비틀거린다.

④ 안정 시 떨림, 무표정한 얼굴이 특징적으로 나타난다.

⑤ 뇌로 혈액을 공급하는 혈관이 막히거나 터져서 발생 한다.

24. 당뇨병 대상자의 발 관리 방법으로 옳은 것은?

① 발톱은 일자로 자른다.

② 꼭 끼는 신발을 신는다.

③ 양말을 벗고 맨발로 다닌다.

④ 발을 씻은 후에 물기는 남겨 둔다.

⑤ 발에 열패드를 대어 주어 보온한다.

25. 노인에게 영양 문제가 발생하는 요인으로 옳은 것은?

① 칼슘 흡수력 증가

② 소화액 분비 증가

③ 삼키는 능력 증가

④ 구강 건조증 감소

⑤ 갈증에 대한 반응 저하

26. 노인이 운동을 기피하는 요인으로 옳은 것은?

① 낙상에 대한 두려움이 있다.

② 자극에 대한 반응이 빠르다.

③ 관절의 가동범위가 증가한다.

④ 폐조직의 탄력성이 증가한다.

⑤ 심장근육의 수축력이 강해진다.

27. 철분제 복용을 돕는 방법으로 옳은 것은?
   ① 녹차에 타서 복용하게 한다.
   ② 오렌지주스와 함께 복용하게 한다.
   ③ 어지럼증이 있을 때마다 복용하게 한다.
   ④ 코팅된 약을 삼키기 힘들 때는 쪼개서 복용하게 한다.
   ⑤ 복용을 잊은 경우 2회 용량을 한꺼번에 복용하게 한다.

28. 숙면을 돕는 방법으로 옳은 것은?
   ① 오후에 카페인 음료를 준다.
   ② 잠이 올 때까지 텔레비전을 보게 한다.
   ③ 밤잠이 부족한 경우 낮잠을 자게 한다.
   ④ 매일 일정한 시간에 잠자리에 들게 한다.
   ⑤ 잠자기 직전에 과격한 운동을 하게 한다.

29. 금연 후 나타나는 변화로 옳은 것은?
   ① 성기능이 감소한다.
   ② 기대수명이 감소한다.
   ③ 손상된 폐기능이 악화된다.
   ④ 심장병 발생 위험이 감소한다.
   ⑤ 혈중 산소량이 정상보다 감소한다.

30. 노인이 10년마다 추가로 받아야 하는 예방접종은?
   ① 결핵
   ② 홍역
   ③ 폐렴구균
   ④ 디프테리아
   ⑤ 인플루엔자

31. 폭염에 노출되었을 때의 안전수칙으로 옳은 것은?

① 야외 활동을 격려한다.

② 따뜻한 물로 통목욕을 시킨다.

③ 시원한 물을 천천히 마시게 한다.

④ 구강으로 섭취하는 음식물의 양을 늘린다.

⑤ 두꺼운 담요를 덮어 체온 손실을 예방한다.

32. 상황이 급하거나 사안이 가벼울 때 활용할 수 있는 업무보고 형식은?

① 구두보고

② 서면보고

③ 주간보고

④ 월례회의보고

⑤ 정기업무보고

33. 요양보호사가 업무 내용을 기록하는 목적은?

① 서비스의 연속성 유지

② 업무에 대한 책임 회피

③ 대상자의 개인정보 공유

④ 보호자와의 밀착 관계 형성

⑤ 기관중심의 서비스 계획 수립

34. 임종이 가까운 대상자에게 나타나는 신체적 변화는?

① 호흡이 규칙적이다.

② 소변량이 감소한다.

③ 사지가 따뜻해진다.

④ 근긴장도가 증가한다.

⑤ 잠자는 시간이 줄어든다.

35. 임종을 앞둔 대상자가 다음과 같이 말할 때의 임종 적응 단계는?

> 대상자 : 내게 이런 일이 벌어졌어. 그렇지만 우리 아이가 결혼할 때까지만 살게 해 주세요

① 부정
② 분노
③ 타협
④ 우울
⑤ 수용

요양보호(실기시험)

36. 경관영양을 하는 대상자를 돕는 방법으로 옳은 것은?

① 청색증이 나타나면 비위관을 제거한다.

② 구토 증상이 있으면 주입 속도를 늦춘다.

③ 영양액 주머니를 위장보다 높은 위치에 건다.

④ 영양액을 분당 100 mL가 들어가도록 주입한다.

⑤ 영양액 주머니를 하루에 한 번 세척하여 말린다.

37. 누워 있는 왼쪽 편마비 대상자의 식사를 돕는 방법으로 옳은 것은?

① 식사 도중에 맛이 어떤지 물어본다.

② 오른쪽을 베개나 쿠션으로 지지해 준다.

③ 왼쪽 입에 빨대를 고정시켜 국물을 제공한다.

④ 음식을 반 정도 삼키면 다음 음식을 넣어 준다.

⑤ 오른쪽을 밑으로 하여 옆으로 누운 자세를 취하게 한다.

38. 약물의 성분과 효과가 유지되도록 보관하는 방법으로 옳은 것은?

① 귀약은 냉동고에 보관한다.

② 알약은 건조한 곳에 보관한다.

③ 안약은 햇볕이 잘 드는 곳에 보관한다.

④ 가루약은 물약에 녹여 서늘한 곳에 보관한다.

⑤ 갈색 병에 들어 있는 물약은 직사광선이 드는 곳에 보관한다.

39. 대상자에게 안연고를 투약하는 방법으로 옳은 것은?
① 투약한 후 눈을 가볍게 문질러 준다.
② 눈의 바깥쪽에서 안쪽 방향으로 투여한다.
③ 안연고 투약 후 비루관을 가볍게 눌러 준다.
④ 뚜껑을 열 때 처음 나오는 연고부터 사용한다.
⑤ 눈꺼풀 밖으로 나온 연고는 생리식염수를 적신 멸균 솜으로 닦아 낸다.

40. 정맥 주사 바늘을 제거한 부위를 알코올 솜으로 비비지 않고 누르는 이유는?
① 통증 감소
② 부종 예방
③ 흉터 예방
④ 피멍 발생 예방
⑤ 약물 흡수 촉진

41. 거동이 불편한 대상자가 화장실을 안전하게 사용 하도록 돕는 방법으로 옳은 것은?
① 변기 옆에 안전손잡이를 설치한다.
② 용변을 마칠 때까지 다른 용구를 본다.
③ 화장실은 눈이 부시지 않도록 조명을 어둡게 한다.
④ 화장실 앞에 화분을 놓아 화장실 위치를 표시한다.
⑤ 밤에는 수면에 방해되지 않도록 화장실 표시등을 꺼 둔다.

42. 침대에서 누워 지내는 대상자의 침상 배설을 돕는 방법은?
① 배변 후 물티슈로 닦고 바로 옷을 입힌다.
② 뒤처리할 때 뒤쪽에서 앞쪽으로 닦아 준다.
③ 항문이 변기 중앙에 위치하도록 대어 준다.
④ 배에 힘을 주기 쉽도록 침대 머리를 낮춰 준다.
⑤ 배설물에 피가 섞여 나오면 대상자에게 확인시킨 후 버린다.

43. 대상자가 이동변기에 배설할 때 돕는 방법으로 옳은 것은?

① 변기통 안에 화장지를 깔아 준다.

② 배설물을 아침저녁으로 처리한다.

③ 이동변기의 높이를 침대보다 높게 한다.

④ 이동변기 옆에 미끄럼방지매트를 깔아 준다.

⑤ 두 발이 바닥에 닿지 않게 이동변기에 앉힌다.

44. 유치도뇨관을 삽입하고 있는 대상자를 돕는 방법으로 옳은 것은?

① 소변주머니는 허리보다 높은 위치에 둔다.

② 금기 사항이 없으면 수분 섭취를 권장한다.

③ 소변이 밖으로 새는 경우 유치도뇨관을 제거한다.

④ 유치도뇨관이 방광에 고정되어 있는지 당겨서 확인한다.

⑤ 유치도뇨관을 유지하고 있는 동안에는 움직임을 제한한다.

45. 기저귀를 사용하는 대상자를 돕는 방법으로 옳은 것은?

① 기저귀를 하루에 세 번 교환한다.

② 둔부에 발적이 있으면 연고를 발라 준다.

③ 오염된 기저귀는 바깥 면이 보이도록 말아서 버린다.

④ 바지를 내린 후 면 덮개를 덮고 기저귀를 교환 한다.

⑤ 허리를 들 수 없으면 엎드린 채로 기저귀를 교환 한다.

46. 대상자의 구강 청결을 돕는 방법으로 옳은 것은?

① 입안을 닦아낼 때는 목젖까지 닦는다.

② 일회용 스펀지에 치약을 묻혀 닦는다.

③ 대상자를 똑바로 눕힌 자세에서 닦는다.

④ 구강 점막에 염증이 있으면 구강청정제로 닦는다.

⑤ 위쪽 잇몸과 이를 닦은 후 아래쪽 잇몸과 이를 닦는다.

47. 두발전용세정제를 사용하여 대상자의 머리를 청결 하게 하는 방법으로 옳은 것은?

① 머리를 물로 적신 후 두발전용세정제를 충분히 발라 준다.

② 두발전용세정제를 바른 후 거품이 나게 마사지 한다.

③ 따뜻한 물로 머리때와 기름기를 씻어 낸다.

④ 두발전용세정제를 사용한 후 린스로 헹군다.

⑤ 젖은 수건으로 충분히 닦아 준다.

48. 대상자의 목욕을 도울 때 따뜻한 물을 자주 뿌려 주는 이유는?

① 피부 보습

② 체온 유지

③ 각질 제거

④ 염증 반응 감소

⑤ 호르몬 분비 촉진

49. 대상자의 침상 세면을 돕는 방법으로 옳은 것은?

① 침대를 수평으로 하여 눕힌다.

② 눈곱이 있는 눈을 먼저 닦는다.

③ 코, 뺨, 눈, 귀, 목 순서로 닦는다.

④ 면봉으로 귀 안쪽을 깊숙이 닦는다.

⑤ 코털이 코 밖으로 나와 있으면 깎아 준다.

50. 편마비 대상자의 하의를 갈아입힐 때 벗기는 순서로 옳은 것은?

> 가. 두 팔과 두 발을 바닥에 지지하고 엉덩이를 들어 올리게 한다.
> 나. 마비된 쪽을 벗긴다.
> 다. 건강한 쪽을 벗긴다.
> 라. 두 다리를 모아 무릎을 세운다

① 라 → 가 → 나 → 다
② 라 → 가 → 다 → 나
③ 다 → 라 → 가 → 나
④ 다 → 가 → 라 → 나
⑤ 나 → 라 → 가 → 다

51. 거동이 불편한 대상자의 체위변경을 돕는 방법으로 옳은 것은?

① 도넛베개로 천골부위를 지지한다.
② 욕창이 있으면 체위변경 횟수를 늘린다.
③ 딱딱하고 표면이 거친 쿠션을 받쳐 준다.
④ 대상자의 옷을 잡아당겨 체위를 변경한다.
⑤ 의자에서는 2시간마다 체위를 바꾸어 준다.

52. 사지마비 대상자를 침상에서 일으켜 앉힐 때 지지해야 하는 신체 부위는?

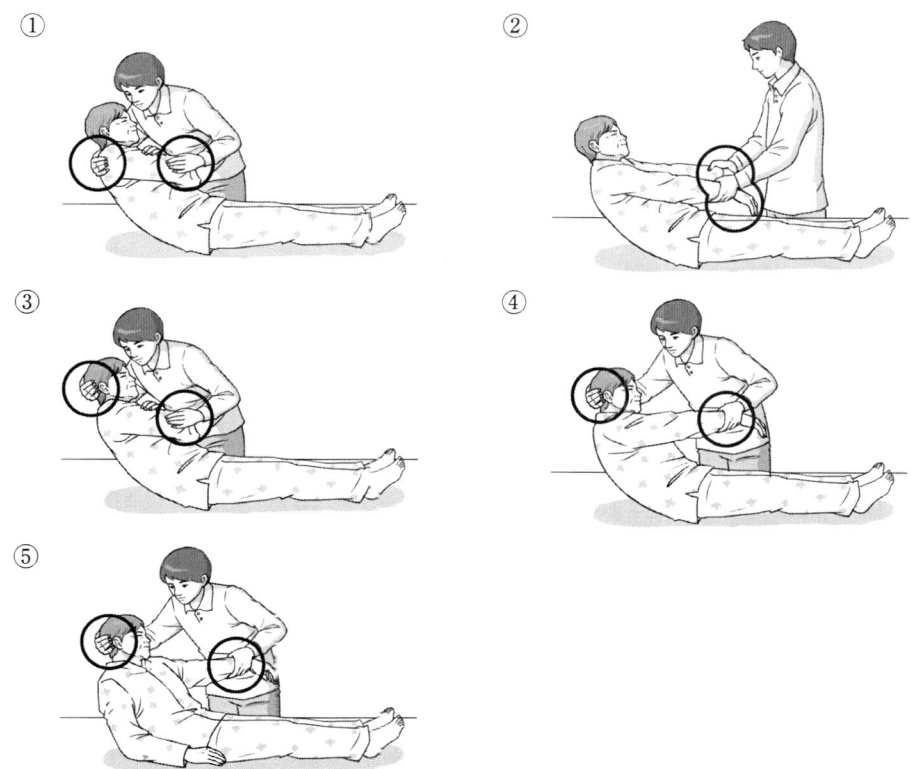

53. 대상자를 휠체어에서 자동차로 이동시키는 순서는?

> 가. 휠체어를 자동차와 비스듬하게 되도록 놓는다.
> 나. 대상자의 엉덩이를 휠체어 앞쪽으로 이동시켜 두 발이 지면에 닿게 내려놓는
> 다. 요양보호사의 무릎으로 대상자의 마비 쪽 무릎을 지지하면서 일으켜 자동차 시트에 앉힌다.
> 라. 휠체어의 잠금장치를 고정한다.
> 마. 대상자의 엉덩이를 좌우로 이동시켜 자동차 시트에 깊숙이 앉게 한다.

① 가 → 나 → 다 → 라 → 마
② 가 → 나 → 라 → 다 → 마
③ 가 → 다 → 나 → 라 → 마
④ 가 → 라 → 나 → 다 → 마
⑤ 가 → 라 → 다 → 나 → 마

54. 왼쪽 편마비 대상자가 바닥에서 휠체어로 이동할 때 돕는 방법은?

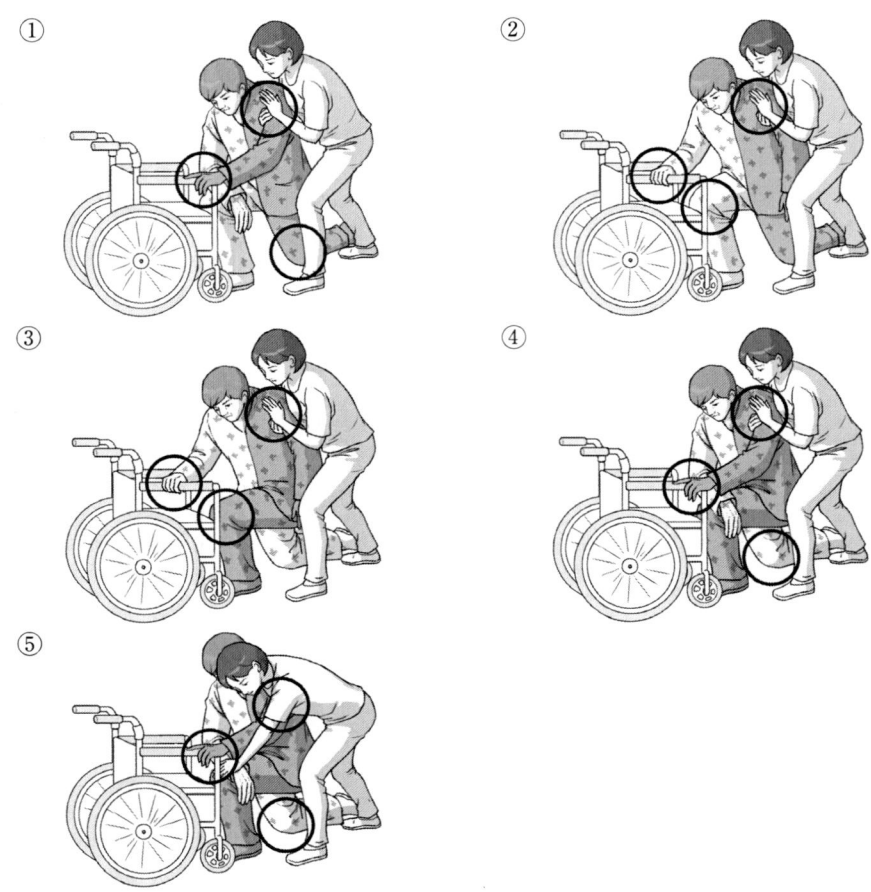

55. 보행벨트를 사용하여 편마비 대상자의 보행을 돕는 방법으로 옳은 것은?

① 고무받침이 닳았는지를 확인한다.
② 보행벨트를 가슴 위치에 고정한다.
③ 보행벨트를 대상자의 피부에 밀착시켜 고정한다.
④ 대상자의 마비 쪽 뒤에서 보행벨트 손잡이를 잡는다.
⑤ 건강한 쪽 보행벨트 손잡이는 대상자 스스로 잡게 한다.

56. 다음 복지용구의 용도로 옳은 것은?

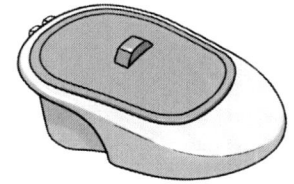

① 침상에서 용변 해결하기
② 누운 자세에서 머리 감기기
③ 침상 옆에 놓고 앉아 배설하기
④ 신체 압력을 분산하여 욕창을 예방하기
⑤ 자세변환 후 신체부위를 편안하게 지지하기

57. 대상자의 감염을 예방하기 위한 물품 관리 방법으로 옳은 것은?
① 카테터 등 고무제품은 햇볕에 말린다.
② 사용한 물품은 모아서 한꺼번에 소독한다.
③ 가래가 담긴 흡인병은 주 1회 깨끗이 닦는다.
④ 혈액이 묻은 물품은 더운물로 닦고 찬물로 헹군다.
⑤ 사용한 카테터는 분비물이 빠지도록 물에 담가 둔다.

58. 재가대상자의 낙상을 예방하는 방법으로 옳은 것은?
① 길고 헐렁한 옷을 입힌다.
② 전기코드는 바닥에 고정한다.
③ 크기가 넉넉한 신발을 신긴다.
④ 취침 시 침대는 허리 높이로 맞춘다.
⑤ 조명은 자다가 깨도 켤 수 있도록 가까이 둔다.

59. 화재가 발생했을 때 소화기를 사용하는 순서로 옳은 것은?

(가) 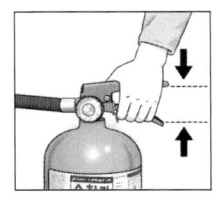   (나) 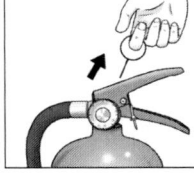   (다)    (라)

① 가 → 나 → 라 → 다
② 가 → 라 → 나 → 다
③ 나 → 가 → 다 → 라
④ 나 → 라 → 가 → 다
⑤ 라 → 가 → 나 → 다

60. 고혈압 대상자에게 제공할 수 있는 저염 조리음식은?

① 간장에 재운 깻잎장아찌
② 묵은지를 넣은 부대찌개
③ 카레가루를 입혀 구운 삼치
④ 우렁이를 넣고 끓인 강된장
⑤ 고추장으로 버무린 오이지무침

61. 재가대상자의 주거환경을 안전하게 관리하는 방법으로 옳은 것은?

① 얼굴을 비추도록 조명을 설치한다.
② 다리 간격이 넓은 식탁을 사용한다.
③ 거실과 방이 구분되도록 문턱을 설치한다.
④ 사용하기 편하도록 깊은 욕조를 선택한다.
⑤ 열고 닫기 편하도록 둥근형 문고리를 설치한다.

62. 대상자가 외출할 때 동행하는 방법으로 옳은 것은?

① 구체적인 외출계획을 세운다.
② 보호자의 요구 사항을 우선시한다.
③ 요양보호사의 개인 업무를 병행한다.
④ 외출의 만족 정도를 보호자에게 확인한다.
⑤ 예기치 못한 일이 발생할 경우 동료 요양보호사와 상의한다.

63. 인지기능이 저하된 치매대상자의 일상생활을 돕는 방법으로 옳은 것은?

① 새로운 습관을 갖도록 도와준다.
② 여가활동을 침상에서 하게 한다.
③ 가구를 바꾸어 기분전환을 돕는다.
④ 익숙한 사람과 규칙적인 생활을 하게 한다.
⑤ 할 수 있는 일을 서서히 줄여 대신해 준다.

64. 치매대상자가 시설에서 반복적으로 "집에 언제 가요?"라고 할 때 대처방법으로 옳은 것은?

① 질문을 못 들은 척한다.
② 시설의 규칙을 설명한다.
③ 마당에 꽃을 보러 나가자고 한다.
④ 복잡한 일거리를 주어 집중하게 한다.
⑤ 가족을 기다릴 수 있도록 문 앞에 의자를 놓아 준다.

65. 치매대상자의 음식 섭취를 돕는 방법으로 옳은 것은?

① 배회가 있는 대상자는 섭취 열량을 줄인다.
② 특정 음식을 좋아하면 계속 그 음식을 준다.
③ 배고픔을 호소할 때마다 음식을 충분히 준다.
④ 손잡이가 작고 가벼운 숟가락을 사용하게 한다.
⑤ 치매 말기에는 갈거나 으깬 걸쭉한 음식을 준다.

66. 집 안에서 배회하는 치매대상자를 돕는 방법으로 옳은 것은?

① 방을 바꾸어 준다.

② 창문을 열어 환기한다.

③ 집 안 조명을 어둡게 한다.

④ 텔레비전을 크게 켜 놓는다.

⑤ 자녀와의 추억에 대해 이야기한다.

67. 밤에 숙면할 수 있도록, 낮에 졸고 있는 치매대상자를 돕는 방법으로 옳은 것은?

① 실내를 어둡게 한다.

② 침대로 가서 눕게 한다.

③ 조용한 음악을 틀어 준다.

④ 주기적으로 말을 걸어 준다.

⑤ 어깨를 흔들며 큰 소리로 깨운다.

68. 망상이 있는 치매대상자가 다음과 같이 말할 때 대처방법으로 옳은 것은?

| 치매대상자 : 내 밥에 농약을 넣었어! 죽을까 봐 안 먹어. |
| 요양보호사 : (   ) |

① "누가 넣었다고 생각하세요?"

② "그럼 지금 경찰에 신고할게요."

③ "안 넣었으니까 안심하고 드세요."

④ "왜 농약을 넣었다고 생각하세요?"

⑤ "제가 먼저 먹어 볼게요. 같이 드세요."

69. 목욕을 시키기 위해 치매대상자의 옷을 벗기려 하자 거칠게 발버둥칠 때 대처방법으로 옳은 것은?

① 혼자서 목욕하라고 말한다.
② 행동을 신속하게 제지한다.
③ 목욕하기 싫은 이유를 물어본다.
④ 여러 요양보호사와 함께 목욕을 시킨다.
⑤ 목욕을 중지하고 조용한 방에서 쉬게 한다.

70. 치매대상자가 해 질 녘만 되면 다른 대상자의 사물함에서 옷을 꺼낼 때 대처방법으로 옳은 것은?

① "어르신 옷을 같이 찾아봐요."라며 이끈다.
② "왜 남의 옷을 가져가세요!"라며 소리친다.
③ "옷은 내일 찾고 주무세요."라고 하며 조명을 끈다.
④ "남의 옷에 손을 대면 안 돼요."라며 옷을 정리 한다.
⑤ "자꾸 이러시면 독방으로 가셔야 해요."라며 단호 하게 말한다.

71. 치매대상자가 바지를 내려 성기를 노출하고 있을 때 대처방법으로 옳은 것은?

① "추운데 왜 옷을 벗으세요?"
② "이러시면 참 당황스러워요."
③ "바지가 불편하신가 보네요."
④ "어린아이처럼 행동하지 마세요!"
⑤ "지금 저에게 성희롱하는 거예요!"

72. 대상자와 비언어적 의사소통을 하는 방법으로 옳은 것은?

① 팔짱을 끼고 앉는다.
② 손가락으로 지적한다.
③ 시선을 한곳에 고정한다.
④ 대화 중간에 긴 침묵을 갖는다.
⑤ 대상자를 향해 몸을 약간 기울인다.

73. 다음 상황에서 '나-전달법'을 적용한 반응으로 옳은 것은?

> 대상자 : (누워서 텔레비전을 바라보며) 나가기 귀찮아.
> 　　　　그냥 누워 있을래.
> 요양보호사 : (　　　　　　　　　　　　　　　)

① "네, 그러면 다음에 나가요."
② "이렇게 누워만 계시면 큰일 나요."
③ "무슨 일 있으세요? 많이 우울하세요?"
④ "누워만 계시니 근력이 떨어질까 봐 걱정돼요."
⑤ "저도 오늘 같은 날은 그냥 누워 있고 싶네요."

74. 시각장애 대상자와 의사소통하는 방법으로 옳은 것은?

① 요양보호사를 중심으로 방향을 설명한다.
② 촉각을 이용하여 사물에 대한 정보를 전달한다.
③ 대상자를 만나면 말보다 신체 접촉을 먼저 한다.
④ 이쪽, 저쪽 등의 지시대명사를 사용하여 대화한다.
⑤ 대상자와 마주 보고 눈짓으로 신호를 주며 대화 한다.

75. 청각 기능이 저하된 대상자와 의사소통하는 방법으로 옳은 것은?

① 고음의 큰 소리로 말한다.
② 빠른 속도로 반복하여 말한다.
③ 친근하게 느끼도록 반말로 말한다.
④ 대상자의 귀에 대고 속삭이듯 말한다.
⑤ 밝은 장소에서 입을 크게 벌리며 말한다.

76. 지남력장애가 있는 대상자와 의사소통하는 방법으로 옳은 것은?

① 주의사항에 대해 자세히 설명한다.

② 대상자의 미래 계획을 함께 세운다.

③ 대중 매체에 나오는 신조어를 사용한다.

④ 장소, 날짜, 시간에 대해 자주 인식시킨다.

⑤ 친밀감을 표현하기 위해 별명을 사용한다.

77. 대상자가 떡을 먹던 중 갑자기 양손으로 목을 잡고 괴로워할 때 대처방법으로 옳은 것은?

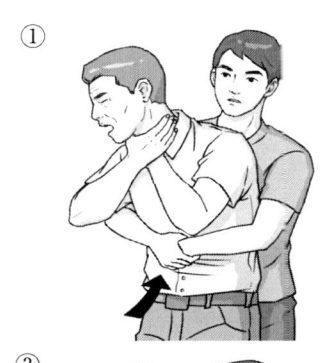

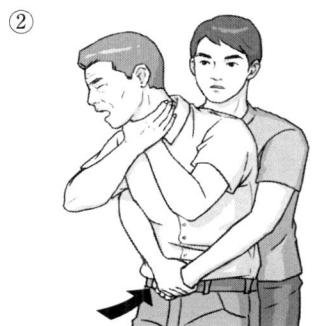

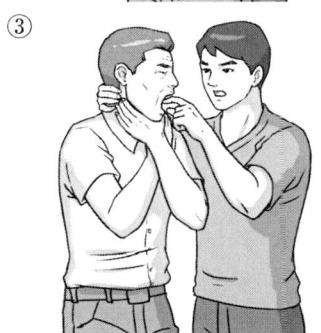

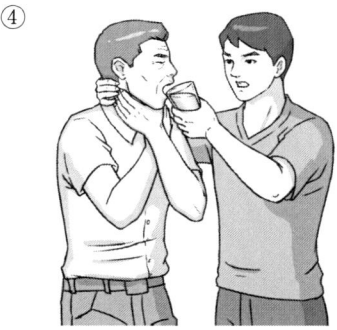

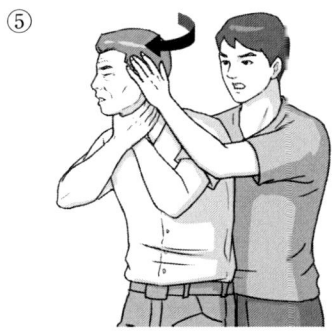

78. 손목 골절이 의심되는 대상자를 위한 응급처치 방법으로 옳은 것은?

① 냉찜질을 한다.
② 손목을 움직여 보게 한다.
③ 튀어나온 뼈를 눌러 준다.
④ 구부러진 손목관절은 펴 준다.
⑤ 손상부위는 심장보다 낮게 한다.

79. 대상자에게 심폐소생술을 할 때 자동심장충격기를 사용하는 방법으로 옳은 것은?

① 왼쪽 빗장뼈 밑과 오른쪽 중간겨드랑선에 패드를 붙인다.
② 패드를 붙인 후 전원을 켠다.
③ 심장리듬 분석 중에는 인공호흡을 한다.
④ 제세동을 위한 충전 중에는 가슴압박을 한다.
⑤ 충격이 전달된 즉시 대상자의 반응과 호흡을 재확인 한다.

80. 의식을 잃고 쓰러져 있는 대상자에게 심폐소생술을 시행하는 방법으로 옳은 것은?

① 분당 60회의 속도로 가슴을 압박한다.
② 얼굴을 옆으로 돌려 기도를 개방한다.
③ 양팔의 팔꿈치를 곧게 펴서 가슴을 압박한다.
④ 대상자의 가슴이 약 2 cm 눌릴 수 있게 살짝 압박 한다.
⑤ 반응확인 → 가슴압박 → 도움요청 → 기도유지 순으로 실시한다.

요양보호사 자격시험 ❶유형 정답

1	2	2	2	3	5	4	5	5	5
6	4	7	3	8	4	9	3	10	2
11	5	12	4	13	1	14	1	15	5
16	5	17	5	18	4	19	4	20	3
21	1	22	3	23	5	24	1	25	5
26	1	27	2	28	4	29	4	30	4
31	3	32	1	33	1	34	2	35	3
36	3	37	5	38	2	39	5	40	4
41	1	42	3	43	1	44	2	45	3
46	5	47	2	48	2	49	5	50	2
51	2	52	1	53	4	54	2	55	4
56	1	57	5	58	5	59	4	60	3
61	2	62	1	63	4	64	3	65	5
66	5	67	4	68	5	69	5	70	1
71	3	72	5	73	4	74	2	75	5
76	4	77	1	78	1	79	4	80	3

요양보호사 자격시험 예상문제

■ 각 문제에서 가장 적합한 답을 하나만 고르시오

요양보호론(필기시험)

1. 노년기의 심리적 특성으로 옳은 것은?
   ① 외향성이 나타난다.
   ② 의존성이 증가한다.
   ③ 의사 결정이 빠르다.
   ④ 친근한 사물에 대한 애착이 사라진다.
   ⑤ 일을 처리할 때 새로운 방식을 선호한다.

2. 수정확대가족의 특징으로 옳은 것은?
   ① 조부모와 손자녀로 구성되어 있다.
   ② 결혼한 자녀와 부모가 함께 거주한다.
   ③ 노인과 친인척 간에 교류가 활발하다.
   ④ 부모 중 한 명과 미성년 자녀가 함께 산다.
   ⑤ 성인 자녀가 근거리에 살면서 노부모를 보살핀다.

3. 노인장기요양보험 급여 대상자는?
   ① 백내장 수술을 한 65세 남자
   ② 관절염으로 수술을 한 70세 여자
   ③ 골절로 병원에 입원 중인 60세 남자
   ④ 혼자서 일상생활이 가능한 75세 여자
   ⑤ 뇌경색으로 일상생활이 어려운 50세 남자

❷유형

4. 노인장기요양인정 절차에 관한 설명으로 옳은 것은?

① 지방자치단체에 장기요양인정을 신청한다.
② 신청자가 동의하면 사회복지전담공무원이 대신 신청할 수 있다.
③ 장기요양인정 방문조사는 등급판정위원회에서 실시한다.
④ 국민건강보험공단의 방문조사원이 장기요양등급을 1차로 판정한다.
⑤ 보건복지부는 1차 장기요양등급 판정 결과를 심의 하여 최종 판정한다.

5. 노인요양시설에서 대상자에게 장기요양급여를 제공한 후 비용을 청구하는 곳은?

① 보건복지부
② 지방자치단체
③ 근로복지공단
④ 국민건강보험공단
⑤ 중앙노인보호전문기관

6. 노인장기요양보험 표준서비스 중 개인활동지원서비스 내용에 해당하는 것은?

① 말벗
② 편지 대필
③ 구강관리 돕기
④ 청소 및 주변정돈
⑤ 관공서 방문 시 동행

7. 요양보호서비스 제공 원칙으로 옳은 것은?

① 대상자 가족 중심으로 서비스를 제공한다.
② 대상자가 자립생활을 할 수 있도록 지원한다.
③ 응급상황 시 우선순위에 따라 의료행위를 한다.
④ 대상자의 개인적 욕구보다 기관의 지침을 중시 한다.
⑤ 대상자의 상태가 달라지면 요양보호사가 서비스를 조정한다.

8. 다음에서 시설 권리는?

> • 대상자의 휴대전화 사용을 제한함
> • 사전 동의 없이 대상자의 사진을 촬영함

① 차별을 받지 않을 권리
② 신체구속을 받지 않을 권리
③ 충분한 정보를 제공받을 권리
④ 사생활과 비밀 보장에 관한 권리
⑤ 시설정보에 대한 접근성을 보장받을 권리

9. 인지기능을 상실한 노인을 고의적으로 가출하게 하는 학대유형은?
① 유기
② 자기방임
③ 정서적 학대
④ 신체적 학대
⑤ 경제적 학대

10. 요양보호사 채용 과정에서 기관장이 다음과 같이 말했을 때 요양보호사가 침해받은 권리는?

> 지원서를 보니 나이가 많아 어르신을 돌보는 업무가 힘들 것 같네요.

① 자유권
② 참정권
③ 평등권
④ 신체적 안전 보장 권리
⑤ 휴식 및 여가 보장 권리

11. 다음에 해당하는 성희롱 유형은?

- 음란한 사진을 전송함
- 고의적으로 엉덩이를 노출함

① 육체적 성희롱
② 언어적 성희롱
③ 시각적 성희롱
④ 심리적 성희롱
⑤ 사회적 성희롱

12. 대상자에게 서비스를 제공할 때 요양보호사가 지켜야 할 직업윤리 원칙은?

① 개인의 선호를 인정한다.
② 대상자와 수직적인 관계를 유지한다.
③ 학대 발견 시 가족에게 알리지 않는다.
④ 업무에 협조하지 않을 경우 서비스를 종결한다.
⑤ 종교에 상관없이 시설 내 종교행사에 참석시킨다.

13. 요양보호사가 지켜야 하는 행동규범으로 옳은 것은?

① 장기요양기관을 알선한다.
② 자신의 활동이 모든 요양보호사를 대표한다고 생각한다.
③ 대상자로 인한 업무 고충을 보호자에게 토로한다.
④ 요양보호사의 개인적 용무는 서비스 제공 중에 처리한다.
⑤ 대상자의 건강상태가 악화될 경우 요양보호사가 스스로 해결한다.

14. 다음 상황에서 직업윤리를 준수한 요양보호사의 태도는?

> 서비스 제공 중 전화통화 내용을 우연히 듣게 된 요양보호사는 대상자의 사업 부도 사실을 알게 되었다.

① 대상자를 공감하며 위로한다.
② 다른 대상자에게 이야기한다.
③ 동료 요양보호사에게 전달한다.
④ 대상자에게 부도 사유를 묻는다.
⑤ 비밀로 유지하고 내색하지 않는다.

15. 재가대상자와 신뢰감을 형성하기 위한 방법은?

① 반말로 친근하게 대상자를 대한다.
② 시선을 맞추며 대상자와 대화를 한다.
③ 대상자 부재중에도 서비스를 시작한다.
④ 과도한 신체 접촉으로 친밀감을 표현한다.
⑤ 계획된 시간보다 연장해서 서비스를 제공한다.

16. 요양보호사에게 나타날 수 있는 수근관증후군에 관한 설명으로 옳은 것은?

① 밤에 통증이 완화된다.
② 손목을 굴곡시키면 통증이 감소된다.
③ 손목에서 팔꿈치까지 강직이 나타난다.
④ 손을 털면 저림과 통증이 완화될 수 있다.
⑤ 새끼손가락과 연결된 손바닥 감각이 둔해진다.

17. 감염 발생 가능성이 높은 요양보호사의 행위는?

① 손톱을 둥글고 짧게 자른다.
② 정기적으로 건강검진을 받는다.
③ 목욕 후 피부에 보습제를 바른다.
④ 비닐장갑을 끼고 흡인병을 비운다.
⑤ 손으로 입과 코를 가리고 기침한다.

18. 노화로 간기능이 변화되어 나타날 수 있는 결과는?

① 당내성 증가
② 타액 분비 증가
③ 칼슘 흡수 증가
④ 위산 분비 저하
⑤ 약물 대사 능력 저하

19. 시설대상자가 아침에 속이 쓰리다고 말할 때 요양보호사의 반응으로 옳은 것은?

① "지금 당장 병원에 가야 해요."
② "위장약을 먹어야 할 것 같네요."
③ "괜찮아요. 저는 아침마다 그래요."
④ "제가 현재 상태를 간호사에게 전할게요."
⑤ "위가 쉬어야 하니까 아침 식사를 거르세요."

20. 항결핵제 복용 방법에 관한 설명으로 옳은 것은?

① 2주 동안 복용한다.
② 증상이 없으면 복용량을 줄인다.
③ 약물 복용이 끝날 때까지 격리한다.
④ 주기적으로 간기능 검사를 하면서 복용한다.
⑤ 항결핵제 중 한 가지 약물을 복용하는 것이 원칙이다.

21. 노화에 따른 근골격계 변화는?

① 인대의 탄력성 감소
② 허리의 피하지방 감소
③ 뼈의 질량 증가
④ 다리의 지방 증가
⑤ 근육의 긴장도 증가

22. 전립선비대증의 증상에 해당하는 것은?

① 소변 줄기가 굵어진다.
② 배뇨 횟수가 감소한다.
③ 배뇨 후 잔뇨감이 없다.
④ 힘을 주어야 소변이 나온다.
⑤ 소변이 마려운 느낌이 없다.

23. 다음과 같은 특성이 있을 때 의심할 수 있는 질환은?

• 수포가 피부 감각신경말단을 따라 띠 모양으로 나타남
• 타는 듯한 느낌의 통증이 동반됨

① 건선
② 자반증
③ 대상포진
④ 피부건조증
⑤ 말초신경병

24. 노화로 나타날 수 있는 내분비계 변화는?

① 공복 혈당이 감소한다.
② 인슐린에 대한 민감성이 감소한다.
③ 기초대사율이 증가한다.
④ 포도당 대사 능력이 증가한다.
⑤ 갑상샘호르몬 분비가 증가한다.

25. 초기 단계의 경증 치매에서 나타나는 특징적인 증상은?

① 환각
② 대소변 실금
③ 단기기억력 저하
④ 신체 활동 제한
⑤ 의사소통 불가능

26. 파킨슨병에 관한 설명으로 옳은 것은?

① 뇌혈관이 좁아져서 발생한다.
② 고혈압이 주된 발병 원인이다.
③ 도파민이 과잉 분비되어 발생한다.
④ 안정 시 떨림과 근육경직이 나타난다.
⑤ 손상된 쪽 뇌의 반대편 신체에 영향을 미친다.

27. 대상자의 영양관리 방법으로 옳은 것은?

① 고염식이로 심장병을 예방한다.
② 저잔여식이로 변비를 예방한다.
③ 채소 섭취로 산화작용을 돕는다.
④ 비타민D 섭취로 칼슘 흡수를 돕는다.
⑤ 동물성 지방 섭취로 혈관탄력성을 높인다.

28. 운동을 어렵게 하는 노인의 신체기능 변화는?

① 심근의 두께 감소
② 균형 및 조정 능력 감소
③ 흉곽 탄력성 증가
④ 관절 운동 범위 증가
⑤ 자극에 대한 반응 증가

29. 약물복용 방법으로 옳은 것은?

① 쓴 약은 우유와 함께 복용한다.
② 약이 없으면 증상이 비슷한 다른 사람의 약을 복용한다.
③ 약 복용 시간을 놓친 경우 용량을 두 배로 늘려 복용한다.
④ 처방이 바뀌면 이전 약을 모두 복용한 후 바뀐 약을 복용한다.
⑤ 삼키기 힘든 약이 분할할 수 없는 약이라면 처방을 변경해 달라고 한다.

30. 금연으로 기대할 수 있는 결과는?

① 후각과 미각이 무뎌진다.
② 혈압이 정상보다 높아진다.
③ 심장발작 위험이 증가한다.
④ 폐암으로 사망할 확률이 증가한다.
⑤ 혈중 일산화탄소량이 정상으로 회복된다.

31. 노인이 10년마다 추가로 받아야 하는 예방접종은?

① 백일해
② 파상풍
③ 폐렴구균
④ 대상포진
⑤ 인플루엔자

32. 요양보호 기록의 목적은?
① 장기요양서비스의 비용 절감
② 요양보호사의 업무부담 완화
③ 요양보호업무의 원활한 연계
④ 문제 발생 시 법적 책임 회피
⑤ 장기요양서비스 제공시간 단축

33. 요양보호사의 업무보고 방법으로 옳은 것은?
① 요양보호사의 가치관에 따라 보고한다.
② 서비스 과정과 결과를 정확히 보고한다.
③ 보고 내용이 복잡할 때 구두로 보고한다.
④ 상황이 급할 때 원인부터 순차적으로 보고한다.
⑤ 예기치 않은 사고 발생 시 서면으로 먼저 보고 한다.

34. 사전연명의료의향서에 관한 설명으로 옳은 것은?
① 작성 후에는 철회할 수 없다.
② 작성과 동시에 효력이 발생한다.
③ 본인이 직접 작성하지 않은 경우 효력이 없다.
④ 작성한 후 병·의원 어디서나 등록할 수 있다.
⑤ 연명의료 중단 시 통증완화를 위한 의료행위가 중단된다.

35. 임종이 임박한 대상자를 돕는 방법은?
① 안위를 위해 기저귀를 제거해 준다.
② 체온 유지를 위해 전기담요를 사용한다.
③ 음식이나 수분 섭취를 강요하지 않는다.
④ 대상자가 반응하지 않으면 말하지 않는다.
⑤ 숨 쉬는 것을 돕기 위해 상체를 낮춰 준다.

요양보호(실기시험)

36. 음식물을 삼키는 데에 어려움이 있는 대상자의 식사를 돕는 방법은?

① 식전에 신맛이 강한 음료를 준다.
② 식사 중간에 물을 자주 마시게 한다.
③ 수시로 말을 걸어 음식을 천천히 삼키게 한다.
④ 머리와 목을 약간 뒤로 젖혀 음식을 삼키게 한다.
⑤ 음식의 원래 모양을 알 수 없을 정도로 갈아서 제공한다.

37. 의식이 없는 대상자의 경관영양을 돕는 방법은?

① 비위관이 잘 고정되어 있는지 확인한다.
② 비위관이 빠졌을 때는 즉시 밀어 넣는다.
③ 흡수가 잘되도록 최대한 천천히 주입한다.
④ 입안의 청결을 위해 알코올 솜으로 닦아준다.
⑤ 냉장보관 된 유효기간이 지난 영양액은 끓여서 주입한다.

38. 자주 사레들리는 대상자의 가루약 복용을 돕는 방법은?

① 음식에 섞어 먹인다.
② 물약에 섞어 빨대로 먹인다.
③ 혀 밑에 넣어 녹여 먹게 한다.
④ 입에 물을 머금게 한 후에 약을 넣어 준다.
⑤ 숟가락에 담은 약에 물을 넣어 녹여 먹인다.

39. 대상자에게 투여할 물약을 준비하는 방법으로 옳은 것은?

① 색이 변한 물약은 흔들어서 따른다.
② 계량컵을 눈높이 아래에 놓고 따른다.
③ 약병 뚜껑은 안쪽이 바닥을 향하도록 놓는다.
④ 약 이름 라벨이 붙어 있는 쪽을 잡고 따른다.
⑤ 병 입구 안쪽을 손으로 닦은 후 뚜껑을 닫는다.

❷유형

40. 안연고를 투여하는 방법으로 옳은 것은?

① 투여 전 멸균솜으로 눈을 바깥에서 안쪽으로 닦아준다.
② 튜브에서 처음 나오는 안연고는 거즈로 닦아 버린다.
③ 상부 결막낭 위에 넣어 준다.
④ 눈꺼풀 밖으로 나온 안연고는 다시 밀어 넣는다.
⑤ 투여 후 눈을 거즈로 30분간 덮어 둔다.

41. 화장실을 이용하는 편마비대상자를 돕는 방법은?

① 화장실 조명은 은은하게 한다.
② 변기 앞에 안전손잡이를 설치한다.
③ 배뇨 시 바로 옆에서 기다려 준다.
④ 화장실 문 앞에 작은 매트를 깔아 준다.
⑤ 배뇨 후 도움이 필요한 부분만 도와준다.

42. 거동이 불편한 대상자의 침상배변을 돕는 방법은?

① 이동변기를 대어 준다.
② 침상머리를 올려 좌위를 취하게 한다.
③ 평소에 변의가 있을 때 참는 훈련을 시킨다.
④ 시계 반대 방향으로 복부 마사지를 해 준다.
⑤ 섬유질이 적은 식사를 규칙적으로 제공한다.

43. 이동변기를 사용하여 배설하는 대상자를 돕는 방법은?

① 이동변기 밑에 수건을 깔아 준다.
② 대상자의 두 발이 바닥에 닿지 않게 한다.
③ 이동변기 배설물은 모아서 한꺼번에 버린다.
④ 대상자 손에 잔변이 묻어 있으면 손소독제로 닦아준다.
⑤ 이동변기통은 세척하여 본체와 함께 서늘한 곳에 보관한다.

44. 기저귀를 사용하는 대상자를 돕는 방법은?
① 기저귀를 사용해도 변기 사용을 시도한다.
② 수면 시간 이외에는 창문을 항상 열어 둔다.
③ 피부 발적이 보이면 문지르며 마사지해 준다.
④ 하루에 세 번 규칙적으로 기저귀를 갈아준다.
⑤ 기저귀에 대변이 조금 묻은 경우 떨어 내고 재사용 한다.

45. 유치도뇨관의 소변주머니를 관리하는 방법으로 옳은 것은?
① 소변주머니는 1일 1회 세척한다.
② 소변주머니는 허리보다 높게 위치시킨다.
③ 소변량과 소변 색깔은 2~3시간마다 확인한다.
④ 소변주머니를 비운 후 배출구는 비눗물로 세척한다.
⑤ 하복부가 불편하다고 할 때 소변주머니를 비워준다.

46. 통 목욕을 할 때 머리를 감기는 방법으로 옳은 것은?
① 저녁 식사 후에 감긴다.
② 10℃ 정도의 물로 감긴다.
③ 머리 감기 전에 소변을 보게 한다.
④ 젖은 머리는 빗질한 후 드라이기로 말린다.
⑤ 두피 손상이 있으면 두피보호제를 발라 준다.

47. 두발전용세정제를 사용하여 머리를 청결하게 하는 방법으로 옳은 것은?
① 거품을 머리에 발라 손톱으로 마사지한다.
② 세정제를 머리에 바르고 30분 후에 닦아 낸다.
③ 세정 후 마른 수건으로 머리를 충분히 닦아 말려 준다.
④ 세정제를 손에 적셔 충분히 거품을 낸 후 머리에 바른다.
⑤ 모발이 많이 더러운 경우 세정제를 물에 타서 사용한다.

48. 회음부 청결을 돕는 방법은?

① 누워서 다리를 쭉 편 상태에서 닦는다.
② 회음부에 남은 비눗물은 물휴지로 닦는다.
③ 분비물에서 냄새가 나면 좌욕을 하게 한다.
④ 회음부를 닦을 때는 전용 수건을 사용한다.
⑤ 목욕담요는 마름모꼴로 펴서 등 밑에 깔아 준다.

49. 침상목욕을 도울 때 신체부위(A)와 닦는 방향(B)이 바르게 연결된 것은?

	(A)	(B)
①	팔	위팔에서 손목 쪽으로
②	유방	목에서 배꼽 쪽으로
③	복부	배꼽을 중심으로 시계 반대 방향으로
④	회음부	항문에서 요도 쪽으로
⑤	다리	발끝에서 허벅지 쪽으로

50. 편마비대상자에게 단추가 없는 상의를 입히는 순서로 옳은 것은?

> 가. 마비된 쪽 팔을 소매에 넣는다.
> 나. 건강한 쪽 팔을 소매에 넣는다.
> 다. 옷의 머리 쪽을 벌려 머리를 넣는다.

① 가 → 다 → 나
② 나 → 가 → 다
③ 나 → 다 → 가
④ 다 → 가 → 나
⑤ 다 → 나 → 가

51. 침대에 누워 있는 왼쪽 편마비대상자를 건강한 쪽으로 돌려 눕히는 순서로 옳은 것은?

> 가. 엉덩이와 아래쪽 어깨를 움직여 편안하게 해준다.
> 나. 무릎을 세우고 양손을 가슴 위에 포개 놓는다.
> 다. 엉덩이와 어깨를 지지하여 돌려 눕힌다.
> 라. 대상자의 오른쪽에 선다.

① 가 → 다 → 라 → 나
② 나 → 라 → 가 → 다
③ 다 → 가 → 나 → 라
④ 라 → 가 → 나 → 다
⑤ 라 → 나 → 다 → 가

52. 그림과 같이 반좌위를 하고 있는 대상자가 미끄러져 내려가지 않고 편안하도록 하는 방법은?

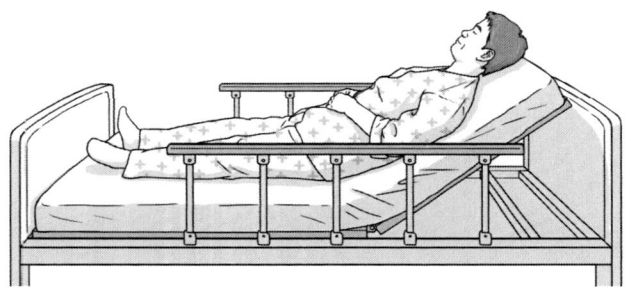

① 발바닥에 베개를 대어 준다.
② 다리 쪽 침대를 살짝 높여 준다.
③ 목과 어깨 밑에 베개를 받쳐 준다.
④ 머리 쪽 침대를 더 높게 올려 준다.
⑤ 등 뒤에 베개를 A자 형태로 받쳐 준다.

❷유형

53. 침대에 걸터앉아 있는 오른쪽 편마비대상자를 휠체어로 이동시키는 순서로 옳은 것은?

> 가. 대상자를 휠체어에 옮겨 깊숙이 앉힌다.
> 나. 휠체어 발 받침대를 펴서 발을 올려 준다.
> 다. 대상자의 왼손으로 휠체어 팔걸이를 잡게 한다.
> 라. 휠체어를 대상자의 침대 왼쪽에 30°~45° 각도가 되게 놓는다.

① 가 → 다 → 나 → 라
② 나 → 가 → 다 → 라
③ 다 → 라 → 나 → 가
④ 라 → 나 → 가 → 다
⑤ 라 → 다 → 가 → 나

54. 오른쪽 다리에 힘이 없는 대상자가 그림과 같은 보행기로 이동할 때 순서로 옳은 것은?

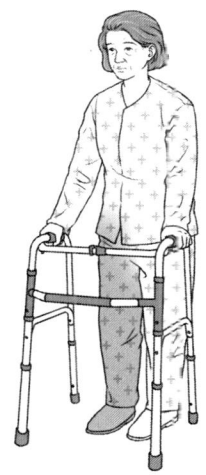

① 왼쪽 다리 → 오른쪽 다리 → 보행기
② 왼쪽 다리 → 오른쪽 다리와 보행기
③ 왼쪽 다리와 보행기 → 오른쪽 다리
④ 오른쪽 다리 → 왼쪽 다리 → 보행기
⑤ 오른쪽 다리와 보행기 → 왼쪽다리

55. 넘어져 혼자 일어서지 못하는 대상자를 일으켜 세울 때 요양보호사의 자세로 옳은 것은?

① 발을 모으고 서서 균형을 잡는다.
② 순간적인 빠른 동작으로 일으킨다.
③ 허리를 굽혀 척추의 안정성을 높인다.
④ 한쪽 다리에 체중을 실어서 일으킨다.
⑤ 한 발을 다른 발보다 약간 앞에 두어 지지면을 넓힌다.

56. 휠체어의 잠금장치가 고정되지 않는 문제가 발생했을 때 점검해야 하는 곳은?

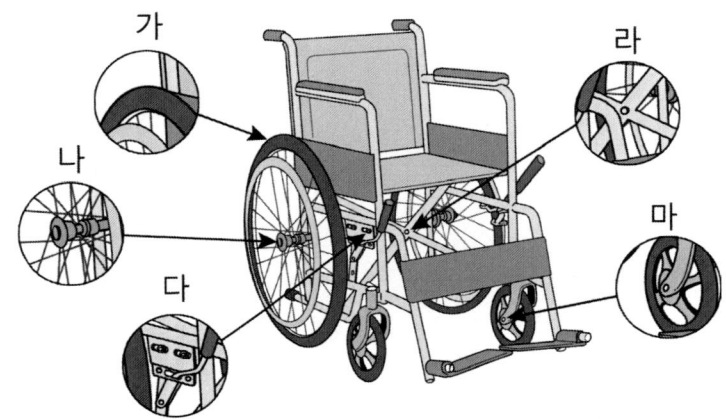

① 가 - 나
② 가 - 다
③ 다 - 라
④ 나 - 마
⑤ 라 - 마

57. 감염이 있는 대상자에게 탈수가 있을 때 나타날 수 있는 증상은?

① 식욕증가
② 피부 발진
③ 갈증 감소
④ 전신 부종
⑤ 소변 횟수

58. 다음 중 낙상 위험이 가장 높은 대상자는?

① 척수 손상으로 사지가 마비된 대상자
② 인플루엔자 백신 접종을 받은 대상자
③ 과거 낙상 경험이 있는 기립성 저혈압 대상자
④ 2일 전에 무릎수술을 받고 침상안정 중인 대상자
⑤ 호르몬제제를 복용 중인 갑상샘기능저하증 대상자

59. 화재가 발생하여 옷에 불이 붙었을 때 대처방법은?

① 마른수건으로 입을 막고 대피한다.
② 달리면서 바람을 이용하여 불을 끈다.
③ 몸에 걸친 모든 옷을 신속하게 벗는다.
④ 얼굴을 가리고 바닥에서 뒹굴며 불을 끈다.
⑤ 엘리베이터를 타고 옥상으로 올라가 도움을 요청한다.

60. 씹기장애가 있는 대상자의 식사를 돕는 방법은?

① 큰 숟가락을 사용하여 먹게 한다.
② 앉은 자세에서 턱을 들고 씹게 한다.
③ 식사 후 2~3시간 정도 앉아 있게 한다.
④ 익힌 채소보다 신선한 생채소를 먹게 한다.
⑤ 과일의 과육을 숟가락으로 긁어 먹게 한다.

61. 방충제를 넣어 보관해야 하는 의류는?

① 비닐 모자
② 나일론 양말
③ 합성섬유 바지
④ 견섬유 블라우스
⑤ 폴리에스테르 티셔츠

62. 재가대상자에게 병원동행서비스를 제공할 때 지켜야 할 원칙은?
① 요양보호사의 차량을 이용한다.
② 평소 이용하던 이동보조기구의 사용을 제한한다.
③ 대상자가 이용하는 병원과 복약상태를 미리 확인한다.
④ 요양보호사의 일정에 맞춰 병원방문 날짜를 조정한다
⑤ 진료 결과로 알게 된 대상자의 상태를 기관장에게 비밀로 한다.

63. 치매약 처방이 바뀐 뒤 대상자가 초조한 듯 방 안을 왔다 갔다 할 때 돕는 방법은?
① 약물 용량을 줄여서 제공한다.
② 이전에 복용하던 치매약을 준다.
③ 증상을 메모하여 병원에 가지고 간다.
④ 대상자에게 부작용의 증상을 물어본다.
⑤ 약이 바뀌면 흔하게 나타나는 증상이라고 말한다.

64. 휠체어를 이용하는 치매대상자의 환경을 안전하게 조성하는 방법은?
① 방문은 어두운 색으로 칠한다.
② 밤에도 낮처럼 환하게 불을 켜 둔다.
③ 1층보다는 2층에 위치한 방으로 배정한다.
④ 투명한 유리 출입문을 설치하여 깨끗하게 관리한다.
⑤ 앉은 자세에서 손이 닿게 옷걸이 높이를 조절한다.

65. 치매대상자가 반복적으로 수건을 접었다 폈다 하며 콧노래를 할 때 대처방법은?
① 접고 있는 수건을 치운다.
② 콧노래를 그만하라고 한다.
③ 불필요한 행동이라고 알려 준다.
④ 중단시키지 말고 조용히 지켜본다.
⑤ 왜 그런 행동을 반복하는지 물어본다.

❷유형

66. 치매대상자가 단추를 입에 넣고 뱉지 않으려고 할 때 대처방법은?

① 손가락으로 입을 벌려 단추를 빼낸다.
② 좋아하는 수박을 주며 단추와 교환한다.
③ 대상자의 뒤에 서서 하임리히법을 시행한다.
④ 단추는 먹을 수 없는 것이라며 뱉으라고 설득한다.
⑤ 비슷한 단추를 보여주며 음식이 아니라고 설명 한다.

67. 치매대상자가 밤낮이 바뀌어 점심 식사 후 계속 졸고 있을 때 돕는 방법은?

① 주변 소음을 없앤다.
② 함께 장을 보러 나간다.
③ 커튼을 쳐서 어둡게 한다.
④ 우유를 제공하여 숙면하게 한다.
⑤ 말을 걸지 않고 혼자 쉬게 한다.

68. 치매대상자가 배를 잡고 안절부절못하며 밖으로 나가려 할 때 대처방법은?

① 화장실로 데리고 간다.
② 조금 있다가 나가자고 한다.
③ 배가 아프니 집에 있자고 한다.
④ 아들이 오면 함께 나가자고 한다.
⑤ 밖은 위험해서 나갈 수 없다고 한다.

69. 치매대상자가 자신의 반지를 누가 훔쳐 갔다며 의심할 때 대처방법은?

① 반지를 함께 찾아본다.
② 반지를 찾아서 갖다준다.
③ 똑같은 반지를 사 주겠다고 다독인다.
④ 평소에 귀중품 두는 곳을 알려 달라고 한다.
⑤ 누가 반지를 가져갔다고 생각하는지 물어본다.

70. 프로그램에 참여 중이던 치매대상자가 책상을 흔들며 고함을 지를 때 대처방법은?

① 온화한 태도로 진정시킨다.
② 책상을 다른 곳으로 신속하게 옮긴다.
③ 스스로 화가 풀릴 때까지 그대로 둔다.
④ 손을 제지하여 책상을 흔들지 못하게 한다.
⑤ 프로그램 진행 중이니 조용히 하라고 말한다.

71. 치매대상자가 반복적으로 바지 지퍼를 내리면서 요양보호사에게 올려 달라고 할 때 대처방법은?

① 지퍼가 없는 바지로 갈아입힌다.
② 창피를 주어 행동을 멈추게 한다.
③ 모르는 척하며 하던 일을 계속한다.
④ 계속하면 서비스를 중단하겠다고 한다.
⑤ 도와줄 수 없으니 스스로 지퍼를 올리라고 한다.

72. 대상자가 정치적 견해를 이야기할 때 경청하는 방법으로 옳은 것은?

① 미리 대답을 준비한다.
② 말이 길어지면 중단시킨다.
③ 자신의 경험에 비추어 해석한다.
④ 의견이 다르더라도 일단 수용한다.
⑤ 핵심단어를 중심으로 짐작하며 듣는다.

❷유형

73. 다음 상황에서 요양보호사의 반응으로 적절한 것은?

> 대 상 자: 우리 손자가 올해 대학에 들어갔어. 그래도 할아버지인데 용돈이라도 주고 싶어.
>
> 요양보호사 : (   )

① "용돈은 아빠가 줄 텐데 걱정하지 마세요."
② "손자에게 물어보고 원하는 것을 사 주세요."
③ "손자를 축하해 주고 싶은 마음이 느껴지네요."
④ "요즘 애들이 할아버지의 이런 마음을 알까요?"
⑤ "할아버지를 보러 오지도 않는데, 주지 마세요."

74. 난청이 있는 대상자와 의사소통하는 방법으로 옳은 것은?

① 사물을 직접 만져 보게 한다.
② 입을 작게 벌려 천천히 말한다.
③ 목소리를 높여 고음으로 말한다.
④ 모든 물품에 이름표를 붙여 준다.
⑤ 대화하기 전에 어깨를 가볍게 두드려 신호를 준다.

75. 알아듣기는 하나 말로 표현하기 어려워하는 대상자와 의사소통하는 방법으로 옳은 것은?

① 질문에 빨리 답하게 한다.
② 대상자의 옆에서 귀에 대고 말한다.
③ 대상자 얼굴 앞에서 큰 소리로 말한다.
④ 그림판, 문자판을 이용하여 의사를 표현하게 한다.
⑤ 요양보호사를 중심으로 오른쪽, 왼쪽 방향을 정하여 설명한다.

76. 텔레비전 드라마를 보고 있던 치매대상자가 여행을 가고 싶다고 할 때 반응으로 옳은 것은?

① "여기에 여행 오신 거라고 생각하세요."
② "드라마를 보니 여행 가고 싶으신가 봐요."
③ "지금은 여행을 갈 수 없으니 다음에 가세요."
④ "언제, 누구랑, 어디로 여행을 가고 싶으세요?"
⑤ "그렇게 말씀하시니 제가 더 여행 가고 싶네요."

77. 떡을 먹던 중 질식이 발생한 대상자에게 나타나는 증상은?

① 구토를 심하게 한다.
② 깊고 빠르게 호흡한다.
③ 배를 움켜쥐는 자세를 한다.
④ 가슴이 두근거린다고 말한다.
⑤ 갑자기 기침을 하며 괴로운 표정을 짓는다.

78. 프로그램에 참여하던 대상자가 침을 흘리고 몸이 뻣뻣해지며 발작을 할 때 대처방법은?

① 미지근한 물을 마시게 한다.
② 부딪히지 않도록 팔다리를 꽉 붙잡는다.
③ 입에 거즈를 넣어 혀가 말리지 않게 한다.
④ 고개를 옆으로 돌려주고 조용히 기다리며 관찰 한다.
⑤ 양손으로복부의 윗부분을 후상방으로 힘차게 밀어 올린다.

79. 심정지 대상자에게 심폐소생술을 하는 일차적인 목적은?

① 출혈 예방
② 뇌 손상 최소화
③ 면역 기능 강화
④ 신장 기능 향상
⑤ 근골격 손상 회복

80. 심폐소생술을 할 때 가슴을 압박하는 방법으로 옳은 것은?

① 분당 80회 속도로 가슴을 압박한다.
② 복장뼈의 하단 칼돌기를 직접 압박한다.
③ 매 압박 시 압박 위치가 바뀌지 않게 한다.
④ 가슴이 2 cm 정도 눌리도록 약하게 압박한다.
⑤ 압박과 이완의 시간비율은 70 : 30이 되게 한다.

요양보호사 자격시험 ❷유형 정답

1	2	2	5	3	5	4	2	5	4
6	5	7	2	8	4	9	1	10	3
11	3	12	1	13	2	14	5	15	2
16	4	17	5	18	5	19	4	20	4
21	1	22	4	23	3	24	2	25	3
26	4	27	4	28	2	29	5	30	5
31	2	32	3	33	2	34	3	35	3
36	5	37	1	38	5	39	4	40	2
41	5	42	2	43	5	44	1	45	3
46	3	47	3	48	4	49	5	50	1
51	5	52	2	53	5	54	5	55	5
56	2	57	5	58	3	59	4	60	5
61	4	62	3	63	3	64	5	65	4
66	2	67	2	68	1	69	1	70	1
71	1	72	4	73	3	74	5	75	4
76	2	77	5	78	4	79	2	80	3

요양보호사 자격시험 예상문제

■ 각 문제에서 가장 적합한 답을 하나만 고르시오.

요양보호론(필기시험)

1. 노인부양 문제의 개선 방안으로 옳은 것은?
   ① 자녀에게 부양 부담을 부과한다.
   ② 노인부양을 가족의 문제로 한정한다.
   ③ 소득재분배를 위해 기초연금을 축소한다.
   ④ 사회보험제도를 통해 세대통합을 증진한다.
   ⑤ 돌봄서비스에 대한 국가의 책임을 축소한다.

2. 노화에 따른 노년기 특성으로 옳은 것은?
   ① 유대감이 감소된다.
   ② 조심성이 감소된다.
   ③ 우울증 경향이 감소된다.
   ④ 정서적 의존성이 감소된다.
   ⑤ 친근한 사물에 대한 애착이 감소된다.

3. 국민의 질병 및 건강 증진에 대하여 보험급여를 제공함으로써 국민보건 향상과 사회보장 증진에 기여 하는 제도는?
   ① 국민연금보험제도
   ② 긴급복지지원제도
   ③ 국민건강보험제도
   ④ 산업재해보상보험제도
   ⑤ 국민기초생활보장제도

4. 다음에서 설명하는 노인복지시설 유형은?

> 신체적·정신적 장애로 어려움을 갖고 가정에서 생활하는 노인에게 각종 편의를 제공하여 지역사회 안에서 안정된 노후를 영위하도록 함

① 양로시설
② 방문요양
③ 노인요양시설
④ 노인복지주택
⑤ 노인공동생활가정

5. 장기요양기관의 비용 청구 및 재원에 관한 설명으로 옳은 것은?

① 국가는 보험료 예상 수입액의 20%를 부담한다.
② 장기요양기관은 본인부담금을 보건복지부에 청구 한다.
③ 장기요양보험료와 건강보험료는 통합회계로 관리 한다.
④ 장기요양기관은 의료급여수급권자의 급여비용을 전액 부담한다.
⑤ 국민건강보험공단은 급여비용을 연 1회 장기요양 기관에 지급한다.

6. 요양보호사가 동기 유발자로서 역할을 수행한 경우는?

① 대상자의 복약 여부를 면밀히 관찰한다.
② 대상자의 심리적 문제를 가족에게 알린다.
③ 숙련된 기술로 질 높은 서비스를 제공한다.
④ 대상자 스스로 신체 활동을 하도록 격려한다.
⑤ 대상자의 말을 경청하며 신뢰관계를 형성한다.

❸ 유형

7. 요양보호서비스의 목적으로 옳은 것은?

① 신체기능 증진을 지원한다.
② 가족의 일상생활을 지원한다.
③ 심리상담 서비스를 제공한다.
④ 일자리 프로그램을 연계한다.
⑤ 여가활동 프로그램을 평가한다.

8. 다음과 같은 경우에 대상자가 침해받은 권리는?

> 시설장: (대상자가 가져온 짐을 보면서) 전화로도 말씀드렸듯이 이 시설에서는 개인 물품을 설치하거나 이용하는 것을 허용하지 않습니다.
> 대상자 : ….

① 신체구속을 받지 않을 권리
② 충분한 정보를 제공받을 권리
③ 차별 및 학대를 받지 않을 권리
④ 사생활과 비밀 보장에 관한 권리
⑤ 개별화된 서비스를 제공받고 선택할 권리

9. 학대의 유형(A)과 행위(B)가 바르게 연결된 것은?

	(A)	(B)
①	자기 방임	가출해도 찾지 않는다.
②	정서적 학대	치료를 받지 못하게 한다.
③	신체적 학대	낯선 장소에 혼자 둔다.
④	경제적 학대	유언장의 서명을 변조한다.
⑤	유기	식사를 제공하지 않는다.

10. 대상자로부터 성희롱을 당했을 때 요양보호사의 대처방법은?

① 대상자를 다른 기관에 의뢰한다.
② 대상자에게 감정적으로 대응한다.
③ 관리책임자에게 피해 사실을 알린다.
④ 대상자가 받을 불이익에 대해 설명한다.
⑤ 대상자의 행동에 대해 가족에게 항의한다.

11. 다음 상황에서 요양보호사가 침해받은 권리는?

> 치매어르신을 돌보느라 점심시간 없이 일을 하고, 퇴근 시간 이후에도 수당 없이 초과근무를 하였다.

① 평등에 관한 권리
② 자유에 관한 권리
③ 노동에 관한 권리
④ 문화에 관한 권리
⑤ 교육에 관한 권리

12. 요양보호사가 지켜야 할 직업윤리 원칙은?

① 대상자보다 가족의 요구를 우선시한다.
② 업무 중간에 급한 개인적 용무를 해결한다.
③ 새로운 지식과 기술을 지속적으로 학습한다.
④ 서비스 방법을 잘 모를 때는 계획을 수정한다.
⑤ 친밀도를 높이기 위해 줄임말을 자주 사용한다.

13. 요양보호사가 윤리적 책임을 준수한 사례는?

① 대상자가 없어서 방에 들어가 기다렸다.
② 대상자를 대신하여 서비스 계약을 체결했다.
③ 자신의 건강 관리보다 업무 성과를 중요시했다.
④ 업무 수행에 방해가 되지 않는 복장을 착용했다.
⑤ 편하게 관리하려고 대상자의 머리를 짧게 잘랐다.

14. 다음 방문요양 상황에서 요양보호사의 대처방법은?

> 보 호 자 : 어머니가 욕창이 너무 심하시니 욕창 관련 의료용품을 구매해 주세요.
> 요양보호사 : (   )

① "제가 볼 때는 상태가 심하지 않아요."
② "잘 아는 복지용구사업소를 소개해 드릴게요."
③ "약국까지 갔다 와야 하니 추가비용이 있어요."
④ "경험 많은 요양보호사한테 뭘 살지 물어볼게요."
⑤ "저희 기관에 말씀드려 어려움을 해결해 드릴게요."

15. 대상자가 유효기간이 지난 영양제를 버리지 못하게 할 때 요양보호사의 대처방법은?

① 최대한 빨리 드시라고 말한다.
② 대상자가 모르게 신속히 버린다.
③ 영양제 대신 다른 약을 넣어 둔다.
④ 보호자가 지켜보는 앞에서 정리한다.
⑤ 가족에게 새로운 영양제 구입 비용을 청구한다.

16. 옴에 감염된 대상자를 안전하게 돕는 방법으로 옳은 것은?

    ① 감염 부위를 만져 보아 열감을 확인한다.
    ② 오염된 속옷은 찬물로 세탁한 후 말린다.
    ③ 매일 아침 가려운 부위에 연고를 발라 준다.
    ④ 세탁이 어려운 침구는 다리미로 다린 후 사용한다.
    ⑤ 대상자와 접촉한 후 24시간 내에 예방접종을 받는다.

17. 결핵 대상자를 돌볼 때 감염을 예방하는 방법으로 옳은 것은?

    ① 대상자가 완치될 때까지 격리한다.
    ② 대상자와 접촉했을 때 결핵검사를 받는다.
    ③ 대상자와 접촉하기 전에 결핵약을 복용한다.
    ④ 대상자의 옷은 산성세제로 세탁하여 멸균한다.
    ⑤ 결핵 감염을 예방하기 위해 오염된 음식 섭취에 주의한다.

18. 대장암을 예방하기 위한 영양관리 방법으로 옳은 것은?

    ① 수분 제한
    ② 식물성지방 제한
    ③ 채소와 과일 권장
    ④ 고칼로리식이 권장
    ⑤ 정제된 저잔여식이 권장

19. 노인성 질환의 특성으로 옳은 것은?

    ① 질병의 경과가 짧다.
    ② 질병의 초기진단이 쉽다.
    ③ 질병 발생의 원인이 명확하다.
    ④ 가벼운 질환에도 의식장애가 발생하기 쉽다.
    ⑤ 약성분이 체외로 빨리 배출되어 치료가 어렵다.

20. 심부전증 대상자를 돕는 방법으로 옳은 것은?

① 매일 체중을 측정한다.
② 식사량을 늘려 제공한다.
③ 계단오르기 운동을 격려한다.
④ 항상 탄력스타킹을 신게 한다.
⑤ 온냉탕을 오가며 목욕하게 한다.

21. 노화로 인한 비뇨생식기계 변화로 옳은 것은?

① 잔뇨량 증가
② 방광용적 증가
③ 난소 크기 증가
④ 질의 윤활작용 증가
⑤ 골반근육 조절능력 증가

22. 둔부에 욕창이 있는 대상자를 돕는 방법으로 옳은 것은?

① 도넛 모양 베개를 대어 준다.
② 뜨거운 물주머니를 대어 준다.
③ 1~2시간마다 체위를 바꿔 준다.
④ 대상자의 옷을 끌어서 체위를 변경한다.
⑤ 파우더를 발라 피부를 건조하게 해 준다.

23. 다음의 방법을 통해 예측할 수 있는 질환은?

- 말을 해보게 하여 발음이 정확한지 확인한다.
- 웃어 보게 하여 입 모양이 좌우 대칭인지 확인한다

① 빈혈　　　　② 뇌졸중　　　　③ 신부전증
④ 알츠하이머병　　⑤ 기립성 저혈압

24. 섬망에 관한 설명으로 옳은 것은?

① 만성으로 진행된다.
② 주의 집중력은 유지된다.
③ 증상이 서서히 나타난다.
④ 호전과 악화가 반복된다.
⑤ 신체 생리적 변화가 적다.

25. 당뇨병 대상자를 돕는 방법으로 옳은 것은?

① 발톱은 둥글게 자른다.
② 간식으로 과일주스를 제공한다.
③ 식사하고 30분~1시간 뒤에 운동하게 한다.
④ 인슐린 주사약을 구강으로 복용하게 한다.
⑤ 활동량이 많은 날은 고혈당에 주의하게 한다.

26. 오른쪽 눈에 녹내장이 있는 대상자가 일상생활에서 준수해야 할 사항은?

① 조명을 어둡게 하고 생활한다.
② 윗몸일으키기 운동을 꾸준히 한다.
③ 눈을 자주 비벼 혈액순환을 돕는다.
④ 작업을 할 때는 고개를 숙인 자세를 취한다.
⑤ 양쪽 눈 모두 정기적으로 안과검사를 받는다.

27. 노인의 건강 증진을 위한 영양관리 방법으로 옳은 것은?

① 육류는 숯불에 굽는다.
② 음식의 간은 뜨거울 때 맞춘다.
③ 칼슘제는 비타민 K와 복용하여 흡수를 돕는다.
④ 식초, 후추, 파, 마늘과 같은 향신료를 사용한다.
⑤ 단백질 보충을 위해 일주일에 한 번 콩이나 유제품을 섭취한다.

❸유형

28. 노인에게 안전한 운동 방법은?

① 준비 운동은 3분 이내로 한다.

② 방향을 빠르게 바꾸는 운동을 한다.

③ 저강도에서 고강도 순으로 운동한다.

④ 운동 시간을 서서히 줄인다.

⑤ 마무리 운동은 생략한다.

29. 뇌졸중 대상자가 성생활에 대해 고민할 때 요양 보호사의 반응으로 옳은 것은?

① "성생활은 하지 않는 것이 좋아요."

② "성생활로 뇌졸중이 악화되지 않아요."

③ "윤활제는 사용하지 않는 것이 좋아요."

④ "뇌졸중 치료제를 드시면 성기능이 좋아져요."

⑤ "체위변화를 위한 기구는 성생활에 도움이 되지 않아요."

30. 고혈압 대상자의 약물 복용 방법으로 옳은 것은?

① 혈압이 올라가면 복용량을 늘린다.

② 체중이 감소하면 복용량을 줄인다.

③ 두통이 있으면 약을 추가로 복용한다.

④ 약 복용을 잊은 경우 다음에 두 배로 복용한다.

⑤ 새로운 약을 처방받으면 이전 약은 먹지 않는다.

31. 겨울철 생활안전수칙으로 옳은 것은?

① 손을 주머니에 넣고 걷는다.

② 두꺼운 옷을 여러 겹 입는다.

③ 새벽보다 낮 시간에 운동한다.

④ 실내운동보다 실외운동을 권장한다.

⑤ 따뜻한 곳에 있다가 바로 차가운 곳으로 나간다.

32. 방문요양 서비스를 제공하는 과정에서 시설장에게 반드시 보고해야 하는 상황은?

① 식재료 정리가 안되어 있을 때
② 재활용 분리배출이 안되어 있을 때
③ 대상자의 친척이 병문안을 왔을 때
④ 대상자가 자녀 옷의 세탁을 요구할 때
⑤ 대상자가 당뇨병 진단받은 것을 알았을 때

33. 요양보호 기록의 원칙에 따라 작성된 내용은?

① 아들 가족이 가끔 방문함
② 최근에 인지기능이 더 나빠짐
③ 오전 10시에 단감 1개를 다 먹음
④ 오후 5시에 본 소변의 양이 많음
⑤ 텔레비전을 오랜만에 2~3시간 정도 시청함

34. 시설 대상자가 요양보호사에게 자신을 대신하여 사전연명의료의향서를 작성해 달라고 할 때 반응으로 옳은 것은?

① "한 번 작성하면 철회할 수 없습니다."
② "시설장과 상의해서 작성해야 합니다."
③ "시설에 오기 전에 작성했어야 합니다."
④ "어르신이 직접 작성하는 것이 원칙입니다."
⑤ "자녀의 동의가 있어야 작성할 수 있습니다."

35. 임종이 임박한 대상자에게 나타날 수 있는 증상은?

① 혈압이 올라간다.
② 피부가 붉어진다.
③ 맥박수가 감소한다.
④ 소변량이 증가한다.
⑤ 동공의 크기가 작아진다.

요양보호(실기시험)

36. 경관영양을 하는 대상자의 식사를 돕는 방법으로 옳은 것은?

① 영양액은 차갑게 준비한다.
② 비위관이 빠져 있으면 즉시 끼어 넣는다.
③ 영양액 주머니는 침대 난간에 고정하여 주입한다.
④ 영양액 주입 후 상체를 높인 자세로 30분 정도 앉아 있게 한다.
⑤ 영양액 주입 중 청색증이 나타나면 주입 속도를 늦춘다.

40. 대상자의 눈에 안약을 투여하는 방법으로 옳은 것은?

① 투여 전에 솜으로 눈의 바깥쪽에서 안쪽으로 닦는다.
② 대상자에게 아래쪽을 보게 한다.
③ 윗눈꺼풀을 위로 부드럽게 당긴다.
④ 점적기를 각막에 대고 약을 투여한다.
⑤ 투여한 후 비루관을 잠시 가볍게 눌러 준다.

37. 대상자가 식탁에서 안전하게 식사하도록 돕는 방법으로 옳은 것은?

① 턱을 들어 올리게 한 후 음식을 먹인다.
② 발바닥이 바닥에 닿지 않게 의자 높이를 높인다.
③ 식탁의 높이는 대상자의 배꼽 위치보다 낮게 한다.
④ 식탁에 팔꿈치를 올릴 수 있도록 의자를 당겨 준다.
⑤ 팔을 잘 움직이도록 팔받침이 없는 의자에 앉힌다.

38. 대상자의 경구약 복용을 돕는 방법으로 옳은 것은?
① 가루약은 음식에 섞어서 제공한다.
② 약을 전부 삼켰는지 입안을 확인한다.
③ 금식하고 있으면 혈압약 복용을 중단한다.
④ 알약이 빠르게 흡수되도록 수분섭취를 제한한다.
⑤ 약물 알레르기 반응이 나타나면 복용량을 줄인다.

39. 물약이 변질되지 않고 효과가 유지되도록 보관하는 방법으로 옳은 것은?
① 햇빛이 잘 드는 곳에 보관한다.
② 계량컵에 따라서 실온에 보관한다.
③ 1회분씩 주사기로 재어서 보관한다.
④ 오랫동안 먹지 않은 약은 냉동 보관을 한다.
⑤ 용량을 초과해서 따른 약은 약병에 넣지 않고 버린다.

41. 휠체어로 이동하여 화장실을 이용하는 대상자를 돕는 방법으로 옳은 것은?
① 화장실 문 앞에 작은 매트를 깔아 준다.
② 이동할 때는 휠체어 의자 끝에 걸터앉게 한다.
③ 휠체어 잠금장치를 잠그고 발 받침대를 접은 후 변기로 옮긴다.
④ 배설이 끝날 때까지 화장실 문을 열어 둔다.
⑤ 배설 후 뒤처리를 전적으로 도와준다.

42. 치매대상자의 배설을 돕는 방법으로 옳은 것은?
① 실금이 있으면 수분섭취를 제한한다.
② 변실금이 빈번하면 지사제를 먹인다.
③ 안절부절못하면 화장실로 데리고 간다.
④ 활동이 많은 낮에는 기저귀를 채운다.
⑤ 변비가 있으면 하루에 한 번 관장한다.

❸유형

43. 간이변기를 사용하여 침상 배설을 하는 대상자를 돕는 방법으로 옳은 것은?

① 변기를 차게 하여 변의를 자극한다.
② 대상자가 스스로 변기 위에 앉게 한다.
③ 간이변기는 세척하여 침상 위에 놓아둔다.
④ 열탕으로 소독할 수 있는 변기를 사용한다.
⑤ 대상자가 배설이 끝나 호출하기 전까지 다른 업무를 보며 기다린다.

44. 유치도뇨관을 삽입한 대상자의 소변주머니를 관리하는 방법으로 옳은 것은?

① 소변주머니는 매일 교체한다.
② 소변을 비운 후 배출구를 소독솜으로 닦는다.
③ 소변주머니에서 냄새가 나면 주머니를 세척한다.
④ 소변주머니는 가득 찰 때까지 기다렸다가 비운다.
⑤ 도뇨관과 소변주머니의 연결 부위를 분리하여 소변을 버린다.

45. 협조가 불가능한 대상자의 기저귀를 갈아 주는 방법으로 옳은 것은?

① 소변이 묻은 기저귀는 말려서 재사용한다.
② 피부의 발적을 발견했을 때 연고를 발라 준다.
③ 옆으로 돌려 눕힌 상태에서 기저귀를 갈아 준다.
④ 냄새가 나지 않도록 기저귀를 단단히 조여 채운다.
⑤ 이불을 다리 아래로 내린 후에 면덮개를 덮는다.

46. 의식이 없는 대상자의 구강 청결을 돕는 방법으로 옳은 것은?

① 혀는 목젖까지 깊숙이 닦는다.
② 똑바로 눕힌 자세에서 닦는다.
③ 생리식염수로 입안을 헹구어 준다.
④ 두 손가락으로 입을 벌린 후 닦는다.
⑤ 물에 적신 일회용 스펀지 브러시로 닦는다.

47. 대상자의 손발을 관리하는 방법으로 옳은 것은?

① 손톱은 둥글게 자른다.
② 손은 시원한 물에 담근 후 씻긴다.
③ 발가락 사이는 알코올로 닦아 준다.
④ 각질 제거를 위해 모직양말을 신긴다.
⑤ 발의 티눈은 손톱깎이로 제거해 준다.

48. 대상자의 통목욕을 돕는 방법으로 옳은 것은?

① 목욕 후 따뜻한 음료를 먹인다.
② 목욕은 1시간 이상 여유 있게 한다.
③ 목욕물의 온도는 22~26℃를 유지한다.
④ 혈액순환을 위해 몸의 중심에서 말초 방향으로 닦는다.
⑤ 욕조에 들어가기 전에 목욕의자에 앉혀 머리를 감긴다.

49. 대상자의 세수를 돕는 방법으로 옳은 것은?

① 눈썹은 면도칼로 다듬어 준다.
② 콧방울과 코 안을 깨끗이 닦아 낸다.
③ 면봉으로 귀 안쪽의 귀지를 닦아 낸다.
④ 입술과 그 주변을 알코올솜으로 닦아 낸다.
⑤ 눈곱이 있으면 눈곱이 있는 쪽 눈부터 먼저 닦는다.

❸유형

50. 그림과 같이 수액을 맞고 있는 왼쪽 편마비대상자의 단추가 달린 옷을 벗기는 순서로 옳은 것은?

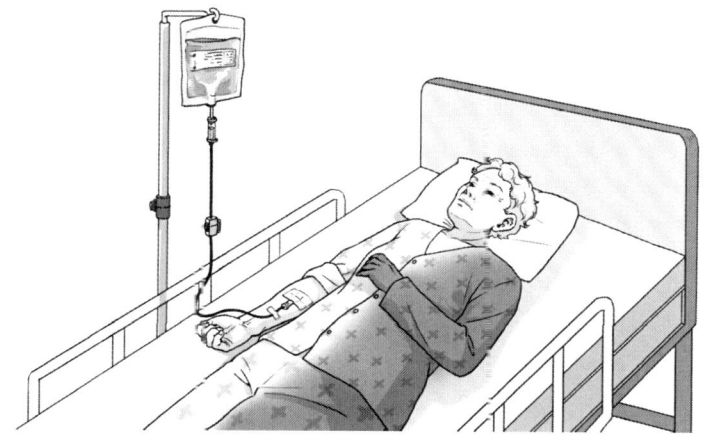

① 오른쪽 팔 → 수액 → 왼쪽 팔
② 오른쪽 팔 → 왼쪽 팔 → 수액
③ 수액 → 오른쪽 팔 → 왼쪽 팔
④ 왼쪽 팔 → 오른쪽 팔 → 수액
⑤ 왼쪽 팔 → 수액 → 오른쪽 팔

51. 편마비대상자를 방바닥에서 일으켜 앉히는 순서로 옳은 것은?

가. 대상자의 건강한 쪽에 위치한다.
나. 어깨와 넙다리를 지지하여 앉힌다.
다. 대상자를 건강한 쪽으로 돌려 눕힌다.
라. 대상자의 양쪽 무릎을 세운다.
마. 마비된 손을 가슴 위에 올려놓는다.

① 가 → 마 → 다 → 나 → 라
② 가 → 마 → 라 → 다 → 나
③ 가 → 라 → 다 → 마 → 나
④ 가 → 나 → 라 → 마 → 다
⑤ 가 → 다 → 나 → 라 → 마

52. 그림과 같이 침대 한쪽에 누워 있는 편마비대상자를 침대 가운데로 옮기는 방법으로 옳은 것은?

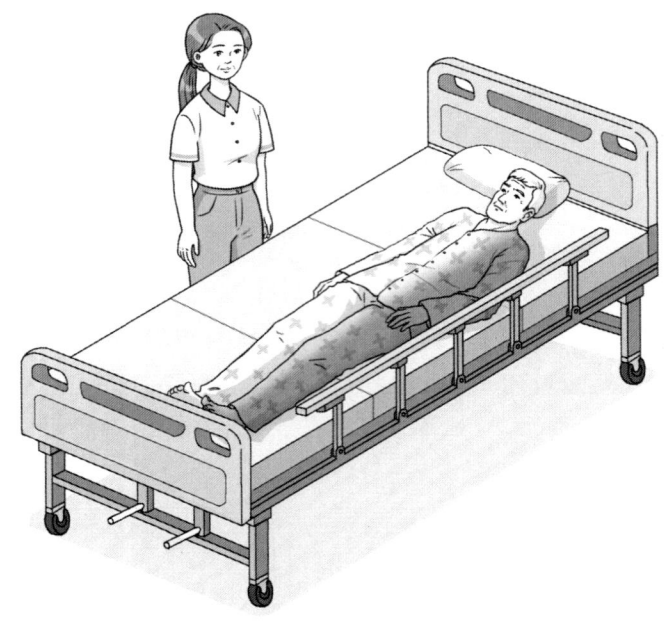

① 상반신은 건강한 팔을 잡고 옮긴다.
② 상반신은 머리와 목 아래를 지지하여 옮긴다.
③ 하반신은 다리를 잡고 옮긴다.
④ 하반신은 엉덩이 부위의 옷을 잡고 옮긴다.
⑤ 하반신은 허리와 엉덩이를 지지하여 옮긴다.

53. 휠체어를 이용하여 울퉁불퉁한 길을 이동하는 방법으로 옳은 것은?
① 지그재그로 이동한다.
② 빠른 속도로 이동한다.
③ 앞바퀴를 들고 이동한다.
④ 뒤로 돌려 뒷걸음으로 이동한다.
⑤ 잠금장치를 반쯤 잠그고 이동한다.

❸유형

54. 왼쪽 편마비대상자를 침대로 이동시킬 때 휠체어를 놓는 위치는?

①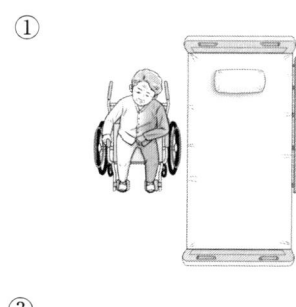

②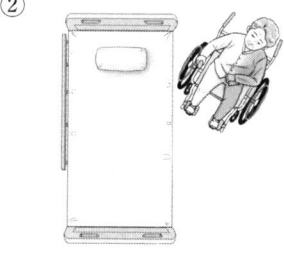

③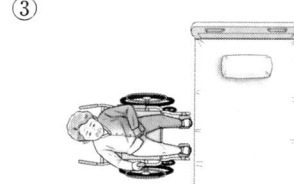

④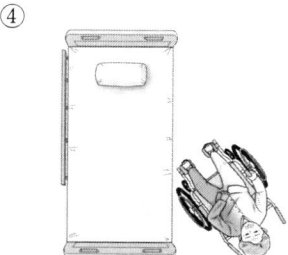

⑤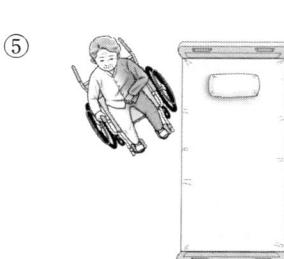

55. 편마비대상자의 보행을 도울 때 요양보호사의 위치(A)와 보행벨트 착용 부위(B)가 바르게 연결된 것은?

	(A)	(B)
①	마비된 쪽	가슴
②	마비된 쪽	허리
③	마비된 쪽	엉덩이
④	건강한 쪽	허리
⑤	건강한 쪽	엉덩이

56. 그림과 같은 목욕리프트를 선정할 때 고려할 사항으로 옳은 것은?

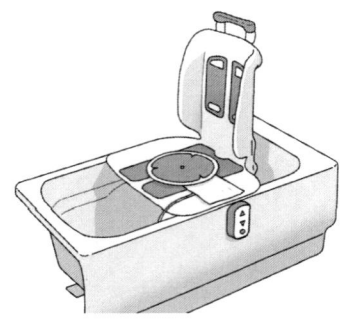

① 철제로 된 것
② 등받이 각도가 고정된 것
③ 충전용 배터리를 사용하는 것
④ 높낮이가 수동으로 조절되는 것
⑤ 콘센트에 전원을 연결하여 사용하는 것

57. 감염대상자에게 탈수가 있을 때 나타날 수 있는 증상은?
① 가래
② 빈뇨
③ 피부발진
④ 무기력감
⑤ 전신부종

58. 지진을 사전에 대비하는 방법으로 옳은 것은?
① 가스밸브를 점검한 후에 열어 둔다.
② 무거운 그릇은 식탁 위에 놓아둔다.
③ 깨지기 쉬운 물건은 선반 위에 보관한다.
④ 응급처치 방법을 알아 두어 비상시에 대처한다.
⑤ 지진 안내방송을 하는 방송국의 위치를 확인한다.

❸유형

59. 시설에서 화재가 발생했을 때 대피하는 방법으로 옳은 것은?

① 엘리베이터를 타고 이동한다.

② 연기로 앞이 보이지 않으면 그대로 서 있는다.

③ 바람이 불어오는 반대쪽에서 구조를 기다린다.

④ 코와 입을 감싸고 최대한 자세를 높여 이동한다.

⑤ 방향을 알기 힘들 때에는 계속 한쪽 손으로 벽을 짚으면서 나간다.

60. 재가대상자의 식사를 도울 때 식중독을 예방할 수 있는 방법으로 옳은 것은?

① 조개죽은 50℃에서 조리한다.

② 냉동식품은 실온에서 해동한다.

③ 달걀은 조리 직전에 씻어서 사용한다.

④ 채소는 물에 1분 정도 담갔다 먹는다.

⑤ 생선은 냉장고에 일주일 동안 보관한다.

61. 대상자의 침구를 선택하고 관리하는 방법으로 옳은 것은?

① 면 이불은 그늘에서 말린다.

② 오리털 이불은 햇볕에 말린다.

③ 매트리스는 푹신한 소재를 선택한다.

④ 베개는 깃털이나 솜으로 된 소재를 사용한다.

⑤ 시트는 색이 옅고 흡습성이 좋은 면을 선택한다.

62. 일상생활이 어려운 재가대상자를 위해 요양보호사가 대행할 수 있는 업무는?

① 텃밭 가꾸기

② 관공서 방문

③ 애완견 돌보기

④ 제사 음식 준비

⑤ 건강검진

63. 재가 치매대상자의 가족에게 치매 약물 복용의 중요성을 설명한 것으로 옳은 것은?

① "치매약은 부작용이 전혀 없어요."
② "치매약 복용은 늦게 시작할수록 좋아요."
③ "치매약은 인지증상 개선에 도움이 돼요."
④ "치매약은 한 가지 종류를 꾸준히 드셔야 해요."
⑤ "증상이 호전되지 않으면 용량을 두 배로 늘려야 해요."

64. 재가 치매대상자의 생활공간을 안전하게 조성하는 방법으로 옳은 것은?

① 대상자의 방은 가족과 멀리 배치한다.
② 난간에 어두운 색 테이프를 붙여 놓는다.
③ 방 안에서 잠그지 못하는 문을 설치한다.
④ 출입이 쉽도록 둥근형 문고리를 설치한다.
⑤ 1층보다는 2층에 위치한 방으로 배정한다.

65. 밤낮이 바뀐 치매대상자의 수면을 돕는 방법으로 옳은 것은?

① 낮잠을 자는 동안 커튼을 쳐 준다.
② 취침 전에 따뜻한 녹차를 제공한다.
③ 낮에 졸고 있을 때 말을 걸지 않는다.
④ 수면 상태를 관찰하여 원인을 파악한다.
⑤ 포만감을 느낄 수 있도록 야식을 제공한다.

66. 야간에 거실에서 배회하는 치매대상자를 돕는 방법으로 옳은 것은?

① 새로운 방으로 바꾸어 준다.
② 실내 조명을 어둡게 하여 동선을 줄인다.
③ 실외에 배회 코스를 만들어 다녀오게 한다.
④ 현관문을 열어 신선한 공기를 마시게 한다.
⑤ 학창 시절에 대한 이야기를 하며 추억을 나눈다.

❸유형

67. 치매대상자가 자신의 신분증을 잃어버렸다며 불안해 할 때 대처방법은?
① 함께 경찰서에 가서 신고하자고 한다.
② 원래부터 신분증은 없었다고 인식시킨다.
③ 신분증은 시설에서 보관하고 있다고 설명한다.
④ 평소에 신분증을 두는 장소로 같이 가서 찾아본다.
⑤ 잃어버린 신분증은 우편으로 돌아온다고 말한다.

68. 치매대상자에게 일반적으로 나타나는 파괴적 행동의 특징으로 옳은 것은?
① 치매 말기에 시작된다.
② 행동이 자주 일어난다.
③ 한 번 하면 오래 지속된다.
④ 전조증상으로 우울증이 나타난다.
⑤ 에너지가 소모되면 지쳐서 행동을 중단한다.

69. 치매대상자가 해 질 녘만 되면 다른 대상자를 따라다니며 "여보, 무서워. 함께 있자."라고 할 때 대처방법은?
① "겁이 많으시군요. 뭐가 무서우세요?"
② "다른 대상자를 자꾸 괴롭히든 여기서 나가셔야 해요."
③ "저분이 남편으로 보이세요? 사진 속의 할아버지와 다르잖아요."
④ "할아버지는 작년에 돌아가셨어요. 아직 받아들여지지 않으세요?"
⑤ "할아버지를 많이 의지하셨나 봐요. 할아버지 이야기 좀 해 주세요."

70. 프로그램 참여 중에 남자 치매대상자가 옆에 앉은 여자대상자의 가슴을 만질 때 대처방법은?
① 만지는 손을 때려서 제지한다.
② 내일부터 참여하지 말라고 한다.
③ 여자대상자를 다른 장소로 이동시킨다.
④ 하지 말라며 큰 소리로 주의를 준다.
⑤ 여자대상자에게 사과하라고 지시한다.

71. 중증 인지기능장애 대상자의 기분을 전환하고 스트레스를 해소할 수 있는 인지자극훈련 활동은?

① 물건값 계산하기
② 탬버린 연주하기
③ 특정 글자 고르기
④ 뇌 건강 일기 쓰기
⑤ 빈칸에 낱말 채우기

72. 다음과 같은 방법으로 의사소통해야 하는 대상자는?

- 눈짓으로 신호를 주면서 이야기를 시작한다.
- 입 모양으로 알 수 있도록 입을 크게 벌려 정확하게 말한다..

① 노인성 난청
② 판단력 장애
③ 지남력 장애
④ 이해력 장애
⑤ 주의력결핍 장애

73. 다음 대화에서 요양보호사의 반응으로 옳은 것은?

대 상 자 : 내 스웨터 어디 있어? 왜 자꾸 숨겨 놔!
요양보호사 : _____

① "스웨터를 입고 싶으신가 봐요. 우리 가지러 가요."
② "오늘은 스웨터가 없어서 밖에 못 나가시겠네요."
③ "잘 안 입으셔서 지난번에 제가 딸에게 보냈어요."
④ "새로 산 이 스웨터가 더 예쁜데... 대신 이걸로 입으세요."
⑤ "저는 어르신의 스웨터를 숨기지 않았어요. 의심하지 마세요!"

74. 처음 입소한 시각 장애 대상자에게 편의시설에 대해 설명하는 방법으로 옳은 것은?

① 대상자 뒤쪽에서 설명한다.
② 대상자가 아는 물건만 설명한다.
③ 사물의 위치를 시계 방향으로 설명한다.
④ 대상자를 만나면 어깨를 두드린 후 말을 건다.
⑤ 요양보호사를 중심으로 오른쪽, 왼쪽을 설명한다.

75. 지남력 장애가 있어 화장실을 찾지 못하는 대상자를 도울 수 있는 방법으로 옳은 것은?

① 복도 끝을 가리키며 "왼쪽으로 가세요."라고 한다.
② "하던 일을 마무리해야 해요."라며 기다리게 한다.
③ "조금 전에 알려드렸잖아요.'라며 기억을 상기시킨다.
④ 사무실 쪽을 쳐다보며 "저기 가서 물어보세요." 라고 한다.
⑤ 데리고 가서 "화장실 표시가 있는 여기로 들어가세요." 라고 한다.

76. 치매대상자와 의사소통할 때 기본원칙을 지켜 반응한 것은?

① "왜 과일을 안 드셨어요?"
② "아침 약 드실 시간이에요."
③ "아까 그 사람은 누구세요?"
④ "어디 불편한 곳은 없으세요?"
⑤ "점심 드시고 나서 바나나를 간식으로 드세요."

77. 질식대상자에게 하임리히법을 적용할 때 구조자 손의 위치는?

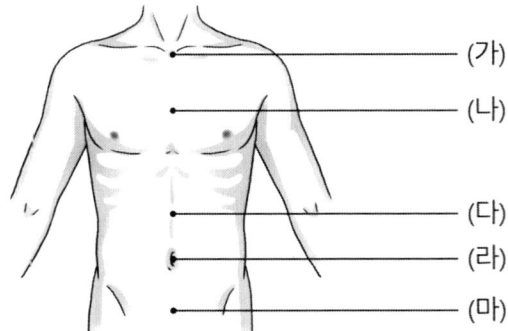

① 가
② 나
③ 다
④ 라
⑤ 마

78. 다음 중 가장 먼저 의료기관으로 이송해야 하는 화상 대상자는?

① 코와 입술의 화상
② 어깨와 가슴의 화상
③ 무릎과 종아리의 화상
④ 손가락과 발가락의 화상
⑤ 엉덩이와 꼬리뼈 부위의 화상

79. 심폐소생술을 할 때 자동심장충격기를 사용하는 방법으로 옳은 것은?

① 심장리듬을 분석한 후 패드를 부착한다.
② 왼쪽 빗장뼈와 오른쪽 젖꼭지 아래에 전극패드를 부착한다.
③ 분석 중이라는 음성지시가 나오면 심폐소생술을 시작한다.
④ 쇼크 버튼을 누르기 전에 대상자에게서 손을 뗀다.
⑤ 제세동 시행 후 가슴압박과 인공호흡은 30 : 1의 비율로 한다.

80. 의식을 잃은 대상자에게 심폐소생술을 할 때 순서로 옳은 것은?

(가)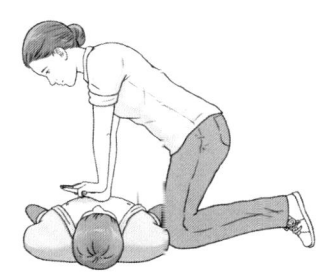

(나)

(다)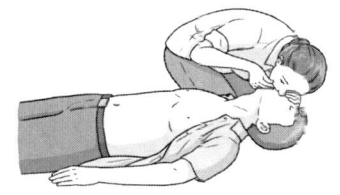

(라)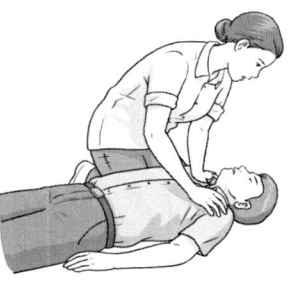

(마)

① 라 → 나 → 가 → 다 → 마
② 다 → 라 → 가 → 나 → 마
③ 나 → 가 → 다 → 라 → 마
④ 나 → 다 → 라 → 가 → 마
⑤ 가 → 나 → 다 → 라 → 마

요양보호사 자격시험 ❸유형 정답

1	4	2	1	3	3	4	2	5	1
6	4	7	1	8	5	9	4	10	3
11	3	12	3	13	4	14	5	15	3
16	4	17	2	18	3	19	4	20	1
21	1	22	3	23	2	24	4	25	5
26	5	27	4	28	3	29	2	30	5
31	3	32	5	33	3	34	4	35	3
36	4	37	4	38	2	39	5	40	5
41	3	42	3	43	4	44	2	45	3
46	5	47	1	48	1	49	2	50	1
51	2	52	5	53	3	54	2	55	2
56	3	57	4	58	4	59	5	60	3
61	5	62	2	63	3	64	3	65	4
66	5	67	4	68	5	69	5	70	3
71	2	72	1	73	1	74	3	75	5
76	2	77	3	78	1	79	4	80	1

제6편 AI

AI중심지
동대문구 장안평 구상

AI 혁명과
AI 일자리

글로벌

목 차

제1장 AI

1. 인공지능(AI)이란 무엇인가요? ································ 8
2. 인공지능 정의 ································ 8
3. AI 작동 방식 ································ 8
4. 인공지능 유형 ································ 9
5. 인공지능 학습 모델 ································ 9
6. 일반적인 유형의 인공 신경망 ································ 10
7. AI의 이점 ································ 11

제2장 A Ω Auto Quant+ 백서(AI혁명과 일자리)

1. 개요 ································ 14
2. 필요성 ································ 14
3. 원리 : 메이저 자금흐름 읽고 대응 ································ 14
4. 제품별 강점 & 유용성 ································ 15
5. 성공 사례 ································ 15
6. 결론 & 향후 로드맵 ································ 16
7. STO 토큰발행 (부동산순기능활성화) ································ 16

제3장 일자리 방향

– 로버트가 할 수 없는 맛과 멋의 일자리 창출

1. 스마트 팜의 현황 ································ 18
2. 수익형 첨단 스마트팜 ································ 18
3. 한국 노후 현황 ································ 20

제1장 AI

1. 인공지능(AI)이란 무엇인가요?
2. 인공지능 정의
3. AI 작동 방식
4. 인공지능 유형
5. 인공지능 학습 모델
6. 일반적인 유형의 인공 신경망
7. AI의 이점

제1장 AI

1. 인공지능(AI)이란 무엇인가요?

인공지능(AI)은 컴퓨터에서 음성 및 작성된 언어를 확인, 이해, 번역하고 데이터를 분석하며 추천하는 기능을 포함하여 다양한 고급 기능을 수행할 수 있게 해주는 일련의 기술입니다.

AI는 현대적인 컴퓨팅 혁신에서 중추적인 역할을 하며 개인과 비즈니스의 가치를 창출합니다. 예를 들어 광학 문자 인식(OCR)에서 AI를 사용하여 이미지와 문서에서 텍스트 및 데이터를 추출하고 비정형 콘텐츠를 비즈니스에 사용할 수 있는 정형 데이터로 변환하며 가치 있는 유용한 정보를 생성합니다.

2. 인공지능 정의

인공지능은 일반적으로 인간 지능이 필요하거나 인간이 분석할 수 있는 범위를 벗어난 대규모 데이터를 포함하는 방식으로 추론, 학습 및 행동할 수 있는 컴퓨터와 머신을 빌드하는 과학 분야입니다.

AI는 컴퓨터 공학, 데이터 분석 및 통계, 하드웨어 및 소프트웨어 엔지니어링, 언어학, 신경 과학은 물론 철학과 심리학 등 다양한 학문을 포괄하는 광범위한 분야입니다.

비즈니스의 운영 수준에서 AI는 주로 머신러닝과 딥 러닝을 기반으로 하는 기술로, 데이터 분석, 예측 및 예상, 객체 분류, 자연어 처리, 추천, 지능형 데이터 검색 등에 사용됩니다.

3. AI 작동 방식

AI 기술마다 구체적인 내용이 다르지만 핵심 원칙은 데이터를 중심으로 합니다. AI 시스템은 방대한 양의 데이터를 학습하고 개선되어 인간이 놓칠 수 있는 패턴과 관계를 식별합니다.

이 학습 프로세스에는 AI의 분석과 의사 결정을 안내하는 규칙이나 안내인 알고리즘이 포함되는 경우가 많습니다. 널리 사용되는 AI 하위 집합인 머신러닝에서 알고리즘은 라벨이 지정되거나 지정되지 않은 데이터를 학습하여 예측을 수행하거나 정보를 분류합니다.

추가 전문 분야인 딥 러닝은 인간의 뇌 구조와 기능을 모방한 여러 레이어로 구성된 인공 신경망을 활용하여 정보를 처리합니다. AI 시스템은 지속적인 학습과 적응을 통해 이미지 인식부터 언어 번역 등에 이르기까지 특정 태스크를 점점 능숙하게 수행하고 있습니다.

4 인공지능 유형

인공지능은 개발 단계나 수행되는 작업에 따라 여러 가지 방법으로 구성될 수 있습니다.

예를 들어 AI 개발 4단계가 일반적으로 인식됩니다.
반응형 머신 : 사전 프로그래밍된 규칙에 따라 다양한 종류의 자극에만 반응하는 제한된 AI입니다. 메모리를 사용하지 않으므로 새 데이터로 학습할 수 없습니다. 1997년 체스 챔피언인 가리 카스파로프를 이긴 IBM의 Deep Blue가 반응형 머신의 예시입니다.

제한된 메모리 : 대부분의 최신 AI는 제한된 메모리로 간주됩니다. 일반적으로 인공 신경망이나 기타 학습 모델을 통해 새로운 데이터로 학습되므로 시간이 지남에 따라 향상되는 메모리를 사용할 수 있습니다. 머신러닝의 하위 집합인 딥 러닝은 제한된 메모리 인공지능으로 간주됩니다.

마음 이론 : 현재 마음 이론 AI는 존재하지 않지만 가능성에 대한 연구가 진행 중입니다. 이 기술은 인간의 마음을 모방할 수 있고 인간과 마찬가지로 감정을 인지 및 기억하고 사회적 상황에 맞춰 반응하는 등 인간과 동일한 의사 결정 능력을 가진 AI를 설명합니다.

자기 인식 : 마음 이론 AI를 한 단계 더 뛰어 넘는 자기 인식 AI는 자신의 존재를 인식하고 인간의 지적, 감정적 능력을 가진 신화적인 머신을 설명합니다. 마음 이론 AI와 마찬가지로 자기 인식 AI는 현재 존재하지 않습니다.

인공지능 유형을 광범위하게 분류하는 데 더욱 유용한 방법은 머신이 수행할 수 있는 작업을 기준으로 분류하는 방법입니다. 현재 인공지능이라고 하는 모든 것은 프로그래밍과 학습을 기반으로 제한된 일련의 작업만 수행할 수 있다는 점에서 '협소한' 인공지능으로 간주됩니다. 예를 들어 객체 분류에 사용되는 AI 알고리즘은 자연어 처리를 수행할 수 없습니다. Google 검색은 예측 분석 또는 가상 어시스턴트와 마찬가지로 협소한 AI의 한 가지 형태입니다.

범용 인공지능(AGI)은 머신이 인간처럼 '감지, 사고, 행동'할 수 있는 능력입니다. AGI는 현재 존재하지 않습니다. 다음 단계는 머신이 모든 면에서 인간보다 우월한 방식으로 작동할 수 있는 초인공지능(ASI)이 될 것입니다.

5. 인공지능 학습 모델

비즈니스에서 AI를 이야기할 때 '학습 데이터'에 대해 이야기하는 경우가 많습니다. 이는 무슨 의미일까요? 메모리가 제한된 인공지능은 새로운 데이터를 학습하여 시간이 지남에 따라 향상되는 AI입니다. 머신러닝은 알고리즘을 사용하여 데이터를 학습해 결과를 가져오는 인공지능의 하위 집합입니다.

일반적으로 머신러닝에는 세 가지 유형의 학습 모델이 사용됩니다.

지도 학습은 라벨이 지정된 학습 데이터(정형 데이터)를 사용하여 특정 입력을 출력에 매핑하는 머신러닝 모델입니다. 간단히 말해 알고리즘에서 고양이 사진을 인식하도록 학습시키려면 고양이라는 라벨이 지정된 사진을 피드합니다.

비지도 학습은 라벨이 지정되지 않은 데이터(비정형 데이터)를 기반으로 패턴을 학습하는 머신러닝 모델입니다. 지도 학습과 달리 최종 결과를 사전에 알 수 없습니다. 오히려 알고리즘이 데이터에서 학습하여 속성을 기반으로 그룹으로 분류합니다. 예를 들어 비지도 학습은 패턴 일치 및 설명 모델링에 적합합니다.

지도 학습과 비지도 학습 외에도 일부 데이터에만 라벨이 지정된 준지도 학습이라는 혼합 방식이 사용됩니다. 준지도 학습에서는 최종 결과를 알 수 있지만 원하는 결과를 얻기 위해 알고리즘이 데이터를 구성하고 구조화하는 방법을 찾아야 합니다.

강화 학습은 광범위하게 '실행하여 학습'으로 설명할 수 있는 머신러닝 모델입니다. '에이전트'는 성능이 원하는 범위 내에 있을 때까지 시행착오(피드백 루프)를 통해 정의된 태스크를 수행하는 방법을 학습합니다. 에이전트는 태스크를 잘 수행할 때 긍정적인 강화를 받고 제대로 수행하지 않을 때는 부정적인 강화를 받습니다. 강화 학습 예시로는 로봇 손이 공을 잡도록 가르치는 것이 해당됩니다.

6. 일반적인 유형의 인공 신경망

AI의 일반적인 학습 모델 유형은 인간의 뇌를 대략적으로 모방한 모델인 인공 신경망입니다.

신경망은 데이터를 분류하고 분석하는 데 사용되는 컴퓨팅 노드인 인공 뉴런(퍼셉트론이라고도 함) 시스템입니다. 데이터는 신경망의 첫 번째 레이어에 제공되며 각 퍼셉트론에서 결정을 내린 후 이 정보를 다음 레이어의 여러 노드에 전달합니다. 레이어가 3개 넘게 있는 학습 모델을 '심층신경망' 또는 '딥 러닝'이라고 합니다. 일부 최신 신경망에는 레이어가 수백 또는 수천 개 있습니다. 최종 퍼셉트론 출력은 신경망에 설정된 태스크(예: 객체 분류 또는 데이터에서 패턴 찾기)를 수행합니다.

사용할 수 있는 가장 일반적인 인공 신경망의 유형은 다음과 같습니다.

순방향 신경망(FF)은 가장 오래된 형태의 신경망 중 하나로, 데이터는 출력이 달성될 때까지 인공 뉴런층을 통해 한 방향으로 흐릅니다. 현재 대부분의 순방향 신경망은 레이어가 여러 개 있고 '숨겨진' 레이어 두 개 이상 있는 '다층순방향'으로 간주됩니다. 일반적으로 순방향 신경망은 '역

전파'라는 오류 수정 알고리즘과 쌍을 이룹니다. 즉, 간단히 말해서 신경망 결과와 함께 시작하여 처음부터 다시 수행해 오류를 찾고 신경망 정확도를 향상시킵니다. 간단하지만 강력한 다수 신경망이 다층순방향입니다.

7. AI의 이점

자동화

AI는 워크플로와 프로세스를 자동화하거나 인간과 별도로 독립적이면서 자율적으로 작업할 수 있습니다. 예를 들어 AI는 네트워크 트래픽을 지속적으로 모니터링하고 분석하여 사이버 보안의 측면을 자동화하는 데 도움을 줄 수 있습니다. 마찬가지로 스마트 공장에는 컴퓨터 비전을 사용하여 공장 작업장을 탐색하거나 제품 흠함을 검사하거나 디지털 트윈을 만들거나 실시간 분석을 사용하여 효율성과 출력을 측정하는 로봇과 같이 다양한 종류의 AI가 사용되고 있을 수 있습니다.

제2장 𝐴 Ω Auto Quant+ 백서

1. 개요
2. 필요성
3. 원리 : 메이저 자금흐름 읽고 대응
4. 제품별 강점 & 유용성
5. 성공 사례
6. 결론 & 향후 로드맵
7. STO 토큰발행 (부동산순기능활성화)

제2장 A Ω Auto Quant+ 백서

1. 개요

Cellsoft의 **A Ω Auto Quant+**는 IT, 금융공학, 머신러닝을 결합한 차세대 자동화 퀀트 플랫폼입니다.

코드를 입력하면 주식·ETF·암호화폐 전 영역에서 메이저 자금흐름을 분석, 저평가 발굴부터 최적 타이밍 진입·홀딩·청산 시점을 제공합니다.

2. 필요성

- 정보 비대칭 : 개인 투자자는 매일 수 TB 단위 시장 데이터를 실시간 해석 어려움.
- 감정 편향 : 매매 시 인간의 공포·탐욕 개입으로 손실 확대.
- 속도 경쟁 격화 : 초단타 및 AI 트레이딩 확대, 반응 속도가 곧 경쟁력.
  - 해결 : A Ω Auto Quant+는 24/7 자동 운용으로 데이터 과잉과 감정 리스크를 제거하고, 메이저 자금 흐름을 기반으로 최적 매매 시점을 제시 및 자동화가 가능합니다.

3. 원리 : 메이저 자금흐름 읽고 대응

실시간 데이터 수집 : 호가, 체결, 거래량, 옵션·ETF 미결제약정, 온체인(암호화폐) 데이터 통합.

① 자금흐름 추적
  - 호가 스팬 분석 : 호가 창 매수·매도 물량 분포로 주요 기관 매집/청산 포지션 식별.
  - 미결제약정 변화 : 옵션·선물 포지션 증감으로 대형 펀드 전략 파악.
  - 온체인 이동 : 주요 코인 지갑 주소 이동 감지로 자금 유입·유출 타이밍 예측.

② 알고리즘 엔진:
  - 머신러닝 기반 신호 필터링
  - 통계적 변동성·상관관계 모델

- 패턴 인식 (헤드앤숄더, 볼린저 밴드 돌파 등)
— 실행 모듈
- 백테스트로 최적 매개변수 산출
- 실시간 시뮬레이션 및 오토 익스큐션

4. 제품별 강점 & 유용성

① 주식 황금종목 판독기
- 강점 : 저평가 종목을 가치·성장·위험 통합 점수(RGVI)로 랭킹
  — 메이저 순매수 순매도 상위 종목 실시간 탐지
- 유용성 : 중·장기 포트폴리오 자동 구성
  — 진입·청산 알림과 자동 주문 지원

② 추세·추격·헷지 자동매매
- 강점 : 국내선물옵션·해외선물·ETF별 최적 전략 적용
  — 헷지 비율 자동 계산, 리스크 한도 내 운용
- 유용성 : 단일 화면에서 전략별 성과 모니터링
  — API 연결로 24시간 자동 익스큐션

③ 암호화폐 황금 Coin 판독기
- 강점 : 온체인 빅데이터 분석으로 대규모 지갑 매집 포착
  — 변동성 돌파 및 MFI 기반 다중 필터 적용
- 유용성 : 24/7 시장에서도 감정 배제 자동 운용
  — 진입·청산 조건 커스터마이징 가능

5. 성공 사례

상품	기간	전략	성과
주식 (A종목)	2023.1~2023.6	가치·성장 통합 전략	누적 27.5% 수익
선물옵션 (B전략)	2022.3~2022.12	추세+헷지 자동 운용	손실 최대 2%, 연 15%
암호화폐 (C코인)	2023.5~2023.10	온체인 자금흐름 돌파 전략	샤프비율 1.8 달성

6. 결론 & 향후 로드맵

Cellsoft **A Ω Auto Quant+**는 개인·기관 구분 없이 모든 투자자에게 데이터 기반 의사결정과 자동 매매 환경을 제공합니다.

향후 계획:
- AI 강화: 딥러닝 기반 자기학습 엔진 탑재
- 글로벌 확장: 다국적 거래소 연동 및 현지화
- UI/UX 혁신: 통합 대시보드와 음성 알림 기능 추가

Contact: p5711815@gmail.com Website: https://cellsoft.co.kr

7. STO 토큰발행 (부동산순기능활성화)

우리사회의 모순을 가장 효율적으로 해결하는 방법

은행은 순이익이 사상최대 몇십조의 이익을 챙기고 있다. 모든 대출이 보증기금으로 진행되기에 은행은 손해 안본다.

순이익의 50%를 사회에 환원해야 정상이다.

거시적으로 남북통일기금 이나 사회약자를 위한 보험의기능을 시급히 활성화해야한다.

34조시장으로 진단하지만 필자는 5000조기금을 쉽게 사회보험기금으로 진단하고 있다.

자산으로분류되는 부동산을 토큰화해서 누구나 빌딩아파트투자를 소액으로 할수있다면, 무한대기금을 조성해서 소상공인이나 사회공공서비스 사회사업을 정부에서 합법적으로 추진할 수 있다. 생산고용소비사회약자재상프로그램을 아주 절묘하게 해결할 수 있다.

사회문제되는 전세사기 노인요양시설 확충등 돈이 많이들어가는 항목을 K 팝 K 음식 K 방산 K교육 등 확고히 대한민국을 해결할 수 있다.

현금유동성을 강화해서 자금조달로 걱정없이 연구개발 사회를 똘똘뭉치게하고세계속을 한국을 만들 수 있다.

쉽게말해서 부동산을 유동화해서 소액투자자를 시장으로 끌어서 대한민국 최고의 두뇌 아이디어를 실행하는 나라를 만들 수 있다.

문제는 기득권세력 때문에 양극화가 심하고 부의편중이일어나 현금순환을 끌어 보험기능을 강화한다면 강력한 국가를 만들 수 있다.

제3장 일자리 방향

- 로버트가 할 수 없는 맛과 멋의 일자리 창출
1. 스마트팜 현황
2. 수익형 첨단 스마트팜
3. 한국 노후 현황

1. 로버트가 할 수 없는 맛과 멋의 일자리 창출

1. 스마트 팜의 현황

1) 기술 도입 현황

- IOT 및 센터
  온도, 습도, 토양 수분 등을 실시간으로 모니터링하는 IOT 센서가 농장에서 널리 사용
- AI 및 데이터 분석
  AI 기술을 통해 데이터 분석이 이루어지고 있으며, 작물 성장 예측 및 병충해 발생 예측이 가능.

2) 시장 성장

- 글로벌 시장 확대
  스마트팜 시장은 빠르게 성장하고 있으며, 2025년까지 연평균 약 20% 이상의 성장률이 기대됨
- 투자 증가
  정부 및 민간 기업의 스마트팜 관련 투자 증가로 기술 개발과 상용화가 가속화

3) 정책 지원

- 정부의 정책 지원
  여러 국가에서 스마트팜 관련 연구 및 개발을 지원하는 정책을 시행
  예를 들어 한국, 미국, 유럽 등 스마트 농업 관련 보조금 및 연구 개발 지원이 이루어지고 있음.

2. 수익형 첨단 스마트팜

1) 도시형 첨단 스마트팜 도입

- 고양시 지식산업센터 입주업종 고시

  고양시 고시 제2024-190호 스마트팜 수직농장 업종을 신설하여 지식산업센터 입주를 허용함

- 고양시 최초 지식산업센터 스마트팜

  시대를 선도하는 최첨단 지식산업센터에 고양시 최초로 스마트팜 업체와 협업하여 유닛에 맞는 특화 시설부터 운영 설비, 재배, 관리, 안전한 수매 등 One-Stop 서비스를 제공

2) 안전한 투자 환경 제공

- 시설 · 운영 · 판매지원까지 완벽한 플랜

  위탁 운영사의 다년간 스마트팜 운영 및 유통 노하우를 통해 계절 별 최적작물 그리고 안전한 납품처와 다양한 판로를 개척하였으며 앞으로도 지속적인 판매지원 및 컨설팅을 통해 경영리스크 최소화

- 투자 수익

  전용면적 약 25평 당 월 약 900만원의 안정적인 매출과 함께 계약자의 편안한 노후에 기여

3) 미래 농업자의 선구자

- 지속 가능한 핵심 기술

  3세대 스마트팜 기술로 AI, 무인 등이 연구 중이며, 전통 농업 양식에서 첨단 기술 기반 농업으로 변화하는 시대에 맞추어 다가오는 불안정한 미래에 대비할 수 있는 차세대 첨단 산업

3. 한국 노후 현황

1) 초고령화 사회의 집입

- 초고령화 사회
고령인구 비율이 2025년 전체 인구의 20.3%(KOSS통계)호 전 세계에서 초고령화 사회로 진입하는 속도가 가장 빠른 나라임

2) 프랜차이즈의 몰락

- 3년 못버틴 소상공인 폐업률 40%
중소기업중앙회 2025년 폐업 소상공인 실태조사 결과
창업 후 폐업까지 영업 기간은 평균 6.5년, 3년 미만 폐업자 비율은 39.9%에 달한 것으로 조사되었음
- 기대에 못미치는 수익구조
저가 커피 전문점 창업비용 약 3억원(임대료 보증금 및 권리금 포함)
점주 월 수익 약 150~200만원 수준(일 평균 10시간 근무)
1년 내 폐업을 약 15.7%로 투자금 대비 현저히 낮은 수익구조

3) 이제부터는 100세 시대
- 100세 시대를 맞이하며
한국 2060년 기대수명 약 90세로 조사(KOSS 통계
앞으로는 '나'와 '내자식')의 안정적인 노후를 위한 안정적익 수익구조를 만들지 않으면 먹고 살기 어려운 시대가 도래 할 것으로 예측됨

제7편 AI 용어

1. 인공지능 (Artificial Intelligence)

인공지능은 컴퓨터가 사람처럼 생각하고 문제를 해결할 수 있도록 하는 기술입니다. 인공지능은 다양한 분야에서 사용되며, 우리가 매일 사용하는 여러 기술에 숨어 있습니다.

예를 들어, 스마트폰의 음성 비서인 시리(Siri)나 구글 어시스턴트(Google Assistant)는 인공지능을 사용하여 우리의 말을 이해하고, 질문에 답하거나 명령을 수행합니다. 이러한 시스템들은 자연어 처리(NLP)와 기계 학습(Machine Learning) 기술을 결합하여 사용자 경험을 향상시킵니다.

2. 기계 학습 (Machine Learning)

기계 학습은 인공지능의 하위 분야로, 컴퓨터가 명시적인 프로그래밍 없이도 데이터를 통해 스스로 학습하고 예측할 수 있도록 하는 기술입니다. 기계 학습의 핵심은 컴퓨터가 많은 데이터를 분석하여 패턴을 찾아내고, 이를 바탕으로 새로운 데이터에 대한 예측을 수행하는 것입니다.

예를 들어, 유튜브의 추천 시스템은 기계 학습 알고리즘을 사용하여 사용자가 시청한 동영상 데이터를 분석하고 이를 바탕으로 사용자가 선호할 만한 동영상을 추천합니다. 이는 기계 학습의 대표적인 응용 사례로, 사용자 경험을 개인화하여 만족도를 높이는 데 기여합니다.

3. 딥 러닝 (Deep Learning)

딥 러닝은 기계 학습의 한 분야로, 인간의 뇌 구조를 모방한 인공 신경망(Artificial Neural Network)을 사용하여 데이터를 학습합니다. 딥 러닝은 특히 많은 양의 데이터를 분석하고 복잡한 문제를 해결하는 데 강력한 성능을 발휘합니다.

딥 러닝의 대표적인 예로는 이미지 인식 기술이 있습니다. 예를 들어, 페이스북의 사진 태그 기능은 딥 러닝을 사용하여 사진 속 사람들의 얼굴을 인식하고 자동으로 태그를 제안합니다. 또 다른 예로는 자율 주행차가 있습니다. 자율 주행차는 도로 상황을 실시간으로 분석하여 장애물을 피하고 경로를 결정하는 데 딥 러닝 기술을 사용합니다. 자율 주행 기술의 핵심은 다양한 센서 데이터를 통합하고 실시간으로 판단을 내리는 능력에 있습니다.

4. 인공 신경망 (Artificial Neural Network)

인공 신경망은 인간 뇌의 신경망을 모방하여 만들어진 컴퓨터 시스템입니다. 뇌의 뉴런이 서로 연결되어 정보를 처리하듯, 인공 신경망도 여러 노드(뉴런)들이 연결되어 정보를 처리합니다. 인공 신경망은 딥 러닝의 핵심 기술로, 이미지 인식, 음성 인식, 자연어 처리 등 다양한 분야에서 활용됩니다.

예를 들어, 구글 포토는 인공 신경망을 사용하여 사진 속의 사람이나 사물을 인식하고, 검색 기능을 제공하여 사용자가 쉽게 사진을 찾을 수 있도록 합니다. 또한, 인공 신경망은 의료 분야에서도 사용되는데, 환자의 의료 영상을 분석하여 질병을 진단하는 데 도움을 줍니다. 이러한 기술은 특히 방대한 의료 데이터에서 중요한 패턴을 발견하는 데 유용합니다.

5. 자연어 처리 (Natural Language Processing, NLP)

자연어 처리는 컴퓨터가 인간의 언어를 이해하고 처리하는 기술입니다. 이 기술은 텍스트나 음성을 분석하여 의미를 파악하고, 이를 바탕으로 적절한 응답을 생성합니다. 자연어 처리는 챗봇, 번역기, 음성 인식 시스템 등 다양한 응용 분야에서 사용됩니다.

예를 들어, 챗봇은 자연어 처리 기술을 사용하여 사용자의 질문을 이해하고, 적절한 답변을 제공합니다. 또한, 구글 번역기는 자연어 처리 기술을 사용하여 여러 언어 간의 번역을 수행합니다. 음성 인식 시스템 역시 자연어 처리 기술을 사용하여 사용자의 음성을 텍스트로 변환하고, 이를 이해하여 명령을 수행합니다. 자연어 처리의 발전은 인간과 컴퓨터 간의 상호작용을 더욱 자연스럽게 만들고, 다양한 언어 간의 장벽을 허무는 데 중요한 역할을 합니다.

6. 데이터 마이닝 (Data Mining)

데이터 마이닝은 대량의 데이터에서 유용한 정보를 추출하는 과정입니다. 데이터 마이닝 기술을 사용하면 데이터 속에 숨겨진 패턴과 트렌드를 발견하여 비즈니스 의사 결정을 돕거나, 문제를 해결할 수 있습니다. 데이터 마이닝은 기계 학습, 통계 분석, 데이터베이스 관리 시스템 등을 활용하여 데이터를 탐색합니다.

예를 들어, 마케팅 분야에서는 데이터 마이닝을 통해 고객의 구매 패턴을 분석하고, 이를 바탕으로 맞춤형 마케팅 전략을 수립할 수 있습니다. 또한, 금융 분야에서는 데이터 마이닝을 통해 사기 거래를 탐지하고, 리스크를 관리하는 데 사용됩니다. 소매업에서는 데이터 마이닝을 통해 재고 관리를 최적화하고, 고객 충성도를 향상시키는 전략을 도출할 수 있습니다.

7. 빅 데이터 (Big Data)

빅 데이터는 기존 데이터베이스 관리 도구로 처리하기 어려운 대량의 데이터를 의미합니다. 빅 데이터는 다양한 형태의 데이터(텍스트, 이미지, 영상 등)를 포함하며, 높은 속도로 생성되고 변화합니다. 빅 데이터를 분석하면 비즈니스 인사이트를 얻고, 의사 결정을 개선할 수 있습니다. 빅 데이터의 "3V" 특성인 볼륨(Volume), 속도(Velocity), 다양성(Variety)을 이해하는 것이 중요합니다.

예를 들어, 소셜 미디어 플랫폼에서는 빅 데이터를 분석하여 사용자의 관심사와 트렌드를 파악하고, 이를 바탕으로 맞춤형 광고를 제공합니다. 또한, 의료 분야에서는 빅 데이터를 분석하여 환자의 건강 상태를 모니터링하고, 맞춤형 치료 계획을 수립할 수 있습니다. 공공 정책 분야에서도 빅 데이터는 도시 계획, 교통 관리, 범죄 예방 등에 활용됩니다.

8. 알고리즘 (Algorithm)

알고리즘은 문제를 해결하기 위한 단계적 절차나 규칙을 의미합니다. 컴퓨터는 알고리즘을 사용하여 데이터를 처리하고, 주어진 문제를 해결합니다. 알고리즘은 다양한 분야에서 사용되며, 효율적이고 정확한 문제 해결을 위해 중요합니다. 알고리즘의 설계와 최적화는 소프트웨어 개발과 데이터 분석의 핵심 요소입니다.

예를 들어, 검색 엔진은 알고리즘을 사용하여 인터넷에서 관련된 정보를 검색하고, 사용자에게 보여줍니다. 또한, 추천 시스템은 알고리즘을 사용하여 사용자의 취향을 분석하고, 맞춤형 콘텐츠를 추천합니다. 금융 분야에서는 거래 알고리즘이 실시간으로 시장 데이터를 분석하고, 최적의 매매 시점을 결정합니다.

9. 컴퓨터 비전 (Computer Vision)

컴퓨터 비전은 컴퓨터가 이미지나 영상을 이해하고 해석하는 기술입니다. 컴퓨터 비전 기술을 사용하면 사진 속 사물이나 사람을 인식하고, 그 의미를 파악할 수 있습니다. 컴퓨터 비전은 이미지 처리, 패턴 인식, 머신 러닝 등을 결합하여 다양한 응용 분야에서 사용됩니다.

예를 들어, 자율 주행차는 컴퓨터 비전 기술을 사용하여 도로 상황을 실시간으로 분석하고, 장애물을 피하거나 교통 신호를 인식합니다. 또한, 얼굴 인식 기술은 컴퓨터 비전을 사용하여 사진 속 사람의 얼굴을 인식하고, 보안 시스템이나 소셜 미디어에서 사용됩니다. 의료 분야에서는 컴퓨터 비전을 통해 의료 영상을 분석하고, 질병을 진단하는 데 활용됩니다.

10. 강화 학습 (Reinforcement Learning)

강화 학습은 인공지능이 환경과 상호작용하며 보상을 최대화하는 방향으로 학습하는 방법입니다. 에이전트(Agent)가 행동을 취하고, 그에 따른 결과로 보상을 받으며 학습을 진행합니다. 강화 학습은 특히 게임 인공지능이나 로봇 제어에 많이 사용됩니다. 이는 마르코프 의사 결정 과정(Markov Decision Process, MDP)과 관련된 이론을 바탕으로 합니다.

예를 들어, 알파고(AlphaGo)는 강화 학습을 통해 바둑을 두는 방법을 학습하고, 세계 챔피언을 이길 수 있었습니다. 또한, 로봇은 강화 학습을 통해 장애물을 피하고 목표 지점에 도달하는 방법을 학습할 수 있습니다. 드론의 자율 비행이나 물류 로봇의 최적 경로 탐색에도 강화 학습이 적용됩니다.

11. 자율 주행 (Autonomous Driving)

자율 주행은 운전자가 없이도 차량이 스스로 주행할 수 있는 기술입니다. 자율 주행차는 다양한 센서와 인공지능을 활용하여 주변 환경을 인식하고, 경로를 계획하며, 안전하게 목적지까지 이동합니다. 자율 주행의 주요 기술 요소에는 카메라, 라이다, 레이더, GPS, 그리고 고급 알고리즘이 포함됩니다.

예를 들어, 테슬라의 오토파일럿 기능은 카메라와 초음파 센서를 사용하여 도로 상황을 실시간으로 분석하고, 다른 차량과 보행자를 피하면서 스스로 운전할 수 있습니다. 또한, Waymo와 같은 기업은 완전 자율 주행 택시 서비스를 테스트하고 있으며, 자율 주행 기술은 물류와 배송 서비스에서도 사용되어 무인 배송 차량이 물품을 안전하게 배달할 수 있습니다.

12. 음성 인식 (Speech Recognition)

음성 인식은 컴퓨터가 사람의 말을 이해하고 텍스트로 변환하는 기술입니다. 음성 인식 기술은 딥러닝 알고리즘과 대규모 음성 데이터셋을 통해 개발되며, 사용자가 말로 명령을 내리거나 정보를 입력할 수 있게 합니다.

예를 들어, 스마트폰의 음성 비서인 시리(Siri)나 구글 어시스턴트(Google Assistant)는 음성 인식 기술을 사용하여 사용자의 음성을 텍스트로 변환하고, 이를 기반으로 질문에 답변하거나 명령을 수행합니다. 또한, 음성 인식 기술은 자동 자막 생성, 음성 검색, 음성 통화 등의 다양한 응용 분야에서 사용되며, 최근에는 다양한 언어와 억양을 인식할 수 있도록 발전하고 있습니다.

13. 챗봇 (Chatbot)

챗봇은 사람과 대화할 수 있는 인공지능 프로그램입니다. 챗봇은 자연어 처리(NLP) 기술을 사용하여 사용자의 질문을 이해하고, 적절한 답변을 제공합니다. 챗봇은 고객 서비스, 정보 제공, 예약 등 다양한 용도로 사용됩니다.

예를 들어, 은행의 고객 서비스 챗봇은 사용자의 질문에 실시간으로 답변하고, 계좌 조회나 송금 등의 업무를 처리합니다. 또한, 온라인 쇼핑몰의 챗봇은 제품 추천, 주문 조회, 배송 상태 확인 등의 서비스를 제공합니다. 챗봇은 단순히 정해진 답변만을 제공하는 것이 아니라, 머신러닝을 통해 사용자 경험을 학습하여 점점 더 나은 서비스를 제공할 수 있습니다.

14. 로보틱 프로세스 자동화 (RPA, Robotic Process Automation)

RPA는 소프트웨어 로봇을 사용하여 반복적이고 규칙적인 업무를 자동화하는 기술입니다. RPA를 사용하면 사람이 수행하는 단순하고 반복적인 작업을 자동화하여 효율성을 높일 수 있습니다.

예를 들어, RPA는 은행에서 계좌 개설, 송금, 데이터 입력 등의 업무를 자동화하여 처리 시간을 단축하고, 실수를 줄입니다. 또한, 기업의 인사 부서에서는 직원 정보 관리, 급여 계산, 휴가 신청 처리 등의 업무를 RPA를 통해 자동화할 수 있습니다. RPA는 기존 시스템과의 통합이 용이하며, 복잡한 비즈니스 프로세스를 자동화하여 생산성을 향상시킵니다.

15. 가상 현실 (VR, Virtual Reality)

가상 현실은 컴퓨터로 생성된 가상의 세계를 체험할 수 있는 기술입니다. VR을 사용하면 사용자가 마치 실제 세계에 있는 것처럼 몰입할 수 있습니다. VR 시스템은 주로 헤드셋을 통해 구현되며, 사용자가 3D 환경을 시각적으로 경험할 수 있게 합니다.

예를 들어, VR 게임은 사용자가 가상의 게임 세계에 들어가서 직접 게임을 즐길 수 있게 합니다. 또한, VR은 교육과 훈련에서도 사용되며, 예를 들어, 의학 교육에서는 가상의 수술 환경을 체험하면서 실습할 수 있습니다. 건축 및 디자인 분야에서는 건물의 내부를 가상으로 둘러볼 수 있게 하여 설계 과정에서의 오류를 줄일 수 있습니다.

16. 증강 현실 (AR, Augmented Reality)

증강 현실은 현실 세계에 컴퓨터로 생성된 가상의 정보를 겹쳐서 보여주는 기술입니다. AR을 사용하면 현실 세계와 가상의 정보를 동시에 볼 수 있습니다.

예를 들어, 포켓몬 고(Pokémon Go) 게임은 현실 세계에 가상의 포켓몬을 나타내어 사용자가 포켓몬을 잡는 체험을 할 수 있게 합니다. 또한, AR은 산업 현장에서 사용되며, 정비 작업에서 AR을 사용하여 장비의 내부 구조를 시각적으로 안내받을 수 있습니다. 또한, 의료 분야에서는 수술 중에 환자의 내부 구조를 실시간으로 보여주어 수술의 정확성을 높이는 데 활용됩니다.

17. 사물인터넷 (IoT, Internet of Things)

사물인터넷(IoT)은 인터넷에 연결된 기기들이 서로 통신하고 데이터를 주고받는 기술입니다. IoT를 사용하면 다양한 기기들이 연결되어 자동으로 데이터를 수집하고 제어할 수 있으며, 이를 통해 새로운 서비스와 비즈니스 모델을 만들 수 있습니다.

예를 들어, 스마트 홈은 다양한 가전제품이 IoT 기술을 통해 연결되어 사용자의 명령에 따라 자동으로 작동하거나 상태를 모니터링합니다. 또한, 스마트 시티는 도시 내의 다양한 시설과 기능이 IoT로 연결되어 교통 흐름을 최적화하고 에너지를 효율적으로 관리합니다. 산업 현장에서는 기계 장비들이 서로 데이터를 교환하여 운영 효율성을 극대화할 수 있습니다.

18. 클라우드 컴퓨팅 (Cloud Computing)
클라우드 컴퓨팅은 인터넷을 통해 컴퓨팅 리소스(서버, 스토리지, 소프트웨어 등)를 제공하는 기술입니다. 클라우드 컴퓨팅을 사용하면 사용자는 자체적으로 서버나 인프라를 구축하지 않고도 필요한 컴퓨팅 리소스를 유연하게 이용할 수 있습니다.
예를 들어, 기업은 클라우드를 통해 IT 인프라를 관리하고 비용을 절감할 수 있습니다. 또한, 개발자는 클라우드를 통해 애플리케이션을 쉽게 배포하고 확장할 수 있습니다. 클라우드 서비스는 빅데이터 분석, 인공지능 모델 학습, 백업 및 복구 등 다양한 용도로 사용될 수 있습니다.

19. 블록체인 (Blockchain)
블록체인은 분산 데이터베이스 기술로, 데이터를 연속적으로 연결된 '블록'에 저장하여 변경 불가능하게 유지합니다. 이러한 특성으로 블록체인은 중앙 기관이나 중개자 없이 안전하고 신뢰할 수 있는 거래를 보장합니다.
예를 들어, 암호화폐는 블록체인을 기반으로 하여 거래를 안전하게 관리하고 중앙은행 없이도 송금이 가능합니다. 또한, 블록체인은 스마트 계약이라는 기술을 통해 계약을 자동으로 체결하고 이행할 수 있습니다. 이는 금융, 부동산, 공급망 관리 등 다양한 분야에서 활용될 수 있습니다.

20. 사물 간 통신 (M2M, Machine-to-Machine Communication)
사물 간 통신은 기기와 기기 간에 데이터를 주고받는 기술입니다. 사물 간 통신을 통해 기기들은 서로 정보를 교환하고 자동으로 제어하며 협업할 수 있습니다.
예를 들어, 스마트 팩토리에서는 제조 로봇이 센서 데이터를 수집하고 이를 분석하여 생산 라인을 자동으로 조절합니다. 또한, 스마트 시티에서는 교통 신호등이 교통 상황을 실시간으로 파악하여 최적의 신호를 제공합니다. M2M 기술은 원격 진단 시스템, 물류 추적, 에너지 관리 등 다양한 분야에서 혁신적인 솔루션을 제공합니다.

21. 머신 비전 (Machine Vision)
머신 비전은 컴퓨터가 이미지나 비디오를 처리하여 시각적 정보를 추출하고 이해하는 기술입니다. 이를 통해 기계가 시각적으로 인식하고, 판단하며, 행동할 수 있게 됩니다. 제조 업계에서는 제품 품질을 감지하고, 제품의 크기나 형태를 검사하는 데 머신 비전 기술을 사용합니다. 또한, 로봇이 머신 비전을 사용하여 환경을 인식하고 작업을 수행합니다.
예를 들어, 고속도로 차량의 번호판을 자동으로 인식하는 시스템이나, 공장에서의 품질 검사 시스템 등이 머신 비전의 활용 사례입니다.

22. 자율 로봇 (Autonomous Robot)
자율 로봇은 인간의 감시나 제어 없이 스스로 환경을 인식하고, 목표를 달성하기 위해 행동하는 로봇입니다. 이러한 로봇은 센서와 인공지능을 사용하여 주변 환경을 인식하고, 스스로 결정을 내리며, 작업을 수행합니다.
예를 들어, 자율 드론은 센서와 GPS를 사용하여 공간을 탐색하고, 장애물을 피하며, 목표 지점까지 자율적으로 비행합니다. 물류 업계에서는 자율 로봇이 창고에서 상품을 운반하고, 재고를 관리하는 데 사용됩니다. 농업에서는 자율 로봇이 작물 상태를 모니터링하고, 자동으로 수확하는 데 사용될 수 있습니다.

23. 심층 강화 학습 (Deep Reinforcement Learning)

심층 강화 학습은 강화 학습과 딥 러닝을 결합한 기술로, 인공 신경망을 사용하여 에이전트가 환경과 상호작용하며 학습하는 방법입니다. 이를 통해 복잡하고 고차원적인 문제를 해결할 수 있습니다.

예를 들어, 알파고는 심층 강화 학습을 사용하여 바둑을 두는 방법을 학습하고, 세계 챔피언을 이기는 데 성공했습니다. 자율 주행차도 심층 강화 학습을 사용하여 도로 상황을 분석하고, 적절한 운전 결정을 내립니다. 또한, 비디오 게임 AI, 로봇 제어, 금융 거래 전략 개발 등 다양한 분야에서 심층 강화 학습이 활용됩니다.

24. 자율 주행차 (Autonomous Driving Vehicles)

자율 주행차는 센서, 카메라, 라이다(LiDAR), 레이더 등 다양한 기술을 사용하여 도로 환경을 실시간으로 인식하고, 주행 경로를 계획하며, 운전을 수행하는 차량입니다. 자율 주행차는 운전자의 개입 없이도 안전하게 목적지까지 이동할 수 있습니다.

예를 들어, 테슬라의 오토파일럿은 자율 주행차 기술을 사용하여 차선을 유지하고, 앞차와의 거리를 조절하며, 교차로와 신호등을 인식하여 주행을 수행합니다. 우버와 웨이모(Waymo) 등 다양한 기업들도 자율 주행차 기술을 개발하고 상용화를 추진하고 있습니다. 자율 주행차는 교통 효율성을 높이고, 교통사고를 줄이는 데 큰 기여를 할 것으로 기대됩니다.

25. 인공 지능 음성 비서 (AI Voice Assistant)

인공 지능 음성 비서는 음성 인식 기술과 자연어 처리 기술을 결합하여 사용자의 음성 명령을 이해하고, 적절한 응답을 제공하는 시스템입니다. 음성 비서는 스마트폰, 스마트 스피커, 자동차 등 다양한 기기에서 사용되며, 사용자의 일상 생활을 편리하게 만들어 줍니다.

예를 들어, 아마존의 알렉사(Alexa), 애플의 시리(Siri), 구글 어시스턴트(Google Assistant) 등은 인공 지능 음성 비서 기술을 사용하여 사용자의 음성 명령을 인식하고, 날씨 정보를 제공하거나 음악을 재생하는 등의 작업을 수행합니다. 또한, 음성 비서는 사용자의 개인 일정을 관리하고, 알람을 설정하며, 스마트 홈 기기를 제어하는 등의 기능을 제공합니다.

26. 감정 인식 (Emotion Recognition)

감정 인식은 컴퓨터가 사람의 얼굴 표정이나 음성 등을 분석하여 감정을 파악하는 기술입니다. 이 기술은 인공 신경망과 이미지 처리 기술을 사용하여 감정을 인식하고, 이를 바탕으로 상황에 맞는 응답을 생성합니다.

예를 들어, 감정 인식 기술은 카메라를 통해 사람의 얼굴을 촬영하고, 표정을 분석하여 그 사람의 감정을 파악합니다. 이는 광고 캠페인의 효과를 분석하거나, 의료 분야에서 환자의 감정을 파악하여 치료 방법을 제안하는 등 다양한 분야에서 활용될 수 있습니다. 감정 인식 기술은 또한 고객 서비스 분야에서 고객의 감정을 실시간으로 분석하여 맞춤형 서비스를 제공하는 데 사용될 수 있습니다.

27. 영상 처리 (Image Processing)

영상 처리는 컴퓨터가 디지털 이미지를 분석하고 처리하는 기술입니다. 영상 처리 기술은 컴퓨터 비전과 밀접한 관련이 있으며, 이미지의 특징을 추출하거나 변환하여 원하는 결과를 얻을 수 있습니다.

예를 들어, 의료 영상 처리 기술은 X-ray나 MRI 이미지를 분석하여 질병을 진단하거나, 의료 영상을 개선하여 의사가 더 정확한 판단을 할 수 있도록 합니다. 또한, 보안 시스템에서는 영상 처리 기술을 사용하여 침입자를 감지하거나 얼굴 인식을 수행합니다. 영상 처리는 품질 개선, 객체 인식, 필터링, 세그멘테이션 등의 다양한 응용 분야에서 사용됩니다.

28. 콘텐츠 추천 시스템 (Content Recommendation System)

콘텐츠 추천 시스템은 사용자의 선호나 행동 기록을 분석하여 사용자에게 맞춤형 콘텐츠를 추천하는 시스템입니다. 이러한 시스템은 인공지능과 빅 데이터 기술을 활용하여 사용자의 취향과 관심사를 파악하고, 이를 바탕으로 적절한 콘텐츠를 제공합니다.

예를 들어, 유튜브나 넷플릭스는 콘텐츠 추천 시스템을 사용하여 사용자가 시청한 영상 이력을 분석하고, 비슷한 콘텐츠를 추천합니다. 또한, 음악 스트리밍 서비스인 스포티파이는 사용자의 음악 청취 기록을 분석하여 선호하는 장르나 아티스트를 고려하여 음악을 추천합니다. 이러한 시스템은 개인화된 사용자 경험을 제공하여 사용자 만족도를 높입니다.

29. 딥 페이크 (Deepfake)

딥 페이크는 딥 러닝 기술을 사용하여 인공적으로 생성된 가짜 영상이나 음성을 의미합니다. 딥 페이크 기술을 사용하면 기존 영상이나 음성에서 사람의 얼굴이나 목소리를 합성하여 새로운 영상이나 음성을 생성할 수 있습니다.

이러한 기술은 유용하게 사용될 수도 있지만, 악용될 우려가 있습니다. 딥 페이크 기술을 사용하여 정치적 선전이나 명예 훼손, 사기 등의 문제가 발생할 수 있으며, 이에 대한 대응책과 윤리적인 사용이 필요합니다. 딥 페이크 탐지 기술과 법적 규제는 이러한 악용을 방지하는 데 중요한 역할을 합니다.

30. 인공지능 윤리 (AI Ethics)

인공지능 윤리는 인공지능이 사회적, 법적, 윤리적인 문제를 다루는 데 있어서 고려해야 할 윤리적인 가치와 원칙을 의미합니다. 인공지능의 발전으로 인해 개인정보 보호, 공정성, 안전성 등 다양한 윤리적 문제가 제기되고 있으며, 이를 해결하기 위한 논의가 진행되고 있습니다.

예를 들어, 얼굴 인식 기술은 사생활 침해와 인종 불평등을 야기할 수 있으며, 이에 대한 보호와 공정한 사용이 필요합니다. 또한, 자율 주행차가 사고를 일으켰을 때 책임의 귀속이나 피해자 보호에 대한 문제도 인공지능 윤리의 중요한 주제 중 하나입니다. 인공지능의 투명성, 책임성, 공정성을 보장하기 위해 관련 법률과 정책이 필요합니다.

이번 글에서는 "인공지능 기초 용어집" 시리즈의 마지막 편으로, 다양한 응용 분야에서 사용되는 인공지능 용어들을 살펴보았습니다. 이러한 용어들을 이해함으로써 우리는 현대 사회에서 인공지능의 역할과 중요성을 더욱 명확히 이해할 수 있을 것입니다. 이 시리즈를 통해 인공지능의 세계를 조금 더 깊이 탐험할 수 있었기를 바랍니다.

졸업선물용 운전면허1,2종 보험설계사 요양보호사
AI 국민자격증

초판1쇄 2025년 10월30일
저자 OX경제연구소
펴낸곳 글로벌
발행인 김정수
주소   서울 강남구 선능로704 청담빌딩

전화 01089612867
팩스 05040172867

9791193186626
350페이지
정가38000원